山东省社科一般项目"新发展格局下山东省体育竞赛
政府行为效应研究"（项目编号：22CTY

中国体育竞赛表演产业 发展与政府行为

李祥林◎著

ZHONGGUO TIYU JINGSAI BIAOYAN CHANYE
FAZHAN YU ZHENGFU XINGWEI

知识产权出版社
全国百佳图书出版单位
—北京—

图书在版编目（CIP）数据

中国体育竞赛表演产业发展与政府行为／李祥林著. —北京：知识产权出版社，
2023. 12

ISBN 978-7-5130-9108-4

I. ①中… II. ①李… III. ①体育表演-体育产业-产业发展-研究-中国 IV. ①G812

中国国家版本馆 CIP 数据核字（2023）第 242728 号

内容提要

为实现体育产业发展中"政府有为、市场有效"的目标，本书以政府行为变迁与产业发展互动为研究视角，运用文献资料、调研、访谈、数理统计等科研方法，研究体育产业发展与政府行为之间的关系。首先，系统回顾了我国体育竞赛表演产业的内涵，界定了研究范围；其次，系统梳理与探讨了体育竞赛表演产业发展中政府行为的历史与现实逻辑；再次，探索性地构建政府行为对产业发展影响的效应模型；最后，结合政府行为的逻辑与效应提出体育竞赛产业中政府行为的优化策略。

本书适合体育产业从业者阅读。

责任编辑：李　婧　　　　　　　　责任印制：孙婷婷

中国体育竞赛表演产业发展与政府行为
ZHONGGUO TIYU JINGSAI BIAOYAN CHANYE FAZHAN YU ZHENGFU XINGWEI

李祥林　著

出版发行：知识产权出版社 有限责任公司	网　　址：http://www.ipph.cn		
电　　话：010-82004826	http://www.laichushu.com		
社　　址：北京市海淀区气象路 50 号院	邮　　编：100081		
责编电话：010-82000860 转 8594	责编邮箱：laichushu@cnipr.com		
发行电话：010-82000860 转 8101	发行传真：010-82000893		
印　　刷：北京中献拓方科技发展有限公司	经　　销：新华书店、各大网上书店及相关专业书店		
开　　本：720mm×1000mm　1/16	印　　张：17.5		
版　　次：2023 年 12 月第 1 版	印　　次：2023 年 12 月第 1 次印刷		
字　　数：280 千字	定　　价：98.00 元		

ISBN 978-7-5130-9108-4

目　录

contents

附　录 —————————————————— 241

参考文献 —————————————————— 257

绪　论

第一节　研究背景与问题

一、研究背景

(一) 理论背景: 新常态下政府与市场关系的转型与重构

改革开放以来, 中国创造了经济社会发展的奇迹。改革开放并非自发行为, 而由政府主导推动。因此, 社会学、政治学、经济学、管理学等领域的相关学者都十分关注政府行为对经济的重要影响, 并将改革开放后经济社会的发展归功于政府的核心作用。[1] 总结改革开放 40 多年来的经验, 妥善处理政府与市场的关系是其核心逻辑。[2] 表面上看, 政府与市场作用是此消彼长的调整过程, 实际上是以市场化为导向的政府与市场关系改革的完善过程。[3] 党的十八届三中全会通过的《中共中央关于全面深化改革若干

---

[1] 洪银兴, 曹勇. 经济体制转轨时期的地方政府功能[J]. 经济研究, 1996(5):24-30.

[2] 刘志彪. 中国改革开放的核心逻辑、精神和取向: 为纪念改革开放 40 周年而作[J]. 东南学术, 2018(4):60-67.

[3] 洪银兴. 市场化导向的政府和市场关系改革 40 年[J]. 政治经济学评论, 2018, (6):28-38.

重大问题的决定》中明确提出："政府的职责和作用主要是宏观经济稳定、增强和完善公共服务、保障公平竞争、维护市场秩序、加强市场监管、推动可持续发展、促进共同富裕、弥补市场失灵"；要"使市场在资源配置中起决定性作用和更好发挥政府作用"❶，其空前地将市场放在社会主义市场经济中的主导和支配位置。市场机制正式从"后台"走向"前台"，体现了社会主义市场经济框架内政府与市场关系的重大实质性转变与重构。随着政府职能及资源配置方式的转变，政府原有促进经济、产业发展的行为也必须调整与改变。我国经济发展进入新常态，经济改革随之进入深水区，对政府行为的要求也越来越高。加之，传统的投资、消费与出口"三驾马车"对经济发展的拉动作用日益萎缩，亟须进一步刺激生产与消费，培育与创造新的经济增长点。2015 年 11 月，国家提出供给侧结构性改革，政府作为现有制度、体制框架下唯一强制性供给主体与利益主体，需要有效界定政府行为的边界，即"通过优化政府行为，不断重构政府与市场关系，提高资源配置效率促进经济社会发展"。❷ 经济增长从传统扩大需求方式转变为供给侧结构性改革，注重供给侧产品（服务）质量的提升，居民需求成为经济增长的最终动力。由此，政府行为的优化成为供给侧结构性改革的核心要务，也是经济产业高质量发展的关键。2017 年，中共中央办公厅、国务院办公厅印发《关于创新政府配置资源方式的指导意见》，要求"大幅度减少政府对资源的直接配置"，对于市场不能完全配置的公共资源，应引进竞争机制，实现政府与市场的有机结合。习近平总书记在党的十九大报告中指出："我国经济已由高速增长阶段转向高质量发展阶段，正处在转变发展方式、优化经济结构、转换增长动力的攻关期"，并对当前我国社会主要矛盾做出与时俱进的判断，即"中国特色社会主义进入新时代，我国社会主要矛盾已经转化为人民日益增长的美好生活需要和不平衡不充分的发展之间的矛盾"。❸ 2020 年 10 月，党的十九届五中全会通过的《中共中央关

❶ 中共中央关于全面深化改革若干重大问题的决定[EB/OL]. (2013-11-15)[2020-10-12]. http://www.scio.gov.cn/zxbd/nd/2013/document/1374228/1374228_1.htm.

❷ 王广亮,辛本禄.供给侧结构性改革:政府与市场关系的重构[J].南京社会科学, 2016(11):25-30.

❸ 习近平.决胜全面建成小康社会夺取新时代中国特色社会主义伟大胜利——在中国共产党第十九次全国代表大会上的报告[R/OL]. (2017-10-27)[2021-2-15]. http://www.gov.cn/zhuanti/2017-10/27/content_5234876.htm.

于制定国民经济和社会发展第十四个五年规划和二〇三五年远景目标的建议》中，对政府与市场关系又提出了新要求，即"推动有效市场与有为政府更好的结合"。党的二十大报告进一步提出，充分发挥市场在资源配置中的决定性作用，更好发挥政府作用。❶ 由此，现阶段推动政府与市场作用的重点是促使这两种力量的动态、有机磨合，进而促进生产要素的最佳配置，实现经济社会各个方面的高质量发展。经济学认为，如果一个地区人均GDP 达到 4000 美元以上，则表明该地区进入经济发展的"黄金期"，人们逐渐由注重温饱问题转变为注重生活质量，这也预示着体育竞赛表演产业也将迎来快速增长的重要阶段；发达国家的经验表明，当人均 GDP 在20 000 美元左右，体育竞赛表演产业将处在快速增长阶段。❷ 也有研究表明，"恩格尔系数降到 40% 以下，也标志着体育市场进入快速启动状态"。❸据统计，"2018 年全国经济总量达 90 万亿，人均国内生产总值折合为 9770美元，处在中等收入国家前列，而发达省市人均 GDP 远超 20 000 美元；中等收入如以家庭年收入 10 万~50 万元作为标准，已超过 4 亿人，2018 年恩格尔系数降至 28.4%"。❹ 由此，我国的体育产业与体育竞赛表演产业迎来了快速、高质量发展期。人民生活水平的提高，必然带来消费结构的升级，一些原来视为奢侈品的消费，逐渐成为基础性消费，如健身、旅游、运动休闲等。在此背景下，我国体育产业发展势头迅猛，产业增速远超国民经济，逐渐成为国民经济新的增长点，并提出打造成为国民经济支柱性产业的目标。体育竞赛表演产业作为体育产业的本体产业、核心产业，是体育产业中最具活力、拉动性、关联性最强、发展潜力最大的板块之一。体育产业的高质量发展必然是其核心产业的高质量发展。因此，发展体育竞赛表演产业是体育产业高质量发展的题中之义和重要组成部分。体育竞赛表演产业作为新兴、绿色的服务产业，大力发展是实现新旧动能转换的重要途径之一；是保持国

❶　习近平.高举中国特色社会主义伟大旗帜为全面建设社会主义现代化国家而团结奋斗——在中国共产党第二十次全国代表大会上的报告[R/OL].（2022-10-25）[2023-1-25].http://www.qstheory.cn/yaowen/2022-10/25/c_1129079926.htm.

❷　方达儿.欧美体育竞赛表演产业快速增长的经济动因及其启示[J].武汉体育学院学报,2006,40(12):40-44.

❸　鲍明晓.体育市场——新的投资热点[M].北京:人民体育出版社,2004:47.

❹　习近平.关于全面建成小康社会补短板问题[J].求是,2020(11).

民经济中高速增长的重要组成部分，是推动体育产业转型、产业结构合理发展的必然要求；是丰富人们日益增长的物质文化需求、改善民生、满足人们对美好生活需要的重要途径；是挖掘和释放消费潜力，活跃体育消费市场，打造新经济增长点的重要途径；是实现全民健身、健康中国、体育强国、"一带一路"等国家重大战略、倡议的重要抓手。

（二）现实背景：国内外体育产业蓬勃发展的机遇与挑战

体育产业作为朝阳产业、绿色产业已经成为欧美等主要发达国家的重要，甚至是支柱性产业。相关研究显示，"体育对欧盟各国经济增长、就业、消费及社会进步等的贡献逐渐增长，娱乐、文化与体育服务业已经成为欧洲几个大国及经济强国的第一大产业门类"。[1] "2012 年欧盟体育的经济价值达 2949 亿欧元，占整个欧盟经济增加值的 2.98%；欧盟各国体育产业增加值占 GDP 的比重，除瑞典外均超过 1%，其中，英国、德国、丹麦、卢森堡等均超过 2%，奥地利甚至超过 4%"。另据美国长期从事行业统计的普龙克特研究中心相关数据，"美国 2017 年与 2016 年体育产业总值分别为5199 亿美元、4947 亿美元，分别占 GDP 的 2.68% 与 2.66%，基本处于稳定发展状态，在 2014 年体育产业总值达 4410 亿美元，占到 GDP 的 3% 左右，而 2002 年与 2015 年其体育产业增加值甚至是电影行业的 7 倍与汽车行业的 2 倍"。[2] 由美国体育产业生产总值及国民经济占比看，美国是目前世界上体育产业最为发达的国家，并形成了以体育赛事为核心，以体育经纪、媒体、赞助、资本、场馆运营、特许公司及营销为主体的一条完整的产业链。欧美体育产业的高速、高质量的发展，既为我国体育产业实现赶超、跨越式发展带来机遇，提供了可借鉴与学习的先进经验；又为我国体育产业融入世界发展带来严峻挑战，亟须政府层面不断提高顶层设计能力，做好相关规划与布局，不断完善市场与体育产业发展体系，优化与调整产业结构，不断提高产业竞争力，进而抓住机遇、应对挑战，实现我国体育产业的高质量、跨越式发展。

国际体育产业大发展的现实环境及背景下，国内体育产业发展也得到

---

❶ 易剑东.论体育产业的发展逻辑[J].体育学研究,2019,2(4):1-12.
❷ 黄海燕.2018 年我国体育产业继续保持良好发展态势[EB/OL].(2016-8-15)[2020-1-21].https://www.qufair.com/news/2016/08/15/8193.shtml.

了前所未有的关注与重视。2014 年，时任国务院总理李克强所作的《政府
工作报告》中，首次将体育产业提升至与群众体育、竞技体育并列的高度。
体育产业逐渐成为国民经济新的增长点，并提出将体育产业发展成为支柱
产业的发展目标。2014 年《国务院关于加快发展体育产业促进体育消费的
若干意见》（以下简称"46 号文"）颁布以来，仅"党中央、国务院、中
办和国办等国家层面出台的体育相关的文件达 20 余项，各部委，主要是国
家体育总局出台的相关规划、文件至少 45 项，地方出台的政策、规划、文
件多达 109 项"。❶ "46 号文"首次以量化的形式提出到 2025 年体育产业规
模超 5 万亿元的奋斗目标，而 2019 年 9 月，国务院办公厅印发的《关于促
进全民健身和体育消费推动体育产业高质量发展的意见》中，对我国体育
产业发展提出了新要求（高质量发展）、新定位（推动体育产业成为国民经
济支柱产业）。国家统计局与国家体育总局统计的数据显示，2013—2018
年，我国体育产业总规模从 1.1 万亿增加到 2.66 万亿，年均增速达 19%，
远超国民经济增速；体育产业增加值从 3563 亿元增加到 10 078 亿元，年均
增速达 24%；体育产值占 GDP 的比重也从 2013 年的 0.6% 增长到 2018 年
的 1.1%，2018 年，体育产业占 GDP 比重首次超过 1%，具体情况如表 0-1
所示。

表 0-1　我国 2013—2018 年体育产业总规模与增加值情况

类目	2013 年	2014 年	2015 年	2016 年	2017 年	2018 年
总产值/亿元	11 000	13 574	17 107	19 011	21 987	26 579
增加值/亿元	3563	4041	5494	6475	7811	10 078
总产值增速/%	—	23	26	11	16	21
增加值增速/%	—	14	36	18	21	29
占 GDP 比重/%	0.60	0.64	0.80	0.87	0.94	1.10

注：数据来源于历年国家体育总局和国家统计局联合发布的《国家体育产业总规模与增加值数
据公告》。

---

❶　陈后润.预见 2019：《2019 年中国体育俱乐部产业全景图谱》[EB/OL].（2019-
9-29）[2021-10-25]. https://ecoapp. qianzhan. com/detials/190726-f1a74ff2. html? uid =
5163152.

然而，看到成绩的同时我们也应清醒地认识到我国体育产业结构存在不合理之处，如仍以体育制造和用品业为主、仍处于产业发展的低级阶段。2017年，我国体育用品行业占比高达80.97%，体育服务业占比不足20%。但体育服务业保持持续增长的良好势头，增加值在体育产业中的比重从2016年的55%增加到2017年的57%，其中，与非物质性消费相关的竞技体育表演活动与体育健身休闲活动增长突出，增速分别达到39.2%和47.5%。可见，大力发展以竞技体育表演活动及体育健身休闲活动为主的体育服务业是我国体育产业转型升级、结构优化的关键。反观几乎同期的美国体育产业结构，如表0-2所示，竞技体育表演活动与体育健身休闲活动分别占到体育产业总产值的25%与32%，而我国仅占1.10%与2.60%。这一方面说明，中美体育服务业发展差距之大，我国仍需进一步释放体育服务产业消费潜能，提高市场活力；另一方面表明，我国体育服务业发展潜力巨大，仍需进一步加强体育竞赛表演活动与体育健身休闲活动的发展力度。现阶段，西方发达国家体育消费早已进入非物质性消费阶段，即体育服务消费在体育消费结构中的比重均已超过50%[1]，主要以观赏性、健身性消费为主[2]，从美国体育产业中各产业占比可见一斑。随着我国国民经济的增长，人民生活水平的提高，竞技体育表演与体育健身休闲活动也将成为国民健身、娱乐，提高生活质量及幸福生活的必需品，体育非物质消费终将超越物质性消费，成为体育消费的核心。

表0-2　中国与美国2017年体育产业结构情况

产业结构	中国	美国
体育竞赛表演活动	1.10%	25
健身休闲活动	2.60%	32
体育用品	80.90%	30
其他	15.40%	13

注：数据根据国家体育总局统计数据及前瞻产业研究院数据整理而得。

---

[1] 鲍明晓.体育市场：新的投资热点[M].北京：人民体育出版社，2004.
[2] 杨越."后奥运时代"中国体育产业发展战略研究[M].北京：经济管理出版社，2011.

　　然而，现阶段我国体育竞赛表演产业存在"市场内容缺乏、总体规模较小、体制机制不健全、有效供给不足、大众消费不积极等突出问题"，导致"社会力量办赛难度大，非市场因素干预过多，赛事转播收益难以实现、企业自主创新能力不足等"。❶ 2008 年，为规范与完善体育及相关产业统计，国家体育总局与国家统计局制定了《体育及相关产业统计分类（试行）》，肯定了"体育竞赛表演业"在体育产业统计与发展中的核心地位。然而，无论是从产业规模，还是市场主体，抑或对产业内涵与外延的认识上，当时并不具备将"体育竞赛表演业"独立于其他行业的现实条件，因而没有将其列为单独的产业门类。直到 2015 年 9 月，国家统计局发布的《国家体育产业统计分类》中，"首次将体育竞赛表演活动作为体育产业分类的十一个大类之一，排在体育管理活动之后，凸显其本体产业的引领地位"。❷ 然而，根据 2015—2018 年体育竞赛表演活动的统计，其总产值与增加值均占体育产业总产值与总增加值的 1% 左右，如表 0-3 所示，与体育竞赛表演产业是体育产业的核心产业、本体产业定位显然极不相符。

表 0-3　2015—2018 年中国体育竞赛表演活动产值与增加值情况

年份	总量/亿元		结构/%	
	总产出	增加值	总产出	增加值
2015	149.5	52.6	0.9	1.0
2016	176.8	65.5	0.9	1.0
2017	231.4	91.2	1.1	1.2
2018	292	103	1.1	1.0

注：数据来源于国家体育总局和国家统计局联合发布的历年《国家体育产业总规模与增加值数据公告》。

　　为进一步加快体育竞赛表演产业发展，针对性地解决产业发展中出现的问题，2018 年，国务院办公厅印发《关于加快发展体育竞赛表演产业的

❶ 韩秉志. 发挥好体育竞赛表演产业拉动作用［N/OL］. (2018-12-26)［2021-5-12］. http://kns. cnki. net/kns/detail/detail. aspx? FileName = JJRB201812260092 & DbName=CCND2018.

❷ 李琛,李佐惠. 广州市竞赛表演业可持续发展的人力资源体系研究［J］. 广州体育学院学报,2018,38(6):33-36.

指导意见》。从目标上看，首次以量化的形式提出"到 2025 年实现产业总规模 2 万亿的目标"，"推出 100 项具有较大知名度的体育精品赛事，打造 100 个具有自主知识产权的体育竞赛表演品牌"；从内容上看，主要以对职业赛事、国际重大赛事、业余精品赛事、冰雪体育赛事及中国特色、民族特色的体育赛事的引进、扶持、培育等为主；从措施上看，主要是"壮大市场主体，优化市场环境，优化产业布局与加强平台建设"；从保障上看，主要是深入推进"放管服"改革，进一步消除阻碍赛事产业发展的制度壁垒、机制壁垒，拓展资金来源渠道等。无论从历史还是现实的角度，政府在推动体育竞赛表演产业的发展中应承担责任。在深化供给侧结构性改革及高质量发展的要求与背景下，如何让市场在赛事资源配置中起决定性作用，以及如何更好发挥政府作用，是我国体育竞赛表演产业高质量、可持续发展必须面对与解决好的问题。

二、问题提出

无论从世界各国经济发展的历史来看，还是现阶段资本主义、社会主义国家经济实践来看，经济发展始终伴随着政府作用的发挥。虽然，对政府在经济发展中的作用一直存在分歧、争议，但继续讨论政府"干预"与市场"自由"是没有意义的，应从探讨"政府能否干预市场"转变为"政府如何更好干预市场"，即如何优化政府行为，使政府与市场能够有机结合，促进资源更有效地配置。从历史与现实发展来看，我国体育竞赛表演产业的产生与发展离不开政府的作为，政府既是产业发展的重要动力，又是产业进一步市场化发展的主要阻碍，也就是著名的"诺思悖论"❶。那么，我国体育竞赛表演产业发展中这一悖论形成的原因是什么？如何证明这一悖论的存在？如何跳出这一悖论？说到底，这一悖论的形成是政府行为的结果与反映。那么，前面的问题可以重新表述为：体育竞赛表演产业发展

---

❶ "诺思悖论"，又叫"国家悖论"，其并不是诺思命名或提出，但其思想是诺思在 1981 年提出，指国家具有双重目标，一方面通过向不同的势力集团提供不同的产权，获取租金的最大化；另一方面，国家还试图降低交易费用以推动社会产出的最大化，从而获取国家税收的增加。国家的这两个目标经常是冲突的。参见陆建新.中国制度创新中的地方政府行为悖论研究[D].北京：中国人民大学，1997.

中政府为什么行为，即政府行为的历史与现实逻辑是什么？政府行为的效应如何，即政府对产业发展影响的效果有哪些？政府行为如何优化，即如何更好地发挥政府积极作用，减少或避免消极作用？由此，对以上问题的思考与探讨构成了本书的整体框架。

在"市场在资源配置中起决定性作用，更好发挥政府作用"的社会主义市场经济发展要求与趋势下，政府在体育竞赛表演产业发展中仍将发挥不可或缺的重要作用。笔者依据导师、专家与相关专业教师的指导，针对国内一些赛事相关企业进行了前期调研与访谈，发现几乎所有的赛事举办均离不开当地政府支持、引导及帮助等。一些赛事运营负责人坦言：现阶段运营的赛事主要是政府支持、补贴、资助的赛事，没有政府资助，赛事难以持续开展。可见，赛事的举办离不开政府的支持，然而由于监管机制缺失导致赛事资源竞争有失公平，一些企业发展离不开政府的支持，而企业在政府的支持下又会加强对市场的垄断，导致不公平竞争，阻碍体育竞赛表演市场化、产业化发展。由此，政府既是体育竞赛表演产业发展的重要动力，又面临产业进一步市场化发展的难题。

通过文献资料查阅发现，现阶段体育竞赛表演产业发展中政府行为相关的直接、专门研究较少，而体育产业、赛事举办相关研究中政府行为或作用研究较为丰富。尤其以某类或某一赛事举办中政府行为的研究最为常见，研究系统论述了该类或该赛事中政府行为的得失或不足，但某一政府在某一或某类赛事中行为的得失显然难以概括整个体育竞赛表演产业发展中政府行为的得失，也就难以对政府制定体育竞赛表演产业整体政策或对体育竞赛表演产业中政府行为的调整与完善提供有效的指导或借鉴。因此，在前人研究的基础上，针对体育竞赛表演产业发展中存在的现实问题，本书着重分析体育竞赛表演产业发展中政府行为的原因，即政府行为的历史与现实逻辑、产业发展中政府行为的主要效果及政府行为优化等问题。

第二节 研究目的与意义

一、研究目的

本书写作的根本目的是通过澄清现阶段体育竞赛表演产业发展中政府行为的逻辑及效应，诊断出政府行为的"病理"，进而有针对性地提出改善与优化政府行为的策略，以便更好地发挥政府作用，实现产业发展中"政府有为，市场有效"的目标服务。

二、研究意义

(一) 理论意义：提供了一个分析框架

研究的理论意义在于提供了一个分析产业发展中政府行为的理论框架。我国体育竞赛表演的产生与发展均离不开政府的有效作为，在深化供给侧结构性改革、经济社会高质量发展的背景与要求下，如何促进体育竞赛表演产业供给侧结构性改革与高质量发展，必须处理好政府与市场的关系。本书从政府行为变迁与产业发展互动的视角，探讨了体育竞赛表演产业发展中政府行为的历史逻辑；从产业发展所处的生命周期阶段及市场特征论述了产业发展中政府行为的必要性与边界；产业发展满足政府宏观发展、中观地方政府竞争、微观官员自身发展需要三方面构成政府行为的动力。通过历史与现实逻辑的探讨，揭示了我国体育竞赛表演产业发展中政府行为的背后机制与机理。将历史与现实逻辑相结合，为理解产业发展历程提供了"钥匙"，为未来产业发展提供了依据。受政府行为悖论的影响，政府在产业发展中的行为具有积极与消极的"双重效应"，在相关统计数据较为欠缺的情况下，本书探索性地构建了体育竞赛表演产业发展中政府行为效应的理论模型，通过结构方程模型验证与修改理论模型，以使模型更具解释力。在政府行为逻辑及效应分析的基础上，提出了如何进一步加强积极效应，减少直至消除消极效应的策略，为体育竞赛表演产业发展中市场在资源配置中起决定性作用、更好发挥政府作用、优化政府行为构建现代化治理体系的要求提供了理论支撑。

（二）现实意义：提供了一个操作模型

本书研究的现实意义在于为体育竞赛表演产业发展中测度政府行为效应提供了一个可操作的模型或测量工具。基于政府行为相关理论分析及体育竞赛表演产业处于发展的初级阶段的现实，政府在体育竞赛表演产业发展中不仅承担一般职责，还承担了引导、培育、规范市场主体及实现赶超的特殊职责。本书为评价政府行为效果提供了一个操作模型或量表，能够针对区域产业发展中政府行为的具体情况进行修改，进而为测度区域政府行为效果提供了一个可操作的模型与工具。在政府行为效应分析的基础上，本书提出的优化政府行为的主要路径，为未来及各区域体育竞赛表演产业发展中政府行为完善提供参考，进而为提高政府效率，完善现代治理体系，形成政府有为、市场有效的产业发展体系及产业高质量发展提供资鉴。

第三节　研究对象与方法

一、研究对象

本书以中国体育竞赛表演产业发展中政府行为的逻辑、效应、优化为研究对象。其中，政府具体指中央政府与地方政府及相关职能部门等，因地方政府更贴近市场与企业，研究中主要针对产业发展中地方政府行为效应进行测度，而中央政府行为作为产业发展的大环境与背景，起到保障与导向作用。研究中的"政府行为"并非政府所有行为，专指政府为促进产业发展而采取的各种行为总和，是政府行为的子集。政府行为，从特点上看，是国家行政机关作出的一种强制性行为；从职能上看，是各项行政职能实际运行情况；从管理的角度看，是国家公务人员、行政机构管理人员协调社会各方利益关系问题时所作的一切促进社会、经济稳定发展目标的各项行为之和。❶ 具体到本书研究中，政府行为指国家或城市政府在一定时期内为引导、激励、保护、监管、培育和推动体育竞赛表演产业的发展而制定政策、制度、协调各方利益关系等行为的总和。

二、研究方法

由于本书研究问题的多学科交叉性及复杂性，在研究方法的选择上尝试借鉴经济学、管理学、社会学、政治学等科研方法，在研究中力求做到理论推导与实证研究相结合、历史梳理与现实发展相结合、归纳分析与演绎分析相结合、动态分析与静态分析相结合，以使研究更为客观、科学，更具理论性、可验证性等。

（一）文献资料研究法

文献资料的研究为本书奠定了理论基础，使笔者能够站在前人的肩膀上进行研究。笔者主要查阅了相关网络数据资料库、相关图书资料及政策文本等资料，具体包括以下几个方面：一是网络数字资源，主要以体育竞赛表演产业、体育赛事市场、体育赛事、政府行为、体育产业与政府行为、体育竞赛表演产业与政府等与对应的英文翻译为主题词，通过中国知网、万方数据库、超星期刊网、WorldLib、Web of Science 等中英文网络数据库资源进行搜索，跟踪了解国内外体育竞赛表演产业发展中政府行为相关研究前沿，为形成本书的文献综述及理论基础做好准备；二是相关图书资料，主要通过福建师范大学图书馆、首都体育学院图书馆、华侨大学图书馆、中国国家图书馆等图书馆查阅了有关体育产业、体育赛事产业、产业经济学、政府行为学、管理学、经济学等相关的书籍与历史材料，为研究体育竞赛表演产业发展中政府行为变迁历程、体育竞赛表演产业发展中政府行

❶ 易宇.文化产业发展中的政府行为研究——以娄底市为例 [D].湘潭：湘潭大学，2016.

为的理论基础等奠定基础；三是相关政策、文件、通知等，主要通过走访地方政府，体育局，国家体育总局体育产业管理中心，国家体育总局器材装备处、教育部大体协、中体协等部门获得相关的一手数据、文件材料；通过访问政府、体育行政部门官方网站，收集相关的文件、数据材料，为本书中的数据、资料来源的可靠性、科学性提供依据，为本书写作提供依据和支撑。最后，线上线下查阅了一些企业的相关制度文件，以使访谈与问卷调查更具针对性。

（二）访谈法

为使研究更具说服力，研究更科学、客观，理论性更强，访谈法贯穿论文写作的始终，主要采用了结构与半结构化访谈。在选题阶段，在征求导师意见的基础上对体育产业、体育赛事理论与实践相关研究的专家进行了半结构访谈，参与了第十一届体育科学大会与世界休闲体育科学与产业厦门论坛等会议，针对选题与相关专家进行了交流，对选题的科学性、新颖性、可行性等方面进行了较为全面的论证。在研究过程中，首先针对调查问卷内容的设计、信效度检验等方面对相关专家进行了结构性访谈；其次，对相关政府部门负责人与企业负责人等进行了半结构访谈，以弄清现阶段体育竞赛表演产业发展中政府行为的主要情况，为政府行为逻辑提炼的科学性奠定基础。其中，2019年7月—9月集中针对以赛事策划、组织运营、培训等业务为主的企业进行了实地考察与访谈，该次访谈得益于中国篮协大力支持，也为后续问卷发放提供了便利；最后，在数据的分析过程中咨询相关专家，以使数据分析更为客观、更具科学性。在本书写作的过程中，笔者不断与导师进行沟通，每写好一部分就请相关的专家进行审阅，针对提出的问题及时进行修改与完善。

（三）问卷调查法

1. 问卷的设计

问卷调查是本书的重要研究方法。由于政府行为效应与产业发展均无法直接用数据进行测量，需要通过显变量进行反映，因此本书将政府行为与产业发展作为潜变量，构建了政府行为对体育竞赛表演产业发展影响效应的概念模型，并通过文献、访谈等获得相关评价指标，制成量表，利用李克特7级评分法对测量条款进行评价，将所得数据利用结构方程模型进行分析，进而验证概念模型的合理性。

本书最终的量表主要在已有量表基础上，结合文献与相关政策文本、访谈材料进行指标的设计。量表的发放对象以具有赛事策划、组织、运营等业务的企业或项目负责人为主，这样能够尽可能减少企业的重复填写。在量表的拟定过程中一方面请相关专家提出意见，修改相关指标；另一方面通过访谈与预测试，对量表的语言、内容等进行修改，得到量表的初稿。在初稿的基础上进行小样本调查，将回收数据进行内部一致性信度检验与因子分析，剔除相关度较低的指标，进而形成最终量表，进行大样本的发放与回收。量表拟定过程中为能够反映体育竞赛表演产业发展的整体情况，设计了公司或企业的属性情况，包括企业的规模、所在地、产权等题项，由此，为后期分析区域间或不同规模、不同城市间政府行为的差异提供依据。企业规模依据国际企业规模统计相关指标，按人数区分，小于100人为小微企业、100～300人为中等企业、300人以上属于大型企业。在量表中"近3年"的设计主要是通过前期的调研，相关企业负责人一致认为相关企业成立时间较短，且企业能够坚持2年以上则为发展较好的企业，在与导师、相关专家商讨后，定为3年，由于调查时间是2020年，因此，量表中的"近3年"主要指"2017、2018、2019"三年。

2. 问卷的信度与效度

研究主要利用信度测试和因子分析对外源变量、内生变量、控制变量进行可靠性与有效性的检验。主要采用CITC（项总相关系数值）分析与Cronbach Alpha（α）信度系数，对可能出现的"垃圾"条款进行净化。净化测量条款后，还需要对剩余测量条款进行探索性因子分析，采用KMO样本测度（Kaiser-Meyer-Olykin Measure of Sampling Adequecy）和巴特莱特球体检验（Bartlett Test of Sphericity）来判断样本是否适合做因子分析。❶

3. 量表的发放与回收

本书采取了立意抽样❷的方法，由于主客观条件限制，为减少研究者偏

---

❶ 马庆国. 管理统计[M]. 北京：科学出版社，2002：42-320.
❷ 立意抽样又称"判断抽样"，是指根据调查人员的主观经验从总体样本中选择那些被判断为最能代表总体的单位作样本的抽样方法。BONNIE L，YEGIDIS R W. 社会工作研究方法[M]. 黄晨熹，唐咏，译. 上海：华东理工大学出版社，2004：232.

误，尽可能增大样本量及尽可能多地搜集一、二、三线城市及不同属性的企业情况。受资源可获得性影响，本书以导师主持的"中国篮球青少年篮球运动规划（2020—2035）"课题组访谈、调查的相关俱乐部、公司、企业数据为基础，利用各类相关会议、活动进行问卷的发放与回收。受疫情影响，问卷的发放以线上为主。一是通过微信群发放，主要包括相关会议群，如篮球协会年会、体育休闲大会、体博会、第十一届体育科学大会、体育产业相关会议、清华大学体育经理人群（近500人）及同学、朋友的相关赛事、相关企业项目负责人群等；二是通过导师、其他老师、同学、朋友等资源进行发放。量表发放区域包括河南省的郑州、濮阳、洛阳、平顶山、信阳、驻马店、漯河、许昌，北京市，福建省的厦门、福州、泉州，山东省的济南、济宁，广东省的珠海、深圳等市，吉林省的吉林市，上海市，重庆市，陕西省的西安市，以及四川、新疆等地。实地调研与访谈了北京市宋晓波篮球学校的负责人 SXB、北京市篮球协会副秘书长 XZW、中国篮球协会青少部部长 CYF、中国中学生体育协会 ZJJ、HJM、HJ 等、河南信阳市篮球协会主席 HYS、北京市 OD 篮球俱乐部的负责人 LCM、众辉体育赛事项目负责人 YC、五棵松体育文化公司赛事项目负责人 XR、山东济南 SCBA 全国体育院校篮球联赛负责人 LXL、福建泉州佳宾篮球俱乐部负责人 ZJB、福建省海峡两岸研学交流中心负责人 GRZ、厦门市体育人家负责人 LM、厦门无疆跑团有限公司负责人 OBZ 等。

4. 小样本预调研

为使问卷语言更加精练、准确，能够切实反映企业的实际情况，易被企业负责人理解，本书进行了小样本预调研，检验初始问卷，对初始条款进行了净化，以便能及时发现研究设计与测量工具的缺点，进而及时修正，避免大规模正式调研后时间与资源的浪费。初次发放问卷 84 份，经过初步筛选，对于问卷中"是否愿意提供真实信息"条款选择"否"的及量表数据单一、答卷时间异常的共计 15 份问卷剔除，最终得到有效问卷 69 份，问卷有效回收率较高。在对问卷进行信效度分析的基础上，对一些相关度低的测量条款进行净化，删除一些测量条款，得到最终问卷，随后进行大样本调研。

（四）数理统计法

对文本资料进行编码，应用 Excel 进行简单数据资料的统计。对于调查获得的数据输入 SPSS24.0 与 AMOS24.0 软件，问卷调查所得的原始数据进行二元相关分析，然后运用结构方程模型（SEM）中全模型的方法对作用机制模型相关假设进行验证，该方法须以各指标的相关矩阵为原始数据，最后运用 IBM SPSS Amos24.0 软计算出结果。一般来说，结构方程模型由以下三个矩阵方程式所表示[1]：

$$\eta = B\eta + \Gamma\xi + \zeta \qquad (0-1)$$
$$y = \Lambda_y\eta + \varepsilon \qquad (0-2)$$
$$x = \Lambda_x\xi + \delta \qquad (0-3)$$

其中，式（0-2）和式（0-3）为测量模型，它们表示潜变量与描述指标（显变量）之间的关系，式（0-2）通过相应系数 λ_y 将内生潜变量 η 连接到内生标识，即调查所得的 y 指标，而式（0-3）则通过相应系数 λ_x 将外源潜变量 ξ 连接到外源标识，即调查所得的 x 指标。Λ_y 和 Λ_x 中包含 y 和 x 对 η 和 ξ 的因子负载，ε 和 δ 则是与描述指标相连的测量误差。式（0-1）为结构模型，表示潜变量之间的关系。B 代表一些内生潜变量对其他内生潜变量的影响，Γ 代表外源潜变量对内生潜变量的影响，ζ 为结构方程的误差项。

第四节　研究思路与内容

一、研究思路

本书依据研究目的与研究对象，以体育竞赛表演产业发展中政府行为变迁为视角，以提炼产业发展中政府行为的历史逻辑为切入点；通过对相关政策文本研究及政府相关工作人员的调研与访谈，以探讨现阶段体育竞

[1] JORESKOG K C. Some contributions to maximum likelihood factor analysis[J]. Psychometrika,1967(32):443-447.

赛表演产业发展中政府行为的现实引导因素为支撑点；以产业发展中政府行为对产业发展影响的效应为研究的关键点。依据以上研究，以构建政府有为、市场有效的体育竞赛表演产业高质量发展路径为落脚点，提出了政府行为优化的创新路径。整体上，研究主要遵循是什么、为什么、怎么样、怎么办的大逻辑；致力于澄清体育竞赛表演产业发展中政府行为的历史与现实逻辑、积极与消极效应及政府行为问题的优化。为使体育竞赛表演产业发展中政府行为研究更具客观性，以微观层面的企业发展来看政府行为的效果，找出政府行为的不足或企业需要，既验证从上自下政策执行效果，又自下而上反映企业发展的需求，以互证现阶段体育竞赛表演市场中政府行为逻辑与效应，为提出更具针对性的意见、路径提供可能，研究技术路线图如图0-1所示。

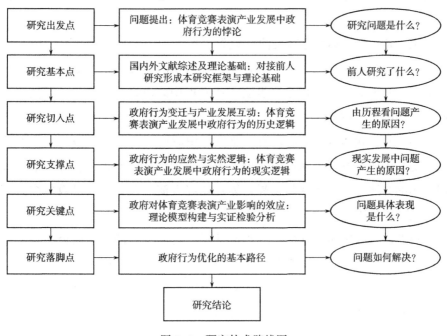

图 0-1　研究技术路线图

二、研究内容

依据研究思路，研究内容如下：首先，在文献综述梳理的基础上，澄清现阶段研究的历史沿革，进而确定本书的重点及理论基础；其次，通过历史资料与专家访谈等，提炼体育竞赛表演产业发展中政府行为的历史与现实逻辑；再次，探讨了体育竞赛表演产业发展中政府行为的效应；最后，依据前文研究提出体育竞赛表演产业发展中政府行为优化的策略。

具体安排如下：

绪论，文章的总论，主要论述了研究背景、问题的提出、研究目的与意义、研究对象与方法、研究思路与内容、研究创新与不足。

第一章，文献综述与理论基础。文献综述主要针对体育竞赛表演产业内涵辨析、国内外体育竞赛表演产业发展中政府行为相关研究及产业发展中政府行为研究进行综述；理论基础，主要针对政府与经济、政府与产业、政府行为相关理论及地方政府竞争相关理论等进行论述，为本书奠定理论基础。

第二章，我国体育竞赛表演产业发展中政府行为的历史逻辑。以政府行为变迁与产业发展互动关系为视角，在对文献、文件及关键事件的梳理基础上，归纳提炼了体育竞赛表演产业发展中政府行为的历程，并探讨了政府行为的历史逻辑。

第三章，我国体育竞赛表演产业发展中政府行为的现实逻辑。主要论述了受我国体育竞赛表演产业所处产业生命周期阶段与市场特征影响，政府行为的必要性、重要性与边界；体育竞赛表演产业发展满足政府多层次需要的动力逻辑。

第四章，我国体育竞赛表演产业发展中政府行为的效应研究。主要构建了体育竞赛表演产业发展中政府行为效应的概念模型与实证检验。

第五章，我国体育竞赛表演产业发展中政府行为的优化路径。针对体育竞赛表演产业发展中政府行为的逻辑与效应，提出政府行为优化的针对性策略。

第六章，结论与展望。

第五节 研究创新与不足

一、研究创新

一是内容上，在前人研究的基础上结合我国体育竞赛表演产业发展的实际及相关政策文件辨析了我国体育竞赛表演产业的内涵，确定了本书的研究范围；为弥补前人以经验性判断为主的不足，本书以量化的形式证明了我国体育竞赛表演产业处于初级阶段的现实；体育竞赛表演产业发展中政府行为的历史与现实逻辑研究较为分散且不成系统，研究以政府行为变迁与产业发展互动为视角，系统论述了体育竞赛表演产业发展中政府行为的历史与现实逻辑，为政府行为效应分析奠定基础；现有研究对体育竞赛表演产业发展中政府行为效应研究以具体赛事为主，对整体产业发展中政府行为优化的指导意义有限，本书构建了政府行为对体育竞赛表演产业发展影响效应的概念模型，并利用结构方程模型给予了检验。二是方法应用上，以往研究以定性研究为主，本书以定量与质性研究相结合，针对相关统计较为完善的数据进行了简单的计量经济学分析，对于难以应用计量经济学建模的内容，通过访谈等质性研究方法给予解决。三是视角选择上，弥补过去研究中只采取宏观或微观研究的不足，既以政府行为变迁与产业发展互动为宏观视角，又在具体研究中采用自上而下与自下而上相结合视角，即从政府政策、文件、官员访谈等方面自上而下看体育竞赛表演产业发展中政府行为的逻辑、效应，又从企业角度自下而上来评判政府行为的效果。

二、研究不足

一是面对地方政府层级的复杂性，本书对不同层级、不同类型的政府行为差异的研究较少，更多的是从整体上对城市政府行为、对体育竞赛表演产业发展的逻辑与效应进行了探讨。未来，可针对某一城市政府行为的逻辑、效应进行具体的、量化的研究，以针对性地解决政府行为存在的消极效应，使政府行为更为有效，更有利于体育竞赛表演产业的发展与创新。二是面对赛事类型的复杂性，并未区分不同类型赛事政府作用的差异性。研究中对不同属性赛事运营企业进行了一定的区分，但仍需针对不同类型赛事中政府行为的差异性进行相关的后续研究，全面了解不同体育赛事中政府行为的差异性，有针对性地制定相关补偿性政策与优惠性政策。三是受体育竞赛表演产业相关统计数据限制，研究中计量学分析较少。随着统计的不断完善，后续研究应以计量经济学相关研究为主，以使研究更为客观与规范。四是本人资源、精力、能力有限，访谈的企业中篮球项目赛事举办与培训企业较多，虽具有一定的代表性，但对于一些普及面较少的项目，政府具体行为差异性等仍需进行后续专门研究。整体上而言，本书是一种宏观与微观相结合的研究，体育竞赛表演产业发展中政府行为逻辑研究较为宏观；而所构建的政府效应模型是一个理论模型、概念模型或者理想模型，是以企业感知政府行为情况进行评判，研究较为微观。由于地方政府行为与赛事市场的复杂性，具体到不同层级政府、不同赛事，存在较大差异，仍需依据本地实际情况进行借鉴与参考，不可盲目照搬、跟风。未来应在完善相关统计数据基础上，为政府行为优化与调整等提供更为具体、客观的依据。

第一章

文献综述与理论基础

第一节　文献综述

本书主要探讨体育竞赛表演产业发展中政府行为的逻辑、效应及优化问题，因此，在文献资料的查阅中以体育竞赛表演产业与政府、体育赛事产业与政府、体育赛事与政府、政府行为逻辑、产业发展中政府行为逻辑、政府行为效应等主题进行搜索。我国体育竞赛表演产业发展具有鲜明的政府推动性，体育竞赛表演产业相关研究均会涉及政府行为方面的问题，因此，文献资料的查阅中没有仅限于主题词，而是针对体育赛事、体育产业、体育竞赛表演市场等的发展中政府行为相关研究进行了搜索与整理，为本书奠定较为扎实的理论基础。

一、体育竞赛表演产业的内涵及与政府关系的研究

（一）国内体育竞赛表演产业内涵辨析与特征研究

中国体育竞赛表演产业是随竞技体育改革与体育产业发展，结合中国特色社会主义市场经济实践而产生的具有中国特色的产业。早在 1993 年，《国家体委关于深化体育改革的意见》及其配套文件中就提出"培育竞赛市场，发展竞赛产业"，并提出通过竞赛体制改革，推进竞赛社会化、产业化发展，逐渐形成符合社会主义市场经济发展规律的充满生机与活力的体育竞赛市场体系，提出竞赛产业成为体育产业的支柱性产业的发展目标。直

到 2015 年，国家体育总局颁布实施的《国家体育产业统计分类表》中"体育竞赛表演活动"才作为单独的业态出现，主要包括职业体育竞赛表演活动与非职业体育竞赛表演活动。2019 年颁布的《体育产业统计分类》进一步补充，职业体育竞赛表演活动中将"电子竞技等运动项目"列入其中；非职业体育活动中将"公益性质的非职业"变为"非职业化的专业"，并将"赛事承办者和相应推广机构等组织的活动"列入其中。虽然在文件、文献资料中很早就有使用"体育竞赛业""体育赛事产业""体育赛事市场""体育竞赛表演业""体育竞赛表演市场"等称谓，但没有对产业的内涵与外延进行较好的界定。且体育竞赛表演产业的内涵与外延是不断发展与变化的，不同历史阶段其内涵与外延不尽相同。这种内涵与外延的不清晰、动态性造成对产业理解的限制，一些统计数据无法客观反映产业发展的状况，也就难以为产业高质量、可持续发展提供有效参考与借鉴。

体育竞赛表演产业内涵的研究一直备受关注，受西方职业体育发展的影响，我国体育竞赛表演产业一直在"对标"国外职业体育的内涵，相关研究以"提供观赏性体育服务产品"作为核心内容，以"提供竞赛表演产品的组织、机构或活动的集合"作为落脚点进行界定，这也是当前主流的学术化与产业化的界定方式。通过文献资料的查阅，较为典型的对体育竞赛表演产业相关概念的界定，如表 1-1 所示。

表 1-1　体育竞赛表演产业（赛事产业）概念界定主要研究

作者	体育竞赛表演产业相关概念界定
丛湖平	竞技运动观赏服务业是以运动员、教练员、裁判员、经济科技人员和赛事管理机构为生产者，以各类运动设备为投入品生产可供人们观赏的各类人体运动的动作组合产品的生产部门集合。❶
陈云开	竞赛表演产业是由生产竞赛表演产品的法人实体（如具有企业性质的职业俱乐部和职业联盟组织等）构成，各种竞赛表演组织生产出具有可替代性的产品。❷

❶　丛湖平.体育产业与其关联产业部门结构关联变动机制的研究[J].体育科学，2002(9)：31-35.

❷　陈云开.我国竞赛表演业市场行为的本质特征——市场行为的行政性及完善市场环境的构想[J].体育科学，2002(2)：11-14.

续表

作者	体育竞赛表演产业相关概念界定
余守文	体育赛事产业指为提供体育赛事服务的企业经济活动的集合。❶
钟天朗	竞赛表演体育服务业是指以运动竞技、表演的方式向市场提供观赏型体育服务产品的组织机构与活动的集合体。❷
姚颂平	竞赛表演业是以体育竞技、表演的方式向市场提供观赏性体育服务产品的组织机构与活动的集合体。❸
姚颂平 等	竞赛表演业是指以竞技表演的方式向市场提供精神娱乐产品，以满足人们观赏需求的组织机构与活动的集合体。❹
鲍明晓	体育赛事产业是指向市场提供能够满足人们观赏性体育消费需求的产品和服务的组织和机构的集合。❺
张林	体育竞赛表演业广义指以体育俱乐部以及专业体育赛事公司等组织为经营实体，以运动员的竞技表演为基本商品，满足社会体育需求的各类行业；狭义指生产体育竞技和竞赛表演产品的行业。❻
骆雷	体育竞赛表演业以运动竞技和运动表演为主要形式向社会提供服务型产品的组织与活动的集合。❼
国务院办公厅	体育竞赛表演产业指以体育竞赛活动为核心，为满足体育消费者观赏需求，以市场交换的方式向市场提供各类体育竞赛表演产品，而开展的一系列经济活动的总称。

　　学者们似乎达成共识，体育竞赛表演产业是以市场化的形式提供竞赛表演服务的相关组织、机构的集合，突出竞赛表演的观赏价值。2018 年，《国务院办公厅关于加快发展体育竞赛表演产业的指导意见》中也将"满足消费者观赏需求"作为主要内涵，但从文件的内容看，以对职业赛事，国际重大赛事，业余精品赛事，冰雪体育赛事，中国特色、民族特色的体育

❶　余守文. 体育竞赛表演产业对城市竞争力的影响[D].上海：复旦大学，2007.

❷　钟天朗.体育服务业导论[M].上海：复旦大学出版社,2008:48.

❸　姚颂平.大辞海(体育卷)[M].上海:上海辞书出版社,2008:20.

❹　姚颂平,张林,鲍明晓,等.我国体育产业"十一五"规划研究报告[R].2009.

❺　鲍明晓.财富体育论[M].北京:人们体育出版社,2012:98-99.

❻　张林.体育产业概论[M].北京:高等教育出版社,2013:8.

❼　骆雷.体育强国建设中我国竞赛表演业政策研究[D].上海:上海体育学院,2013.

赛事的引进、扶持、培育等为主；对城市马拉松与自行车等赛事进行了专门规定。马拉松与自行车赛事中以运动员身份参与的消费者较多，这类赛事虽然具有一定的观赏性，但观赏性绝对不是其主要价值，因此，体育竞赛表演产业的界定中体育竞赛表演活动一定是核心，一些市场化运作的参与性赛事也是体育竞赛表演产业的范畴。在各类文件及体育产业引导资金的利用上，也体现出我国体育竞赛表演产业的内涵不仅局限在观赏性的赛事，如表1-2是江苏省近年来体育引导资金资助赛事情况。

表1-2　江苏省体育产业引导资金资助体育赛事情况一览表

年度	资助赛事名称
2015	无锡国际马拉松赛、世界斯诺克世界杯赛、赛季乒超联赛江苏中超电缆俱乐部参赛阵容重组项目、中华龙舟大赛常州武进站、全国机器人运动大赛、全国田径锦标赛、苏州吴中"环太湖"国际竞走和行走多日赛、国际竞走挑战赛（太仓站）暨全国竞走冠军赛、××杯世界围棋公开赛、体育舞蹈培训及体教融合一体化及市场化运作体育舞蹈公开赛、中国盐城沿海湿地国际公路自行车赛、"城市跑不停"四季跑、中国镇江直通世界乒乓球锦标赛中国乒乓球队选拔赛、生态四项国际户外运动精英赛、环太湖国际公路自行车赛、江苏省业余足球联赛暨产业推广方案、江苏省首届城市业余足球赛等
2016	环太湖国际公路自行车赛、南京国际马拉松、中国生态四项公开赛、苏州环金鸡湖国际半程马拉松、中国男子篮球职业联赛江苏肯帝亚镇江主场赛、中国淮安丝绸之路户外运动挑战赛、中国（徐州）国际武术大赛、中韩（盐城）体育系列赛事、江苏省城市假日系列赛、国际男篮挑战赛、泰州市铁人三项亚洲杯赛、亚洲户外运动节、江苏·盐城国际赛车嘉年华、常州武进西太湖国际半程马拉松暨环太湖马拉松系列赛·常州站、2016中国南京国际攀联世界杯攀岩赛、无锡国际马拉松、常熟尚湖国际半程马拉松赛暨环太湖马拉松系列赛、江苏省业余足球联赛推广项目、世界业余围棋锦标赛、巴布洛系列体育赛事
2017	环太湖国际公路自行车赛、世界女排大奖赛总决赛、中国生态四项公开赛、江苏省城市假日联赛、苏州太湖国际马拉松、中国24H单车环太湖认证赛、第二届中国（徐州）国际武术大赛、亚洲乒乓球锦标赛、南京国际帆船节赛、2017年八国男篮争霸赛暨国际篮球文化周、中国连云港徐圩国际马拉松赛、全国马术项目三项赛、"舞动江苏"江苏省广场舞大赛、××杯世界围棋公开赛、"爱乒才会赢"江苏省乒乓球王城市争霸赛、常州武进西太湖国际半程马拉松赛、男子U12、U14（5人制）足球赛、中国南京国际攀联世界杯攀岩赛、龙凤杯羽毛球城市混合团体赛、"谁是舞王"中国广场舞民间争霸赛复赛、中国常州举办世界电子竞技运动会全球总决赛、第31届亚洲城市保龄球邀请赛

续表

年度	资助赛事名称
2018	环太湖国际公路自行车赛、南京马拉松、中国生态四项公开赛、中国山地自行车公开赛、中国24H单车环太湖认证赛、中国户外运动节、苏州环金鸡湖国际半程马拉松、洪泽湖国际马拉松、国际自行车挑战赛、常州武进西太湖半程马拉松、城际内湖杯帆船赛、江苏省足球联赛项目、中国溧潼会船——龙舟赛、八国男篮争霸赛暨国际篮球文化周、国际马联青少年场地障碍赛暨城市系列菁英赛、徐州市国际武术大赛、东台西溪爱情半程马拉松赛、江苏省城市假日联赛、环蠡湖国际半程马拉松赛、中国常州国际运动康复大会、年江苏省职工羽毛球联赛、中国高淳固城湖全国钓鱼大奖赛、南京坐标城市印迹定向赛

注：以上资料来源于江苏省体育局体育产业管理部门内部文件资料及公开数据；政策支持的赛事类型大部分为非职业体育赛事业态类型，且参与型赛事较多；这方面江苏省具有代表性，其他各省份体育产业政策中体育赛事的资助结构和概念指向也都基本相同。

相关学者对体育竞赛表演市场的界定也印证了体育竞赛表演产业不应局限在观赏性服务，如陆作生等学者认为体育竞赛表演市场是"以体育竞赛表演为服务产品，吸引广大消费者参与和观看的市场"[1]。体育竞赛表演产业是在体育竞赛表演市场的基础上形成，因此，体育竞赛表演产业所提供的竞赛表演产品也应包含参与型与观赏性的服务。近年来，相关研究中也避免了以"观赏性消费"为主的界定，如李琛等以服务内容与收益的视角界定为"以体育赛事活动为服务内容，以获取包括门票收入、广告与赞助收益、媒体转播权益和衍生品市场回报等为核心目标的现代体育服务产业门类"[2]；党挺从产业组织视角界定为"经过市场化运作的体育竞赛表演及其衍生品的企业或组织构成体育竞赛表演产业"[3]，与陈云开、张林、骆雷等界定较为相似。这也是从提供竞赛产品的部门出发，体育竞赛表演产业是从事策划、组织各类赛事或竞赛表演活动运营的经济活动部门的集合。体育竞赛表演产业的相关机构、组织或部门主要包括各级各类体育项目协

---

[1] 陆作生,周爱光.体育竞赛表演市场的法律规范[J].中国体育科技,2007,43(3):9-12,40.

[2] 李琛,李佐惠.广州市竞赛表演业可持续发展的人力资源体系研究[J].广州体育学院学报,2018,38(6):33-36.

[3] 党挺.国外体育竞赛表演市场发展分析及启示[J].体育文化导刊,2017,(6):139-143.

会、国家体育总局运动项目管理中心、单项体育协会、职业体育俱乐部、专业体育赛事策划、运营公司、体育经纪公司等。其中，赛事策划与组织、运营是核心经济活动，也是体育竞赛表演产业区别于其他产业的标志。纳入体育竞赛表演产业的标准不在于赛事举办的机构或目的，而在于赛事举办中有无"产品供给"与"交易行为"。由于我国政府行为的特殊性，一些赛事以地方政府组织运营为主，导致一些地方政府也可能成为体育竞赛表演产业的部门。从部门角度进行界定也有利于对体育竞赛表演产业进行统计，这些企业或机构在赛事运营中的投入与产出等是体育竞赛表演产业各类产值的主要来源。

综上，本书将体育竞赛表演产业界定为以市场化运营体育竞赛与体育表演活动为核心，提供体育竞赛表演与服务的组织或企业的集合。

体育竞赛表演产业的特点主要从生产、交换与产品等方面进行研究。体育竞赛表演产业整体上以商品交换活动为主要特征，既存在一般商品交易的各种程序，如商品宣传、付费购物、商品支付及检验与投诉等，又具有自身的独特性。[1] "体育竞赛表演产业最基本的特点是以人的运动机能与技能为生产原料；生产的主要技术是教学、训练；中间产品或准产品为运动员具备的运动技能，而最终产品为技战术应用，即运动竞赛与竞技表演。"[2] 体育竞赛表演产业的产品具有"有形产品与无形产品相结合，以无形产品为主"、具有生产销售不可分割性、产品的不可预测性、体验性及延展性和增值性等特点。[3]

体育竞赛表演产业分类的相关研究，主要结合赛事特点与类型进行划分。如房晓勇根据体育赛事类型将"体育赛事产业分为周期性综合赛事产业、周期性单项赛事产业、职业联赛产业、单独运作的商业性赛事产业以及群众性体育赛事产业五种类型"。[4] 张林根据竞赛活动表演内容将我国体

[1] 葛新军.发展广东竞技体育表演市场的思考[J].广州体育学院学报,2008(3):49-51.

[2] 陈云开.竞赛表演产业及其市场构成[J].天津体育学院学报,2002,17(1):18-20.

[3] 杨铁黎.体育产业概论[M].北京:高等教育出版社,2010;邓文才,刘晓,桂海荣,等."体验经济"理念下我国体育竞赛表演业的培育与发展[J].沈阳体育学院学报,2008,27(5):24-27.

[4] 房晓勇.上海体育赛事产业核心竞争力的研究[D].上海:上海华东师范大学,2009.

育赛事分为"职业联赛、综合性体育赛事、单项体育赛事；根据参与竞赛表演的人数分为个人性质的竞赛表演活动和集体性质的竞赛表演活动；根据竞赛活动参与主体不同，分为观赏性与参与性竞赛表演活动"。❶张现成等根据政府在体育赛事中参与程度，将体育赛事产业分为"政府全权运营的赛事（一般是由政府职能部门成立赛事组委会负责整个赛事）、政府提供必要支持的赛事（其运营主体一般是指由一些具有国有资本背景的企业成立赛事运营公司）、政府委托类赛事（主要是指由体育行政机关、准行政机构、体育协会等部门承办，承办方通过委托代理的方式聘请专业的体育经纪公司运营的赛事）；基于我国赛事运营主体和赛事来源，将赛事产业分为国际品牌赛事产业（如奥运会、世界杯）、本土品牌赛事产业（如中超、CBA、全运会、青运会）和一般群众性赛事产业（如龙舟赛、武术大会）等三大类；按照赛事规模的大小，将体育赛事划分为超大型赛事（奥运会、世界杯、洲际运动会、全运会等）、大型赛事（单项世锦赛、职业联赛等）和一般性赛事"。❷这些分类虽然为研究各类赛事产业的特点提供了依据，但从整个产业角度来看，并不利于提高体育竞赛表演产业统计的针对性。本书仍然以从事体育竞赛表演产业的部门属性进行划分，主要分为国有企业运营的赛事、私营企业运营的赛事及公私合营的赛事，对应的企业也就包括私营企业、国有企业及公私合营的企业。而依据调研实际，研究将我国体育竞赛表演产业相关企业分为国有及国有背景的企业与私营企业，这也是本书调研对象找寻的依据。

综上，体育竞赛表演产业在我国还属于新兴产业，学界对其内涵认识与把握还不足，现阶段相关研究等同于竞技运动观赏服务业、体育竞赛产业、竞赛表演业、运动竞赛业等，甚至与国外职业体育相对等。显然，我国体育竞赛表演产业涵盖各类经营性体育赛事活动，是一种泛体育赛事体系，不同于西方的职业体育赛事体系。政府对赛事资源的支配能力较强，市场化运作程度还不高，地方政府在体育赛事产业发展中仍发挥重要的作用。

（二）国内体育竞赛表演产业与政府关系研究

国内直接以"体育竞赛表演产业与政府行为"为题研究并不多，然而，

---

❶　张林.体育产业概论[M].北京:高等教育出版社,2013:58-59.

❷　张现成,周国龙,李倩,等.我国赛事产业规范治理的变迁、成效及困境探析[J].西安体育学院学报,2019,36(4):398-403.

受我国体育竞赛表演产业产生与发展的特殊性，政府一直是产业发展的重要动力。体育竞赛表演、体育赛事等相关研究中一般涉及政府行为或作用。通过文献资料查阅大体可分为以下几类：一是政府行为的应然研究，即针对体育竞赛表演产业发展中政府（地方政府）行为或作用出现的问题而政府应该采取什么样的政策、措施等，属于政府行为优化的研究；二是政府做了什么，还应怎样完善，如政府相关政策、法律法规相关研究、政府培育赛事市场等方面的研究；三是政府为什么这样做的研究，即政府作用的动力机制、逻辑等是什么。而对政府行为效果的专门研究较少，主要散布在前三类研究中，即前三类研究包括了政府行为的效应现状与问题等。

1. 体育竞赛表演产业发展中政府行为"应是什么"研究

体育竞赛表演产业发展中政府行为的应然研究主要集中在赛事举办中政府行为或作用存在的"越位""错位""失位"等问题而提出的一些建议、对策等，属于政府行为的规范化研究，以质性研究为主，研究较为宏观。尤其2014年赛事审批权下放以来，体育竞赛表演产业迎来了高速发展期，一些赛事如城市马拉松、自行车赛事等呈现井喷态势，但在具体执行过程中由于配套设施不健全、相关制度不完善等造成赛事举办受到交通、物流、安保等方面的限制，阻碍了赛事的有序、合规的举办，出现政府部门之间不协调，服务效率低下、产权不清、政策落实僵化及赛事运营风险等一系列问题。❶ 针对这些问题，宏观上，主要从"思想观念、赛事体系、治理手段、保障措施等方面提出政府职能的转向，即转变体育赛事管理观念，构建服务型政府、调整现有体育赛事的组织体系，压缩与创新并举、转变政府体育赛事治理手段，依法治理体育赛事、部门协同配合，提供赛事高效举办的保障"❷；微观上，学者主要以不同类型赛事及产业发展中的具体问题进行了广泛研究，以大众体育赛事举办中政府行为问题研究较多，主要针对群众体育赛事发展中政府定位不明、供需矛盾突出、制度路径依

---

❶ 吴宝升.我国商业性体育赛事行政审批制度变革——基于制度变迁视角[J].体育与科学,2018,39(4):103-112.

❷ 张勇.取消赛事审批权背景下政府职能转变的向度研究[J].广州体育学院学报,2016,36(3):29-32.

赖、市场化有限、公共服务不足、群众参与度差等问题❶的研究，但对政府行为或作用基本达成共识，即政府在体育赛事可持续发展中具有不可替代作用，政府主体的服务职责涵盖政策支持、资源整合、行政监督、多方协同等多个方面❷，政府主体行为的关键在于"定位非政府组织职责范围，构建协同发展机制，充分激发营利性体育机构、体育社会组织等多元主体的参与热情"❸，创新赛事供给方式❹"突破原有制度依赖、健全赛事实施体制，推动市场化运作，完善监督管理办法，建立科学的赛事全过程监管与监控，完善信息反馈与风险评估机制，降低风险、建立智慧服务平台，完善赛事报名、赛中跟踪与赛后服务的全过程服务与监督，以达到提升服务质量，进一步市场化、规范化发展的目"❺。

赛事中政府主导作用的相关研究，以借鉴国外大型赛事举办中政府管理行为提出相应的对策，提出简化行政审批，打破各政府间的条块分割关系，各政府部门相互协调提供公共资源、积极进行组织管理改革，加强行政整合力度与效率、出台相应的政策、法规积极培育市场，扶持协调产业关系；完善体育场馆保障体系、明确办赛目标，培育品牌赛事，进行赛事产品、媒体资源的整合与调整、打造赛事平台，尊重赛事价值、培养专业人才，提升办赛专业化程度，提升资本运作、成本控制的方式等方面的组织管理建议。❻

职业体育作为我国体育竞赛表演产业的龙头，现阶段主要致力于"扫

---

❶ 王亚坤,武传玺,彭响.新时代我国群众体育赛事发展困境及优化路径[J].体育文化导刊,2018(11):1-5.

❷ 冯剑.群众体育赛事从管理到治理:动力、逻辑与路径[J].西安体育学院学报,2018,35(3):334-337.

❸ 杨光,南尚杰,李松洋.我国群众体育赛事治理困境与优化策略[J].体育文化导刊,2019(8):59-64.

❹ 周彪,李燕燕.我国群众体育赛事发展困境及对策研究[J].湖北体育科技,2018,37(7):565-568.

❺ 王亚坤,武传玺,彭响.新时代我国群众体育赛事发展困境及优化路径[J].体育文化导刊,2018(11):1-5.

❻ 史悦红,蒲毕文.我国大型体育赛事组织管理模式的研究——基于政府与市场关系视角[J].管理现代化,2018,38(6):42-46;党挺.国外体育竞赛表演市场发展分析及启示[J].体育文化导刊,2017(6):139-143.

清我国职业体育运行的制度障碍，减少不必要的行政干预，进一步落实'放管服'改革，强服务、优管理、重监管，为职业体育赛事水平提升提供管理动能"。❶同时，"给予职业体育参与社会服务以引导，打通职业体育俱乐部与社区、国家队之间的关系，打通职业体育与学校体育、社区体育、国家队之间的制度隔阂"。❷

受我国区域经济发展不平衡的影响，体育竞赛表演产业存在区域发展不平衡问题，各省、市体育竞赛表演产业发展的现状与问题也就成为研究的焦点。但研究成果多为硕士论文，虽然针对不同的区域，但相关问题与解决措施等具有相似性，甚至同质性，导致出现重复研究现象。本书主要以核心类刊物中的相关研究作为参考对象。李琛等针对广州市体育竞赛表演产业发展中人力资源体系不健全导致赛事运营中存在相应的问题与风险，提出政府应做好体育竞赛表演产业人力资源的引导与保障，重视相关人才培养，适时建立从业人员数据库与信息查询平台、健全相关企业和社会组织加强人员培训和专兼职员工制度；强化行业自律与行业监督机制，建立行业准入制度与"黑名单"制度，"保障体育竞赛表演业能够逐渐规范化和制度化运行，控制行业高速发展中可能出现的问题和风险，进而引导社会大众重新认识体育竞赛表演业的市场价值与社会价值，不断优化和规范引导相关行业的内部管理制度和外部运营机制、完善平台建设与行业信任机制建设，引导产业向信息化、网络化、规范化方向发展"。❸敖利志根据陕西省体育竞赛表演产业发展的现状与问题提出政府应加大鼓励与扶持力度，保障体育竞赛表演产业发展，应在产业发展与培育过程中提供人、财、物及相关政策支持。具体而言，"政府应提供兴建与改造场馆及相关配套设施等方面的资金；应给予相关赞助企业税收、政策上优惠；应制定相应的法规、制度等保障市场的公平、有序的开发；应通过立法等形式，确立产业运作的规范程序；建立健全法制化、规范化、制度化的现代产业制度体系，进而保障

---

❶ 张兵.中国职业体育消费外流及其应对[J].天津体育学院学报,2019,34(2):93-99.

❷ 张兵.中国职业体育消费外流及其应对[J].天津体育学院学报,2019,34(2):93-99.

❸ 李琛,李佐惠.广州市竞赛表演业可持续发展的人力资源体系研究[J].广州体育学院学报,2018,38(6):33-36.

产业发展的良好外部环境；还应具备对体育竞赛与体育表演的评估能力，对产业发展的风险评估，并制定相关的预警措施等保障产业健康发展"。❶

综上，政府既在体育竞赛表演产业的发展中发挥着积极作用，又与产业进一步市场化、产业化发展处于博弈中。相关研究以政府职能转变为主，主要体现在公共服务的改善、相关法律法规的健全与完善、完善监督与澄清产权关系、相关优惠政策的提供、人才培养机制健全及信息服务平台建设等方面，强调多主体参与及市场化运作，要求政府进一步简政放权，多方协同提高赛事举办的质量与效率，相关研究论述较为深刻、全面，但以定性分析基础上得出相关建议与措施研究为主。已有研究以自上而下的研究视角为主，具有一定的局限性，即政府相关政策较好，但最后的执行与落实却不理想。因此，亟须从企业或社会组织需求角度进行调研与分析，为提高政府行为的针对性及有效性提供借鉴。

2. 体育竞赛表演产业发展中政府行为"是什么"研究

现阶段，体育竞赛表演产业相关政策不仅效力层面更高、制定与发布更为频繁，在内容上更为具体、目标上也更为明确，为体育竞赛表演产业高质量、可持续发展指明了方向。但体育竞赛表演产业发展中出现的新问题、新情况等使政府政策不断丰富与完善，相关法律法规研究不断丰富与健全，政府培育赛事市场行为研究不断增多，这也就形成了体育竞赛表演产业发展中政府行为"是什么"的研究类别。骆雷在其博士论文中针对当时"体育竞赛表演业"相关政策的问题进行了研究，研究较为系统、全面。研究认为，"相关政策的宏观指导性强，但缺乏实操性；相关政策制定与执行的滞后，导致政策效果差；立法的层次较低，缺乏国家层面相应的政策、法规等"❷。依据以上问题，骆雷探讨了政府行为优化的策略，包括"创新政府资助方式，为赛事转播权与承办权立法，搭建赛事资源交易平台，通过税收优惠、降低准入壁垒等吸引社会资本进入，尊重区域资源禀赋差异，制定差异化的政策，鼓励本土特色赛事的培育，引导产业融合发展提高竞

❶ 敖利志.陕西省体育竞赛表演产业的现状及对策研究[J].西北工业大学学报(社会科学版),2014,34(2):62-64.

❷ 骆雷.体育强国建设中我国竞赛表演业政策研究[D].上海:上海体育学院,2013.

争力，依据产业所处初级阶段，制定幼稚产业与扶持政策等。"❶ 这些问题是当时客观存在的，但现阶段看有些问题已经很好地解决了，如政策层次与效力低的问题。近年来，相关政策文件频发，可见，政府行为或政策研究具有很强的时代性或阶段性。政府行为在产业发展的不同阶段具体表现不尽相同，产业发展的不同阶段对政府行为的需求与要求等也不尽相同。现阶段，地方政府主要通过"实施赛事规划部署、直接与间接经济资助、搭建赛事推广平台、改革审批制度、参与组织协调等行为促进体育竞赛表演产业的发展，但也面临一系列发展困境，如战略规划不科学、扶持绩效评价不完善、审批制度改革配套缺乏、管理体制及法规不适应新形势等，需要政府进一步加强战略规划布局、提升扶持绩效、加快'放管服'改革、完善管理体制及法治建设"。❷

随着我国体育竞赛表演市场化程度的不断提高，出现了赛事产权、赛事媒体版权、赛事服务外包等方面的问题，亟须政府制定相应的法律法规、制度等进行保护与约束，进而促进体育竞赛表演产业健康持续发展。如张现成等在研究中提出我国当前体育赛事产业产权保障法缺失，相关法律、法规的保障具有较大局限性，赛事产业政策的内容较为宏观、可操作性差，相关体育的执政执法主体缺失与迷失等问题，认为政府应"修订与完善相关法制，消除赛事企业的焦虑与侵权困扰；借鉴西方赛事产业相关法规，让渡赛事产业链的利润空间；建立健全赛事产业保障社会机制"❸ 等对策建议。刘铁光等通过 4 个国内体育赛事相关的典型案例探讨了我国体育赛事权利配置中存在的缺失、体育赛事传播（转播）方面的权利问题，提出"以主体为基础配置专有权、明确体育赛事比赛阶段与传播阶段以体育赛事组织者和体育赛事传播者为基础配置权利之后，应该确定权利的具体内容及体育赛事权利配置的法律选择，最后提出通过修订《体育法》科学地配置

❶ 骆雷.体育强国建设中我国竞赛表演业政策研究[D].上海:上海体育学院,2013.

❷ 肖丽芳,李强.地方政府在发展体育竞赛表演产业中的作用及优化路径[J].济南大学学报(社会科学版),2019,29(6):142-148.

❸ 张现成,商执娜,吴家琳,等.我国体育赛事产业化实践中的法律规制问题与对策[J].北京体育大学学报,2018,41(6):27-32.

体育赛事相关权利,进而保障体育赛事产业健康发展"。❶ 王勇认为"政府在体育赛事活动中应当是规则制定与实施的主体、监督主体及救济主体等多重身份,在不干预市场主体自主经营的前提下维护赛事的公平、公正、公开,并对违规行为进行制止与规制",进而发挥行业协会的监督作用、完善事后处理救济制度,以及在项目边界内规范化引导规则的确立实施,保障赛事正常有序运行。❷ 为促进赛事市场化发展,政府采取了体育赛事服务外包政策,相关研究认可体育赛事服务外包政策,认为有利于政府职能转型、符合核心竞争力理论,有利于通过竞争来进行公共资源的配置,提高资源配置的效率,符合当前赛事产业化、市场化、规范化发展的要求,并有效避免了政府与企业"委托—代理"错位的问题,有利于提高赛事服务效率及降低赛事运营的成本,由此,提出"政府部门应建立科学的体育赛事外包评价体系与风险管理制度,依法、依规承包"。❸ 但由于"赛事服务外包中决策机制落后、招标方式欠佳、政企配合乏力、互惠措施不足、评价体系缺乏、监管机制单一等问题,亟须政府部门优化决策机制、拓展招标方式、强化政府职能,增加互惠措施、完善与健全赛事评估与监督体系等"。❹ 体育竞赛表演产业发展的市场化要求政府职能转型,要求政府制定相应法律、法规、制度等对体育赛事产业主体行为进行约束与监督,进而保障产业健康、安全、有序发展。从相关研究来看,我国体育赛事产业法律规制远未成熟与完善,亟须针对当前出现的新问题、新情况及时修订与完善。

体育品牌赛事的培育是现阶段城市(地方)政府促进体育产业市场化、可持续发展的重要途径。体育品牌赛事培育相关研究虽然较多,但较为深入、系统的研究以孟令刚博士毕业论文及其相关研究为主。孟令刚在其博士论文中,对北京市体育品牌赛事培育的主体、政府作用的具体方式、角

❶ 刘铁光,张路路.体育赛事的权利配置及其法律选择——基于体育赛事产业发展的充分保障[J].体育科学,2016,36(2):72-79.

❷ 王勇.体育赛事规法:边界规则与政府干预[J].体育成人教育学刊,2016,32(4):11-14.

❸ 王凯.我国公共体育赛事的服务外包研究[J].体育学刊,2017,24(3):61-66.

❹ 王亚坤,武传玺.我国群众体育赛事服务外包研究[J].体育文化导刊,2018(8):54-58.

色及培育绩效与效果等进行了全面系统的研究。北京市体育品牌赛事培育的主体主要包括北京市政府、市发展改革委、市体育局、市委宣传部、市财政局、市文旅局等，其中，北京市体育局是具体实施的主管部门。北京市政府部门在赛事的运营中一直寻求并完善政府监管、社会承办、市场运作的办赛模式，赛事运营模式呈现多样化，不同运营模式政府介入的程度和方式有所不同。政府主要通过赛事整体规划、部署、培育市场主体，搭建赛事推广服务平台，制定相关政策、法规，给予协调、资助等具体手段与方式培育并促进本区域体育品牌赛事的发展。由此，将政府的角色定位为赛事资源的安排者、生产的支持者、市场主体的监管者、政策制定者、绩效风险评估者及多元主体协调者等，进而推动赛事审批制度改革、相关管理制度改革等。在政府绩效的研究中主要采用了数据包络分析法的CCR、BBC、SE-DEA模型，提出"合理配置政府部门人员数量、符合公共服务需求、充分挖掘赛事的市场潜力、扩大赛事正外部效应、提升公共投资刚性财政约束、完善赛事审批相关配套措施、机制、建立赛事培育效果多元评价与监督机制等政府作用等建议"。❶ 研究系统论述了北京市各行政部门在体育品牌赛事培育中的作用，对北京市政府发挥有限、有为的作用提供了指导与借鉴，但其研究的出发点均是政府、专家的视角，没有对市场或者企业进行相应的调研与访谈，没有从企业需求的角度进行政府作用或行为的定位，导致供与需之间是否能建立有效衔接，仍需进一步探究。研究层次属于宏观层面，对微观的政府行为对企业直接或间接的影响关照较少。

3 体育竞赛表演产业发展中政府"为什么"行为研究

政府为什么作用于体育竞赛表演产业是随对体育竞赛与竞技表演发展的认识逐渐形成的。一方面，体育竞赛表演产业自身的特点决定了政府行为的必要性，如产品的公共产品属性、体育竞赛表演的正外部性及所处的阶段导致市场不够成熟，存在市场失灵等，属于政府弥补市场失灵的研究。另一方面，赛事能够满足政府或城市自身发展的需要，如满足城市（政府）形象提升与改善、城市社会资本提升、带动其他产业发展等方面，属于政府行为机制与逻辑方面的研究。体育赛事的正外部性是政府资助赛事的重

---

❶ 孟令刚. 北京市体育品牌赛事政府作用研究[D]. 苏州：苏州大学，2015.

要理论依据❶，由于赛事的正外部性，一些价值难以通过价格机制反映出来，其收益难以体现为赛事供给主体的收入，导致赛事供给不足，达不到最优资源配置状态，亟须将外部效应内部化，而政府给予供给主体一定的资助、补贴、减免税收等政策是实现赛事外部效应内部化的重要途径；如北京市政府依据区域体育竞赛表演市场各主体发育不完善的实际，主要采用一些经济手段如直接与间接的资助来刺激部分尚未发育完善或运行失灵的市场机制。通过各种方式带动、刺激市场主体参与赛事的申办、承办，实现资源的有效配置，以促进体育竞赛表演产业持续、健康发展，以满足居民多元、多层次需求。其中，国际单项体育赛事市场缺失是政府对赛事进行资助的重要逻辑之一。❷ "体育品牌赛事具有准公共产品属性、正外部性、引导性、文化性、持续性，这导致现阶段地方政府在体育品牌赛事的培育中充当着赛事的公共服务安排者、扶持者、监督者、适度的运营者，同时还充当了监督者、政策制定者、风险与绩效评估者、多元主体协调者及赛事审批制度改革推动者"。❸ 由于大型体育赛事的社会、经济属性复杂，具有较强的公共价值，而政府是公共价值实现的重要与直接主体，需要政府参与并发挥重要作用，因此，相关研究主要以大型赛事中政府行为、作用、角色等研究为主。❹ 大型赛赛事作为一种特殊的、综合的文化呈现形式，能够使观众在轻松、愉悦的氛围中接受体育赛事所传递的信息内涵和价值观，这是其他传播媒介所不具备的。体育赛事的亲和、活力及高传播性使其成为一种有效的具有渗透力与潜移默化性的柔性区域形象传播手段，能够让投资者、游客及居民等在不知不觉甚至是一种自觉意识中认识、了解乃至接纳这个城市。❺ 马肇国等的研究也得出类似的结论，认为大型体育

---

❶　黄海燕,马洁,高含颀.体育赛事政府资助模式研究——国内外其他国家和城市的经验及对上海的启示[J].体育科研,2011,32(3):1-8.

❷　孟令刚,李颖川,王家宏.北京市国际单项体育赛事政府资助的探索及实践[J].中国体育科技,2014,50(5):133-145.

❸　孟令刚,贾凤英.体育品牌赛事培育中地方政府角色研究[J].南京体育学院学报,2019,2(5):1-6.

❹　邢尊明,宋振镇.墨尔本大型体育赛事组织管理中的政府作用模式研究[J].天津体育学院学报,2011,26(3):215-219.

❺　王凯,陈明令.我国体育赛事的引致需求、现实问题与供给侧优化[J].北京体育大学学报,2018,41(9):43-48,58.

赛事能够激发人们大无畏的拼搏精神及公平正义的进取精神，是展示区域文化的平台，能对文化传统与价值观念等进行保护，提升居民凝聚力。其中，优秀运动员或运动队在比赛中获胜能够产生巨大世界影响力，他们身上聚集着时代所需的人文精神，吸引社会广泛关注，使得城市关注度提高。他们也提出政府可能存在的政策风险，认为政府部门既是打造城市文化品牌的重要力量。❶ 朱洪军等通过对奥运会、亚运会等大型体育赛事的研究，得出大型体育赛事是城市政府形象优化与改善的契机，有利于树立民本、实干、阳光的政府形象；而良好的政府形象有助于大型体育赛事的成功运作，以及提高赛事运作效率，能够及时有效地调动各类资源；由于大型体育赛事组织运作的复杂性、多样性、动态性和艰巨性，决定了大型体育赛事的组织运作离不开政府的参与，政府的主要职责在于宏观引导、把控、引入多元决策机制、竞争机制，以及应对政府在赛事组织、运营中自身管理的不足。❷

正是由于大型赛事具有自身的特殊性，随着我国城市化进程的加快，区域之间、地方政府（城市）之间的竞争越来越激烈，地方政府一般把体育赛事活动的举办看作城市发展的催化剂与城市营销的工具，积极举办各类赛事活动，以此来推动区域经济增长❸，并借以进行城市基础设施、基础服务建设，关注人的全面发展与增进民生福祉❹，进而实现城市转型、塑造城市形象与推广城市品牌等城市营销策略。❺ 然而，大型体育赛事的举办需巨额的资源投入，必须由政府组织领导，但仅靠政府又会造成巨大的财政负担，不利于城市与政府发展，因此，政府的职能定位应与时俱进，适应

❶ 马肇国,席亚健,薛浩,等.体育与城市文化品牌建设的互动效应和风险管理[J].北京体育大学学报,2018,41(12):69-77.

❷ 朱洪军,张林.大型体育赛事与举办地政府责任、政府形象研究[J].沈阳体育学院学报,2013(5):38-43.

❸ 于永慧,王越平,程维峰.论体育赛事与城市发展[J].体育学刊,2011,18(5):25-30.

❹ 张现成,周国龙,李成菊.大型国际体育赛事与城市营销融合的中国经验研究[J].湖北师范大学学报(哲学社会科学版),2020,40(3):65-69.

❺ 张颖慧,徐凤萍.体育赛事与城市的相容性研究[J].上海体育学院学报,2011,35(1):22-25;曹庆荣,雷军蓉.城市发展与大型体育赛事的举办[J].西安体育学院学报,2010,27(4):21-23.

时代发展的要求，以及符合国内外政治、经济、社会、文化等发展变化的需要。政府的职能应主要定位在宏观经济社会发展的调控、协调、开放、稳定、公平竞争等社会市场环境的营造等方面。政府不仅要注重赛事举办的短期效应的发挥，更应注重赛事对城市现代化发展、经济增长、居民素质提高、基础设施完善、城市形象改善、社区凝聚力提高等长期效应方面，进而促进城市、社区的和谐、持续、健康发展。政府要始终明确自身的定位，做到"有所为，有所不为"，遵循目标性、发展性、时代性、法制性等原则，明确理念、制定政策、确保组织赛事有章可循，完善组织体系、合理定位工作职能，协调市场、盘活资金，减轻政府经济压力，提供公共产品和服务，为赛事举行营造氛围。❶陈林华等针对国际体育赛事举办与我国城市国际化的关系研究认为，在经济高质量发展的要求下，城市国际体育赛事举办的品质与影响力，能够有效提高城市的影响力，是城市营销的利器，也是城市树立良好国际形象的最佳机会。研究认为，我国在大型赛事的选择上需要摒弃原有的粗放、规模等方式，应结合城市资源禀赋寻找契合度高的赛事，进而有效发挥赛事对城市国际化水平的综合影响。国际化赛事已经成为衡量国际化城市的重要指标，是城市宣传的名片、是城市服务国际化的标志及城市文明国际化的窗口、是城市资源国际化的平台、是城市发展主体国际化的催化剂。❷然而，地方政府一方面要实现社会效益的最大化，另一方面又要实现自身发展最大化，这就导致政府参与赛事运作与赛事举办的目标、社会公共利益之间存在一定偏差。长期以来，我国竞技体育体制的举国体制格局导致政府依赖性强，政府在赛事的举办中充当赛事的运营者、所有者、管理者、监督者等角色，而赛事运营组织与企业则沦为赛事举办的辅助性组织，导致产权界定不清、社会资本难以进入与激活，市场化程度有限。地方政府为保证赛事举办中治安稳定、交通流畅、环境整洁、社会和谐等目标，出现了一些"禁令"制度，但实践证明，采

❶ 张楠,孙占峰.大型综合体育赛事中的政府职能研究[J].广州体育学院学报,2013,33(6):7-10.

❷ 陈林华,刘东锋.国际体育赛事举办与我国城市国际化:历程、经验与展望[J].体育科学,2019,39(11):15-25.

用"疏"的举措更容易实现追求创造和谐稳定氛围的绩效效果。❶

综上所述，国内体育竞赛表演产业发展中政府行为相关研究，主要围绕着政府采取了哪些行为、采取行为的依据与逻辑是什么、政府行为存在的问题及如何优化等方面进行。一些研究多以某一赛事或某一类赛事作为研究对象，以定性研究为主，政府行为与相关政策具有较大关联，甚至一些研究与政策内容重复，对体育竞赛表演产业中政府行为的系统性研究较少，鲜有对政府行为的效果或结果的研究。另一些研究以赛事举办中政府行为为研究对象，研究较为微观，能够针对举办地政府行为情况进行优化，具有一定的现实意义，但难以从整体上对政府行为、对体育竞赛表演产业发展提供有效资鉴。相关研究政府行为的视角大多以政府应该做什么，或根据国外经验政府怎样做更合乎理论或逻辑，很少从我国赛事运营相关企业角度，即一方面探索企业需求，即需要政府做什么；另一方面政府做了什么企业反馈如何，即政府行为的效应如何。由此，现阶段体育竞赛表演产业发展中如何把握政府行为与市场行为的界限？如何更好地让政府服务于市场或企业的发展？如何更好地发挥政府作用促进体育竞赛表演产业高质量、可持续发展？这些问题成为进一步研究的重点。

（三）国外体育竞赛表演产业与政府相关研究

国外体育竞赛表演产业，尤其以欧美等体育产业发达国家为代表，20世纪80年代起都不同程度地进入了体育竞赛表演产业的快速发展期。以职业体育快速发展为具体表现，成为我国体育竞赛表演产业发展、借鉴与赶超的对象。对国外政府在职业体育、大型体育赛事中的作用或行为的认识，为我国职业体育、体育竞赛表演产业快速发展提供了参考与借鉴。通过文献资料查阅发现，国外体育竞赛表演产业发展与政府相关研究主要集中在欧美、墨尔本、巴西等一些国家与地区，研究内容以政府行为的目的、原因、合法性探讨为主，研究方法以实地调研、结构半结构访谈及案例居多。国外主要国家或城市政府支持赛事举办相关研究如表1-3所示。

---

❶ 李恩荆,张现成.论赛事举办中政府行为的失范与弱势群体的权益保障[J].西安体育学院学报,2014,31(3):285-288.

表1-3 国外主要国家或城市政府支持赛事原因与行为

国家或城市	作者	政府支持赛事的目的或理由	政府行为	研究方法
北美各国	Humphreys B R❶	职业体育能够增加当地收入、工资、就业与税收;城市复兴是公共补贴私人活动的一个重要原因,新的体育设施及在其中举办的各类赛事在空间上使经济活动集聚,使附近地区重新焕发活力。	政府为职业体育设施建设提供财政补贴。利用公共补贴来增加特定城市地区的经济活动,作为一项以地方为基础的政策。	文献综述法
巴西	AlbertoReinaldo ReppoldFilho❷	提高巴西的声誉和国际形象,增加巴西在世界上的影响力,并为巴西公司创造商机。吸引外资,促进经济发展与社会、城市发展。作为对外政策的工具、赛事遗产是巴西经济、社会和政治发展总体战略的核心。	新公共承包模式、基础设施建设、制定发展体育战略计划、政策,给予体育俱乐部用于基础设施和运动员训练的资金。赛事的规划、组织、实施等。	文件分析、实地调研、访谈
德布勒森	Kozma❸	提高当地居民的自信心和自豪感,以及改变居民居住地的形象。发展当地经济(尤其是旅游业),体育设施被用来更新城市的某些破旧的部分,即城市再生。	注重将体育设施建设纳入地方发展计划、改善基础设施、兴建新的体育设施及翻新现有设施。	案例研究

❶ HUMPHREYS B R. Should The Construction Of New Professional Sports Facilities Be Subsidized? [J]. Journal of Policy Analysis and Management, 2019(38)1:1-7.

❷ REPPOLD FILHO A R R, DAMIANI C, FONTANA P S. Sports mega-events in Brazil: an account of the Brazilian government's actions[J]. AUC Kinanthropologica, 2018(54) 1: 28-40.

❸ KOZMA, GÁBOR, TEPERICS, KÁROLY, RADICS Z. The Changing Role of Sports in Urban Development: A Case Study of Debrecen (Hungary)[J]. The International Journal of the History of Sport, 2014, 31(9):1118-1132.

续表

国家或城市	作者	政府支持赛事的目的或理由	政府行为	研究方法
埃德蒙顿	Scherer J❶、Misener, Mason❷❸,	体育赛事被用作更广泛的旅游和形象提升战略的催化剂。侧重于形象再塑造重新塑造城市及其市中心的形象,将体育赛事用来代表城市作为一个充满活力、繁荣的访问地、投资和生活的一种手段。围绕体育赛事战略培养社区。	市政税收提供补贴、财政支持体育馆和其他市中心基础设施的费用、体育发展政策制定、成立了埃德蒙顿经济发展公司	实地调研、访谈
德普特福德	Smith A❶	目的是增加旅游人数、支援小型企业、提供新房屋、修复古迹、创造就业机会、改善医疗、提高参与艺术/体育的水平、提供新的培训机会和其他形式的社会发展。通过赛事增加当地社区的参与和信任来产生社会资本。	作为现有城市发展计划的一部分,财政支助、设立基金,提供了更大的灵活性和筹资渠道。	访谈

❶ SCHERER J. Resisting the World-Class City: Community Opposition and the Politics of a Local Arena Development[J]. Sociology of Sport Journal, 2015,33(1):39-53.

❷ MISENER L, MASON D S. Fostering community development through sporting events strategies: An examination of urban regime perceptions[J]. Journal of Sport Management,2009,23(23):770-794.

❸ MISENER L, MASON D S. Urban regimes and the sporting events agenda: A cross-national comparison of civic development strategies[J]. Journal of Sport Management,2008(22):603-627.

❹ SMITH A. Leveraging benefits from major events: maximising opportunities for peripheral urban areas[J]. Managing Leisure, 2010,15(3):161-180.

续表

国家或城市	作者	政府支持赛事的目的或理由	政府行为	研究方法
曼彻斯特	Misener, Mason	侧重于城市复兴，通过改变城市形象来吸引资本和投资，其最终目标是促进经济发展。将体育作为城市和中央政府振兴目标的催化剂。	让当地人参与决策过程、提供资源，支持、帮助、培训他们，与他们合作，确保结构到位，居民团体参与每一个层面的决策。提供基础设施，志愿服务项目、建立体育联盟。	案例研究、访谈
墨尔本	Misener, Mason	将体育赛事作为整体发展理念的一部分，作为吸引投资机会的战略之一。侧重于城市复兴，通过改变城市形象来吸引资本和投资，其最终目标是促进经济发展。注重社会成果，特别是社区发展。以培育社区和建立社会资本的方式发展和推广体育赛事。通过参与体育运动，墨尔本市民和游客将获得积极的社会成果和健康的生活方式，以确保墨尔本市充分利用体育运动带来的健康、社会和经济效益。	制定相关政策。政府成员能够在商界扮演重要角色。建立公众监督和咨询机制。体育赛事的基础设施、城市再生计划、改善公共设施的使用、建立协商论坛、拓展工作和资助计划、成立赛事运营联盟。	案例研究、访谈
纽约市	Palmer❶ Rosentraub M❷、黄丽❸	将大型赛事举办作为城市废弃地区改造的一部分，地方政府的支持能够直接对毗邻的社区产生积极的经济影响；提高居民的自豪感、社区认同感以及试图成为"大联盟城市"。	设立体育委员会管理体育赛事，政府相关部门负责协调、制定相应规划、政策、制度等，对赛事举办主要起到协助作用，不会对赛事进行资金支持。	文本分析、实地调研、访谈

---

❶ PALMER J P. Bread and Circuses：The local benefits of sports and cultural businesses [M]. Ottawa. C. D：Howe Institute,2002.

❷ ROSENTRAUB M. Major league losers：The real cost of sports and who's paying for it, second eidtion[M]. New York：Basic Books,1999.

❸ 黄丽.美国纽约大都市区的规划管制[J].世界地理研究,2000(3)：75-77.

续表

国家或城市	作者	政府支持赛事的目的或理由	政府行为	研究方法
印第安纳波利斯	Rosentraub❶	实现城市的复兴、为城市提供一个积极的形象与国家认同。	城市民选官员、商界领袖和该市的主要慈善机构共同制定计划、投资场馆建设等。	案例研究、访谈
洛杉矶	史悦红 等❷	以推动当地旅游业发展为最终目标。	政府主要以授权的形式让非政府组织和企业管理运营赛事，对赛事潜在效益和成本进行严格评估，为避免同类竞争，统筹规划。	文献研究
安大略省的伦敦市	Clark R❸	其目标是为城市提供一个可行的整体工具，以增加旅游业，建立社区精神，促进城市发展。通过增加伦敦金融城的公众参与度和参与度，提升伦敦的文化资本。通过展示伦敦作为举办活动的目的地，帮助塑造了伦敦的品牌。举办各种体育活动是解决当地社区青年犯罪等社会问题的一种手段。	伦敦旅游局专门为体育开设了一个办公室、建立了一个非正式的志愿者数据库、作为一个战略开发工具来使用。将地方政府和私营企业结合在一起，从而更有效地管理和战略定位举措。	访谈、文件分析

　　西方国家的政府一般把新自由主义政策当作提高全球经济竞争力的一种手段。新自由主义与极其狭窄的城市政策体系相联系，这些政策体系基

❶ ROSENTRAUB M S. Major league winners: Using sports and cultural centers as tools for economic development[M]. Boca Raton, FL: CRC Press,2010.

❷ 史悦红,蒲毕文. 我国大型体育赛事组织管理模式的研究——基于政府与市场关系视角[J]. 管理现代化, 2018, 38(6): 42-46.

❸ CLARK R, MISENER L. Understanding Urban Development Through a Sport Events Portfolio: A Case Study of London, Ontario[J]. Journal of Sport Management, 2015, 29(1): 11-26.

于资本补贴、区域推广、供给侧干预、中心城市改造和地方支持——所有这些都是为了在竞争中领先一步而设计的。❶ 体育赛事已经成为城市吸引和留住流动资本的关键。❷ 挑战在于如何以促进社区的方式发展和推销体育赛事。❸ 城市政府致力于找寻战略举措，将城市重新开发、再生与形象重塑，并将城市发展为一个值得参观、投资与居住的地方，如以城市为中心的策略，通过建设基础设施吸引"流动资本"与发展旅游业。❹ 体育赛事不再仅仅是一个国家的政治使命，更是一个区域城市管理的策略。大型体育赛事已作为城市规划的一部分，政府关注如何通过大型赛事来塑造城市的国际国内形象、提高城市的知名度，推广城市经济发展与振兴，建设与完善城市基础设施与公共设施，增强城市发展所需的社会资本。也就是说，体育赛事相关的城市营销已经超赛事本身，成为政府强大的政治工具。城市政府举办赛事的动力来自规划的需求，奥运会、世界杯等一系列大型赛事已融入城市发展，是推动城市现代化、可持续发展的一部分。❺ 埃默里（Emery）等学者曾经对英国与欧洲的国家的 46 个体育机构、地方政府组织与商会等组织机构进行了调查，发现"公共组织机构支持大型赛事申办的重要目的是提高城市或区域形象和推广体育，关注最低的是经济发展与城市基础设施建设"。❻ 也就是说，

❶ JESSOP B. Liberalism, neoliberalism, and urban governance: A state-theoretical perspective[J]. Antipode, 2002(34): 452-472; PECK J, TICKELL A. Neo-liberalising space[J]. Antipode, 2002(34): 380-404.

❷ HALL C M. Urban entrepreneurship, corporate interests and sports mega-events: the thin policies of competitiveness within the hard outcomes of neoliberalism[M]. Oxford, UK: Blackwell Publishing, 2006: 59-70; HARVEY D. From managerialism to entrepreneurialism: The transformation in urban governance in late capitalism[J]. Geografiska Annaler, 1989, 71B: 3-17.

❸ GREEN B C. Leveraging subculture and identity to promote sport events[J]. Sport Management Review, 2011(4): 1-19.

❹ JOHN A, STEWART B, MCDONALD B. Mixed Doubles: Political Hegemony, Urban Entrepreneurialism and the Australian Open Tennis Championships[J]. The International Journal of the History of Sport, 2013, 30(2): 162-178.

❺ DONG Q, DUYSTERS G. Research on the Co-Branding and Match-Up of Mega-Sports Event and Host City[J]. The International Journal of the History of Sport, 2015, 32(8): 1098-1108.

❻ EMERY P R. "Bidding to host a maior sports event: Stra-tegic investment or complete lottery" in Chris Gratton, Ian Henry[M]. London, New York: Routledge, 2001: 90-108.

地方政府更关注赛事的非经济影响，如德布勒森致力于通过体育设施与赛事提高当地居民的自信心和自豪感，以及改变居民居住地的形象，城市与体育关系发生变化的主要原因一方面得益于匈牙利中央政府的重视，将更多的财政资源用于体育；另一方面地方政府将体育、高附加值产业和文化旅游作为新千年德布勒森发展的三个突破点。地方政府对体育态度转变较好，利用体育赛事来宣传城市，将体育设施建设纳入地方发展计划，并利用赛事进行更新城市某些破旧部分，是城市再生的范畴，而关键在于地方政府的领导作用，并负责制定与批准这些计划。❶ 从社会体育历史的角度来看，体育活动的发展对现代城市的形成起到了重要的作用，尤其是 19 世纪后期城市的发展。巴塞罗那的社会精英，尤其是知识分子和政治精英，认为体育可以为社会和文化现代化铺平道路，而这座城市正是促进这种进步的完美空间；大型赛事对基础设施升级的潜力在巴塞罗那奥运会上得到了很好的体现，被广泛誉为"复兴奥运会"，这座城市利用奥运会实施了一项富有想象力的、范围广泛的城市更新计划，改变了其腐朽的工业结构。❷ 因此，体育改变了城市，成为进步的标志。❸

西方国家或城市政府支持大型赛事举办一般会考虑赛事给城市带来什么利益，以及城市（政府）应该怎样做才能从赛事中获得更多的利益，这些利益往往是以经济利益作为评价核心。从城市（政府）角度，赛事申办过程中城市（政府）之间的竞争能够让城市（政府）有一次客观认识自我发展水平的机会，主动找出自身的优势与不足，这无疑给城市以一次自我完善、自我改造的机会，城市利用大型赛事进行营销与宣传，并打造赛事特色，进而实现赛事与城市发展的互利。❹ 事实证明，体育设施与体育赛事

❶ GÁBOR K，KÁROLY T，RADICS Z. The Changing Role of Sports in Urban Development：A Case Study of Debrecen（Hungary）［J］. The International Journal of the History of Sport，2014，31（9）：1118-1132.

❷ TOOKEY K，VEAL A J. The Olympic Games：A social science perspective［M］. New York，NY：CABI Publishing，2000.

❸ PUJADAS A X. Sport，Space and the Social Construction of the Modern City：The Urban Impact of Sports Involvement in Barcelona（1870—1923）［J］. The International Journal of the History of Sport，2012，29（14）：1963-1980.

❹ 谭艺，王广进，胡晓庆.西方国家对大型体育赛事与城市（国家）研究述评［J］.体育与科学，2012，33（1）：70-77.

一般很少给纳税人带来直接净收益❶，这些收益远低于所产生的机会成本，因此没有理由进行公共投资，然而，直接经济收益仅提供了部分理由，收益还包括增强的社会资本和相关的结构性经济发展。❷ 结构性资本投资的结果决定了社会资本的质量和数量❸，赛事可以通过增加当地社区的参与和信任来产生社会资本；也有助于社会发展的制度化和非制度化网络建立。❹ 强大的社区社会资本有助于创建支持正式和非正式的自下而上的市政基础设施整体决策和公众参与。因此，支持公民有效参与地方治理的地方政府政策和项目的发展被认为是实现地方社区福利的核心；制定支持公民有效参与地方治理的地方政府政策和规划是实现地方社区福利的关键。❺ 体育赛事能够鼓励人们自愿参加可能提高自己和他人生活质量的活动；为企业效益最大化与人力资本发展提供杠杆作用；通过利用志愿者项目、学校活动和职业培训，赛事被用来为所在社区的个人提供新的技能和就业机会。❻ 帕特南（Putnam）研究认为与其以实现短期经济影响作为最终目标，不如将新

---

❶ BAADE R A，DYE R F. An analysis of economic rationale for public subsidation of sport stadiums[J]. The Annals of Regional Science, 1988, 22 (2), 37 - 47; BAADE R A, MATHESON V A. An assessment of the economic impact of the American Football Championship, the Super Bowl, on host communities[J]. Reflets et persepectives de la vie economique, 2000, 39 (2-3): 35-46.

❷ BAADE R A, MATHESON V A. Home run or wild pitch? Assessing the economic impact of major league Baseball's all star game[J]. Journal of Sports Economics, 2001, 2 (4): 307-327; BAADE R A, MATHESON V A. The quest for the cup: Assessing the economic impact of the World Cup[J]. Regional Studies, 2004, 38 (4): 343-354; HUDSON I. Theuseandmisuse ofeconomic impact analysis[J]. Journal of Sport and Social Issues, 2001, 25 (1): 20-39.

❸ ROSENTRAUB M S. Sports facilities and urban redevelopment: Private and public benefits and a prescription for a healthier future. In B. R. Humphries & D. R. Howard(Eds.), The business of sports, 2008 (3): 57-80.

❹ MISENER L, MASON D. Creating community networks. Can sporting events offer meaningful sources of social capital? [J]Managing Leisure, 2006, 11 (1): 39-56.

❺ CUTHILL M. The contribution of human and social capital to building community wellbeing: A research agenda relating to citizen participation in local governance in Australia[J]. Urban Policy and Research, 2003 (21): 373-391.

❻ SMITH A, FOX T. From 'event-led' to 'event-themed' regeneration: the 2002 Commonwealth Games Legacy Scheme[J]. Urban Studies, 2007, 44 (5/6): 1125-1143.

建体育设施与赛事作为有意实现特定社会目标的工具。❶ 这也是（城市）政府大力支持赛事举办，认为赛事具有吸引力的地方。（城市）政府的目标是通过赛事改善与发展基础设施，以实现城市形象改善、媒体关注、城市再生、旅游影响及相关的持久遗产，进而吸引新的投资到本城市或地区；从长远来看，可以改善居民生活条件，吸引更多的新企业、游客、会议和新活动等来增加居民收入，最终促进城市、区域甚至国民经济增长。❷

综上，虽然西方发达国家体育竞赛表演市场化程度较高，发展较为成熟，市场机制较为完善，法律法规较为健全，但无论在职业体育、大型体育赛事中政府均发挥着重要作用，产业发展均在政府的计划、规划、监督、管理、支持基础之上。政府不但在资金上给予直接支持与补贴，在税收、融资、建立基金、基础设施、公共服务等方面给予相关的政策、法律支持，更为重要的是形成了具有象征意义的政府或组织管理机构（联盟），对赛事进行专门管理。体育赛事已成为城市促进国家认同、现代化和进步的一种方式，已经成为城市吸引和留住流动资本的关键。各国举办地通过体育重塑城市形象，是城市形象展示、城市再生与资源重新配置的手段，以积累经济、文化和政治资本，以呈现一个值得参观与投资的现代化、进步的中心形象。体育赛事成功的关键是将赛事作为城市整体规划的一部分；体育赛事能够促进城市环境修复、加快城市基础设施建设与改善及提供长期可用的设施遗产，作为催化剂带动或刺激毗邻区域、商业与住宅等发展、社会资本的积累，以及大型赛事所固有的承诺与媒体的关注度是地方政府支持赛事持续举办的重要动力。但国外政府支持赛事举办尤其利用公共资源进行扶持赛事举办的做法一直受到质疑，地方政府必须向选民证明赛事举办的合理性，多以构建完善的居民参与机制、调动居民参与的积极性以获得选民的支持，促进城市发展。此类合法性相关研究也是我国研究中需要探讨的地方。

---

❶ PUTNAM R D. Bowling alone：America's declining social capital［J］. Journal of Democracy,1995,6（1）,65-78；PUTNAM R D. Bowling alone［M］. New York, NY：Simon & Schuster. 2000.

❷ HOLGER P,HARRY A S. Attracting Major Sporting Events：The Role of Local Residents［J］. European Sport Management Quarterly,2006,6（4）:391-411.

二、产业发展与政府行为关系相关研究

"产业发展"是一个较为宽泛的概念，经济学主要从三个视角进行界定：一是从工业化发展的视角，认为产业发展就是以工业化为轴的产业升级；二是从某一类产业发展的视角，认为产业发展就是产业绩效提升的过程；三是从产业发展某一具体问题的视角进行界定，主要针对产业集聚、产业结构升级、产业转移、产业安全等问题。产业发展的研究大致可分为两类：一类是从产业内部要素着手，对产业的特征、结构、发展路径、策略等方面的研究，试图找出产业发展的一般规律；另一类是从产业外部影响因素切入，主要以探讨全球化、地理环境、社会环境、政治环境等对产业发展的具体影响。受我国社会主义市场经济发展的特殊性影响，政府一直是产业发展的重要动力，因此，产业发展中政府行为相关研究是探究我国产业发展的逻辑、规律的重要组成部分。根据研究需要，本书主要从产业发展中政府行为的整体研究、产业发展中政府行为的逻辑研究、产业发展中政府行为的绩效研究进行综述，为本书提供理论借鉴与参考。

（一）产业发展中政府行为的整体研究

产业发展中政府行为的研究主要从三个层次进行：一是宏观上，产业整体发展中政府的职能、作用等方面的研究；二是中观层面针对具体产业发展中政府相关政策、措施、影响的研究；三是微观层面在企业发展中政府行为的具体表现与影响等。体育竞赛表演产业作为一种新兴的产业，既从属于文化产业，具有文化产业的一般特点，又与旅游产业具有较强相关性，因此，本书以文化产业、新兴产业、旅游产业等发展中政府行为研究借鉴与参考为主。

政府与市场的关系一直是经济学研究的重点，虽然政府干预经济的行为存在争议，但纵观中外，政府在经济发展中均发挥较为重要的作用，尤其以通过制定相关产业政策，即通过政策工具促进国民经济发展最为常见。新经济增长理论重要代表巴罗（Rober）通过建立公共产品模型认为政府是

推动经济增长的决定性力量，政府能够提供促进生产呈现规模收益增长的服务❶；纽曼（Neumann）从产业建构主义的角度出发，认为政府有义务促进产业发展及社会经济福利提升，能够为市场中的个体行动者提供行动支撑框架及产业发展所需的基础制度结构；其中，巴罗的"政府服务"与纽曼的"政府义务"均指向了公共基础设施、科研、教育、法律法规、金融财政政策等方面。纽曼认为竞争性产业政策有利于资源最优配置，在产业危机时政府可通过替代性干预来稳定市场环境，促进产业发展。❷ 经济社会学制度主义认为国家与政府是推动产业发展的主导力量，从国家治理层面政府应是制度环境的建设者与公共物品的提供者，市场发展不确定性的规范与约束者，国家与政府主要通过建构制度、制定产业政策、打造制度环境等方式影响产业发展；而在特定的产业发展中政府则通过产业政策的决策和实施等方式来影响产业发展的方向与路径。❸ 国内学者陈振明认为，"市场经济国家处理政府与市场、企业、社会关系时，政府的作用或行为模式概括为公共物品提供者、宏观经济调控者、外部效应消除者、收入及财产再分配者、市场秩序维护者"。❹ 林毅夫根据我国经济发展的奇迹，提出"'新结构经济学'，倡导'有为的政府'，政府行为应该在保护产权、推动法制以及维护社会秩序等，而不是取代市场决定价格、配置资源"。❺ 综上，无论国外还是国内学者基本达成共识，产业发展中政府行为主要集中在公共物品（服务）提供、市场秩序规范与约束、产权保护、外部效应消除、宏观经济调控（产业政策制定）、产业发展环境营造等方面。

具体到不同产业发展中政府行为的研究，主要是围绕上述相关理论进行的细化与探讨，尤其产业性质不同，对国民经济发展产生的效应不同，政府的着力点不同❻；产业发展的阶段不同，产业所需政府行为的具体表现

❶ BARRO R. On the Predictability of Tax-Rate Changes: Macroeconomic Policy [M]. Poston: Harvard University Press, 2013.

❷ NEUMANN M. Industrial policy and competition policy [J]. European Economic Review, 1990, 34(2): 562-567.

❸ 弗兰克·道宾. 经济社会学 [M]. 冯秋石，王星，译. 上海: 上海大学出版社, 2008.

❹ 陈振明. 政策科学: 公共政策分析导论 [M]. 北京: 中国人民大学出版社, 2003.

❺ 林毅夫. 新结构经济学 [M]. 北京: 北京大学出版社, 2012.

❻ 俞晓晶. 产业发展中的政府因素及其效应研究 [D]. 上海: 上海社会科学院, 2013.

不同。因此，产业发展中政府行为具有异质性与演进性，既具有共性又具有特性，还具有发展性。不同产业发展中政府行为的研究如表1-4所示。产业发展中政府行为从整体上看主要包括了经济调控、社会保障、市场监管、公共服务；具体到不同产业发展呈现一定的差异性，但基本上包含了产业规划、计划制订、产业政策制定、财税优惠政策、产业发展环境营造、法律法规制定与执行、准入标准制定、基础设施建设、人才培养、部门协调等方面。

表1-4 不同产业发展中政府行为观点研究汇总

作者	产业类别	产业发展中政府行为观点
雷亮	区域品牌发展	地方政府在经济领域的职能分为五个方面：制定经济政策、提供公共物品、消除外在影响、维护市场秩序、政府营销。❶
吴湘玲	主导产业	政府行为指为了引导、促进主导产业的合理发展，政府从整个经济发展的目标出发，运用经济政策、经济法规、经济杠杆以及必要的行政手段、法律手段来影响主导产业发展的所有经济活动。❷
孙志英	文化产业	基于驱动产业发展的方式，政府应扮演决策者、服务者、监督者、管理者的角色。❸
胡安源等	文化产业	文化产业发展的不同阶段，政府应扮演引导者、监管者、保障者的角色。❹
曹如中等	创意产业	创意产业的特殊产业属性，政府应扮演火车头、规划师、服务者的角色。❺

❶ 雷亮.地方政府行为对区域品牌发展的影响因素及作用机理研究[D].兰州:兰州大学,2015.

❷ 吴湘玲.我国政府行为与主导产业发展问题探讨[J].武汉大学学报:人文科学版,1999(4):134-136.

❸ 孙志英.文化产业发展中的政府行为研究[J].河北学刊,2006(6):230-231.

❹ 胡安源,王凤荣,赵志恒.文化产业中政府角色定位分析[J].山东社会科学,2016(5):182-183.

❺ 曹如中,付永萍.创意产业过程中政府角色定位研究[J].科技管理研究,2012(7):35-36.

作者	产业类别	产业发展中政府行为观点
易宇	文化产业	我国政府的宏观职能描述为以下四点：①经济调节；②市场监管；③社会管理；④公共服务。这四点对于文化产业同样适用。具体体现为：①产业战略规划，②产业的法律政策体系，③产业环境服务，④市场监督。❶
李涛	文化产业	政府行为主要包括政策制定、战略指导、环境营造，安全维护、秩序监督等，这也是政府行动的前提。❷
王相华	数字文化产业	政府是最常见的市场经济调节的组织，承担着社会管理、公共服务和市场监管等职能。欧美国家认为政府是法律法规制定者、政策规划主导者、财税扶持推动者、市场秩序维护者的角色。❸
王谦等	大数据产业	政府行为包括经济调节（R&D 投入、扶持基金和财政政策等要素）、社会管理（有为政府、社会保障、公共安全、资源获取等要素）、市场监管（产业导向、市场准入、行政执法等要素）和公共服务（环境氛围、基础设施、人才获取、政府效率等要素）四个方面。❹
陈洪涛	新兴产业	政府管理行为，即经济调节（R&D 投入、扶持基金、财税政策）；社会管理（阳光政府、社会保障、公共安全）；市场监督（产业导向、行政执法、市场准入）；公共服务（政府效率、基础设施、人才引进）。❺

---

❶ 易宇. 文化产业发展中的政府行为研究——以娄底市为例[D]. 湘潭：湘潭大学，2016：5.

❷ 李涛. 西藏文化产业发展中的政府行为研究[D]. 拉萨：西藏大学，2019.

❸ 王相华. 数字文化产业中政府角色定位：欧美国家经验与中国对策[J]. 艺术百家，2020, 36(1)：65-71.

❹ 王谦，李天云，杜钰. 大数据产业发展中的政府作用：关系模型、系统思考与政策建议[J]. 成都大学学报（社会科学版），2019(5)：37-44.

❺ 陈洪涛. 新兴产业发展中政府作用机制研究[D]. 杭州：浙江大学，2009.

续表

作者	产业类别	产业发展中政府行为观点
许秋花	战略性新兴产业	政府作用可以归纳为引导、激励、服务和规范四个方面。引导（制定规划和计划、给予经费支持、降低产业风险、引导企业进入）、激励作用（通过财税政策来激励产业发展）、服务作用（制定人才政策、支持基础研究和共性技术研发、基础设施建设等）、规范作用（立法，知识产权的保护、建立技术标准体系，健全监管制度体系，加强监管）。❶
李煜华等	战略性新兴产业	财税政策支持、产业标准和社会信用体系的建设，有效规范市场，营造良好的外部环境，减少不必要的成本损失，加大对知识产权保护力度。❷
孙盼盼等	旅游产业	提供公共物品、制定和执行法令法规、产业政策、发展规划，基本建设资金、增加资金投入、引导投资走向，保护消费者权益等。❸
孙盼盼等	旅游产业	政治环境：法规建设、社会治安、标准化建设；经济环境：第三产业发展水平与占比；生态环境；基础设施：交通、城建；社会文化、财政支持等；政策、法规和标准构建行为。❹
郝索	旅游产业	宏观决策层面，财政税收政策、中长期发展战略和规划、法规等；地方管理层面，发展规划、建立包括计划、交通等在内的领导协调等；行业管理层面，引导行业投资和经营方向、建立市场规则、进行市场监督、协调与有关部门的关系。❺
曹武军	电商产业	高强度的监管创造良好的发展环境、政府补贴以及税收优惠、基础设施的投入。❻

❶ 许秋花.政府在发展战略性新兴产业中的作用[J].当代经济,2013(11):62-64.

❷ 李煜华,王月明.政府行为对战略性新兴产业技术创新联盟的激励效应研究[J].科技与管理,2014,16(2):5-9.

❸ 孙盼盼,夏杰长.地方政府的环境构建行为与旅游产业潜在增长——来自中国省际层面的实证认识[J].北京:财贸经济,2016(3):148-160.

❹ 孙盼盼,夏杰长.旅游产业中的地方政府行为:量化探索与空间效应——基于2001—2012年中国省际面板数据[J].经济管理,2017,39(6):147-161.

❺ 郝索.论我国旅游产业的市场化发展与政府行为[J].旅游学刊,2001,16(2):19-22.

❻ 曹武军,周马玲,薛朝改.政府规制对跨境电商产业发展的影响机理研究——基于演化博弈论和系统动力学视角[J].商业经济研究,2020,(1):62-65.

作者	产业类别	产业发展中政府行为观点
高立英等	商贸流通产业	对市场价格、进入标准、安全、环境等方面进行规范；加强相关基础设施规划、建设；主要行为方式包括直接投资、税收补贴以及财政扶持等手段；调整产业规模，优化结构，降低企业成本。❶

（二）产业发展中政府行为的逻辑研究

产业发展中政府行为的逻辑，主要指政府作用于产业发展的动力、动机、机制等，是对产业发展中政府行为原因的解释。新古典经济学中，经济发展中政府行为合法性的根本原因或逻辑起点是弥补市场失灵，通常认为主要由于公共产品、垄断、外部性、不完全竞争、信息不对称、不确定性等原因导致市场失灵。制度主义理论关于产业发展中政府行为的原因主要是市场具有不确定性，政府有义务进行规范与约束，针对特定产业通过产业政策的决策、实施来主导产业发展方向和路径，提高市场效率，降低交易费用；并认为政府与国家是产业发展的主导力量，不仅可以通过产业政策调节引导产业发展方向，还能通过动员社会资源引导产业转型升级。❷产业建构主义理论认为产业政策不只是针对产业自身，而应是一个综合性的概念，涵盖社会的经济福利，政府有义务促进产业发展及经济福利提升，由于市场均衡很容易被规模经济、市场风险等因素打破，政府必须干预经济以应对市场失灵。❸克鲁格曼、波特等认为是某些"偶然因素"导致了政府行为的发生。综上，新古典经济学家一般将克服市场失灵作为政府行为的动力；制度经济学家将降低交易费用作为政府行为的动力。

国外学者倾向于弥补"市场失灵"，促进经济增长而政府行为的逻辑，国内学者则在此逻辑的基础上进一步探讨了我国财政分权与中央集权下政

---

❶ 高立英,窦志信.政府行为对商贸流通产业发展影响机制分析——基于系统动力学的实证[J].商业经济研究,2019(13):17-19.

❷ 弗兰克·道宾.经济社会学[M].冯秋石,王星,译.上海:上海大学出版社,2008.

❸ MANFRED N. Industrial Policy and Competifiion Policy[J]. European Economic Review,1990,34(2):562-567.

府行为的动力、动机、逻辑，主要依据经济学"理性人"假说，政府作为市场参与主体具有自身的需求与愿望，是经济发展的原动力。在这种原动力下政府迫于以经济绩效为核心的政绩考核压力而具有强烈的追求经济增长的政绩诉求，较为经典的有"晋升锦标赛"理论、"为增长而竞争"理论❶及"经济增长市场论"❷等。"晋升锦标赛"理论由周黎安提出，在政治集权和经济分权体制下，地方政府受到了自上而下的结构性激励，这种中央政府的政治激励具体可以分为晋升激励和压力型体制。地方政府官员的晋升锦标赛模式是对地方政府的有效激励，是中国经济创造奇迹的重要原因。❸ "晋升锦标赛"理论不仅能解释地方政府为何致力于市场经济发展，也可以解释地方政府在市场中的竞争行为。但周黎安也认为中国晋升锦标赛理论仍存在不足。在"晋升锦标赛"理论的基础上，唐睿等提出，中国地方政府行为经历了从一元的以经济增长为主要目标的"晋升锦标赛"到社会公平与经济发展并重的二元竞争模式。中央政府与地方政府并非静态机械性的关系，而是动态关系。虽然在财政和政治激励的研究框架下，地方政府似乎是只为追求当地 GDP 的增长而努力，但实际上，中央政府并非完全放任的管理者，而是依据自身意志调控地方政府行动。中央政府在意识到地方政府过分重视经济发展的负面效应后，相继出台了一系列保障社会公平的政策，以调整地方政府的行为。而地方政府之间的竞争性行为也从一元的 GDP 竞争发展为多重目标下的二元竞争。地方政府之间的竞争不仅表现为晋升激励下的地区经济发展的竞争，也表现为自下而上获取财政支持的竞争。❹ 周雪光认为，不仅地方政府之间存在横向竞合行为，中央政府与地方政府，或上下级政府间存在纵向竞合行为。❺ 符平研究认为，地方

---

❶ 张军.分权与增长：中国的故事[J].经济学,2007(1):22-52.

❷ 徐现祥,王贤彬,舒元.地方官员与经济增长：来自中国省长、省委书记交流的证据[J].经济研究,2007(9):18-30.

❸ 周黎安.中国地方官员的晋升锦标赛模式研究[J].经济研究,2007,42(7):36-50.

❹ 唐睿,刘红芹.从锦标赛到二元竞争：中国地方政府行为变迁的逻辑—基于1998—2006 年中国省级面板数据的实证研究[J].公共管理学报,2012,9(1):9-16.

❺ 周雪光.基层政府间的"共谋现象"——一个政府行为的制度逻辑[J].社会学研究,2008(6):1-21.

政府一般会与当地龙头企业共同合作以争取国家项目和资金补贴，促进产业的发展。❶ 耿曙等研究发现在晋升激励的体制下，地方政府没有动力通过长期培育来促进企业的转型升级，更倾向于通过企业的搬迁来完成转型升级，原因在于，长期培育的模式不易进行量化，对地方政府官员的升迁无益。❷ 虽然周黎安提出的"晋升锦标赛"理论，得到较为广泛的认可，但也有学者质疑，如陶然等针对省级官员的晋升数据进行了重新评估分析，认为并不存在所谓的自上而下地将政治晋升与经济增长连接在一起的考核系统；而且，也没有实证证据表明官员晋升依赖于地区国民经济总量的增长率。❸ 但蒋德权等通过实证考察得出官员晋升与任期内的地区经济发展有相关关系，证实了晋升锦标赛理论的可验证性。❹

地方政府之间的绩效竞争历来是国内经济产业发展的重要动力，李敢等学者认为地方政府在工业产业发展中的行为特质，基本也适合文化产业。研究认识到地方政府行为的逻辑并不是一直不变的，而是随不同产业发展阶段不同诉求而发展变化，其中，政府绩效考核机制的演进是一个重要方向标。研究将文化产业发展中政府行为逻辑分为三个阶段："①1949—1978年，地方政府行动逻辑主要体现为'政治约束'至上（政治挂帅）；②1978—2002年，地方政府行动逻辑主要体现为'经济约束+政治约束'，也即'政治约束'更多内嵌于经济发展方面的成效；③从2002年，尤其是2012年以来延续至今，地方政府行动逻辑主要体现为'经济约束+文化约束+政治约束'，也可以说，'政治约束'的实现路径在持续更新"。❺

汤鹏主将战略性新兴产业发展中政府行为的动力生成分为政府需要、政府竞争、政府动机3个连续过程。依据经济学"理性人"假说，政府

---

❶ 符平.市场体制与产业优势——农业产业化地区差异形成的社会学研究[J].社会学研究,2018,33(1):169-193.

❷ 耿曙,林瑞华.地方治理模式与企业转型升级——以富士康为案例的考察[J].公共治理评论,2014(1):13-29.

❸ 陶然,苏福兵,陆曦等.经济增长能带来晋升么?——对晋升锦标赛理论的逻辑挑战与省级实证重估[J].管理世界,2010(12):13-26.

❹ 蒋德权,姜国华,陈冬华.地方官员晋升与经济效率:基于政绩考核观和官员异质性视角的实证考察[J].中国工业经济,2015(10):21-36.

❺ 李敢.文化产业与地方政府行动逻辑变迁——基于Z省H市的调查[J].社会学研究,2017,32(4):193-217,246.

作为参与市场的主体，也有需求与欲望，是经济发展的原动力。战略性新兴产业出现的理由也正是政府为实现区域生产总值等经济增长（经济动力）、实现政局稳定等政治需要（政治动力）与实现节能环保等民生发展需求（民生动力）。政府的经济、执政、民生发展的需求，是政府推动战略性新兴产业发展的原动力（宏观动力），导致政府间为使区域在全省、全国排名靠前而竞争，为了竞争获胜，又导致有的地方成为战略性新兴产业投资的"磁场"，有的则是"不毛之地"，这也使得地方政府获得了推动战略性新兴产业发展的间接动力（中观动力）。在竞争中，政府有了通过新兴产业发展来实现自身利益的动机，即内部动力，表现为政府为了实现政绩利益、财政利益、寻租利益和影响力而采取发展战略性新兴产业的政府行为意念。也正是在这些意念的指引下，政府获得了发展战略性新兴产业的直接动力。❶

刘扬以苏北 S 县 Y 镇花木产业发展为例，认为基层政府行为主要围绕着政绩、财政收入、民众认可展开；基层政府要把穷则思变的公众显性的利益诉求与自身晋升与发展的隐性政绩需求有机结合起来，进而通过利益导向使基层政府与民众之间加强合作。"政府在选择产业培育时，不仅要注重经济目标和政治目标，更要重视民生目标，找到二者利益的结合点，这样才能实现经济管理效率的提升"。❷ 笼统地说，"政府行为的逻辑是风险最小化"❸，但它并不符合地方政府行为选择的实际，通常基层政府会敏锐地认识到民营化、市场化改革对政府自身和政府官员自身的潜在收益，支持态度更为明确，而省级政府及其官员通常较为谨慎或"保守"。❹

综上，产业发展中政府行为逻辑是：第一，弥补"市场失灵"，进而提高资源配置效率，降低交易费用等促进经济增长；第二，政府作为"理性

---

❶ 汤鹏主.战略性新兴产业发展中的政府行为动力机制及其路径选择研究[J].湖北社会科学,2012(10):95-97.

❷ 刘扬,韩允.产业发展过程中的政府与农民行为分析——以苏北 S 县 Y 镇花木产业发展为例[J].南京农业大学学报(社会科学版),2017,17(6):14-26,162.

❸ 朱光华,魏风春.就业、产业结构调整与所有制改革——一个财政压力周期变动下的基本框架[J].财经研究,2003(9):3-9

❹ 姚先国.浙江经济改革中的地方政府行为评析[J].浙江社会科学,1999(3):21-26.

人"具有自身晋升利益需求，这是促进"经济增长"、民生改善、文化建设等发展的动力；第三，地方政府以风险最小化为行为原则，但地方政府行为的逻辑是不断发展变化的，主要随不同阶段、不同产业的诉求及中央绩效考核机制的变化而变化。地方政府干预产业发展的行为强度也不尽相同，整体上看越是接近市场，对自身存在潜在收益的基层政府支持态度越明确，力度越大，而省级政府则通常较为"谨慎"，支持态度较为模糊。

（三）产业发展中政府行为的效应研究

政府行为的效应主要指政府行为产生的结果或后果，一般表现为两方面，即有效与失灵。在产业经济层面"政府行为能够对产业地位、产业结构、产业发展战略等产业发展与决策问题产生影响，这是政府行为最引人瞩目的地方"。❶ 相关研究业已证明政府具有强大的资源整合能力，能够主动或强势干预经济产业发展。政府能够通过产业政策的制定与执行、资金支持、环境营造、制度与技术创新等方式对产业市场主体进行培育❷，进而实现产业化❸、产业集群❹、产业结构升级、产业转移等产业发展目标。❺ 在我国以经济增长为核心的政府政绩考核与官员晋升体系下，地方政府有促进本区域经济持续快速增长、促进产业结构升级的动力和积极性。"产业结构失衡会损害国民经济运行，政府可采取调节投资结构、调整产品生产结构与需求结构、调节产品价格、制定与实施产业政策进行调整"。❻

产业发展中所面临的信息不对称、垄断、外部性、不确定性、公共产品等"市场失灵"问题，市场难以有效解决，甚至会造成产业发展的低水平重复、产业结构优化升级缓慢、资源配置低下等问题，这奠定了地方政

❶ 陈先运.产业经济发展中的政府行为效率——以中国旅游产业为例[J].文史哲,2004(2):131-135.

❷ 安礼伟.新兴产业培育中地方政府的角色[J].农业经济研究,2013(1):33-40.

❸ 马海霞.新疆林果业产业化中的地方政府行为分析[J].新疆师范大学学报(哲学社会科学版),2004(2):62-65.

❹ 张明莉.促进产业集群发展的地方政府行为研究[J].河北学刊,2011(1):172-174.

❺ 王国平.产业升级中的地方政府行为[J].华东师范大学学报(哲学社会科学版),2009(6):1-6.

❻ 曾国安.政府经济学[M].武汉:湖北人民出版社,2002:338-340.

府发挥积极财政作用的理论基础。地方政府能够通过一系列财政支出，如投资公共基础设施、教育、卫生、环保、设立引导资金、重大研发基金、成立创新资金等方式，有效化解或降低产业升级过程中的不确定性及风险，突破制约产业升级的一些约束条件，减少产业结构的不合理变动，提高资源的配置效率，加快产业升级与发展。❶

产业的性质不同，对国民经济发展产生的影响不同，政府的着力点不同。从政府对宏观国民经济发展的影响角度看：①政府对产业发展的增长效应，主要指政府通过选择主导产业，发挥主导产业的前向与后向作用，促进产业发展及带动整个国民经济发展；②政府对产业发展的结构效应，主要指政府通过调整产业结构实现经济结构高度化，促使产业结构不仅对产业增长具有内生作用，而且对经济增长具有外生作用，进而带动生产率提高，促进产业结构升级；③政府对产业发展的均衡效应，主要指政府通过促进流动资源的流动来实现区域经济的均衡发展，在市场机制下，流动资源倾向于流入回报率较高的地区；④政府对产业发展的安全效应，主要指政府通过给予产业保护，提高本国、本区域经济产业的竞争力、发展力、抗风险能力等。❷ 由于政府自身具有的特殊性质，其关注的目标不仅是诸如产业发展之类的经济目标，还必须顾及其政治目标、社会目标等。各个目标的性质不同，相互兼顾的同时必然相互制约。

尽管我国社会主义市场经济体制不断成熟，市场机制在资源配置中的作用不断凸显，但在市场的微观配置权层面依然归政府所有，即政府在微观经济层面上，仍然主导着各类企业组织的生产经营活动。❸ 从当时文献可知，政府对微观企业发展绩效影响的角度看：①政府制定的相关公共治理制度与框架构成了市场有效运行及企业有序运营发展的基础；②政府治理水平的提升能够促进市场生态化环境的优化，进而有效提高企业创新绩效，影响市场发展；③政府管理方式的转变，由管理到治理能够采用更为市场化的方式提高政府工作效率。政府提供相应的财税、金融政策、软硬件基

---

❶　梁丰,程均丽.地方政府行为、金融发展与产业结构升级——基于省际动态面板数据的实证分析[J].华东经济管理,2018,32(11):68-75.

❷　俞晓晶.产业发展中的政府因素及其效应研究[D].上海:上海社会科学院,2013.

❸　赵静,郝颖.政府干预、产权特征与企业投资绩效[J].科研管理,2014,35(5):84-92.

础设施建设、提升法律、法规水平等为企业创新提供条件，进而减少企业创新的"羊群行为"。❶ 陈洪涛、王谦等在其研究中，针对政府在新兴产业、大数据产业发展中的作用，提出"政府行为主要表现在经济调节、社会管理、市场监管和公共服务4大管理行为的组合运用上；政府管理行为与新兴产业发展中企业绩效建立联系，企业发展的绩效主要以技术创新程度、市场渗透程度、资源利用程度、阶段发展程度来衡量"❷，并将技术风险与政策风险等作为调节因子纳入模型，进而构建了政府行为对新兴产业发展作用机制的关系模型，如图1-1所示。

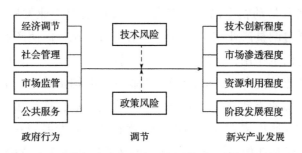

图1-1　政府行为对新兴产业发展作用机制的关系模型

综上，政府行为在产业发展中的效应研究，宏观上是通过主导产业选择促进国民经济发展的增长效应、通过产业升级而促进产业结构优化与调整的结构效应、通过流动资源转移或产业转移而实现产业发展的均衡效应、通过产业保护而促进产业与经济发展安全的安全效应；微观上主要是通过政府管理的改善而影响企业发展的绩效，企业绩效主要以技术创新程度、市场渗透程度、资源利用程度与阶段发展程度进行衡量。但相关研究并没有交代指标纳入的标准或过程，导致研究的信效度大打折扣。而从中观产业自身发展来看，政府行为对产业发展的效应集中表现在产业的增长、产业的结构升级优化及产业的安全等方面。

---

❶　许为宾,吕星赢,周建,等.政府治理影响企业创新绩效的机制:市场效应与羊群效应[J].科技进步与对策,2018,35(18):120-126.

❷　陈洪涛.新兴产业发展中政府作用机制研究[D].杭州:浙江大学,2009;王谦,李天云,杜钰.大数据产业发展中的政府作用:关系模型、系统思考与政策建议[J].成都大学学报(社会科学版),2019(5):37-44.

三、文献述评

体育竞赛表演产业是在我国体育产业不断发展、分工进一步细化过程中而逐渐形成或分离出的新业态。随着对国内外体育竞赛表演发展的认识不断深入，我国体育竞赛表演产业从完全"对标"国外职业体育产业，逐渐向具有我国特色的产业体系发展。我国体育竞赛表演产业体系更为广泛，不仅包括欣赏性赛事，也包括参与性赛事。从我国体育竞赛表演产业的产生与发展历程来看，其脱胎于体育事业，具有较强的公共产品属性与正外部性，因此，政府在产业发展中始终发挥着重要作用。从研究内容来看，体育竞赛表演产业发展中政府行为相关研究主要集中在政府应该发挥什么作用、发挥了什么作用、为什么作用等方面，以政府职能转型研究为主。对某类或某一赛事举办中政府行为的研究，虽然研究具有针对性和一定的深度，但一次比赛、某个政府行为的问题，不能代表整个政府行为的情况，难以对整个体育竞赛表演产业发展中政府行为的调整与完善提供依据，也就造成无法对政府整体行为的调整与完善提供依据，研究呈现分散、不系统等特性。宏观上主要表现在政府经济调控方式方法的转变、相关法律、法规的健全与完善、公共服务信息平台建设与完善、产业发展环境营造与改善等方面，强调市场化运作，要求政府不断简政放权，完善服务，多元协同提高赛事举办的质量与效率。微观上主要结合相关政策，包括政府以直接资助、间接的税收减免、信贷优惠等财税政策；产业引导、产业升级、产业结构调整、市场主体培育等产业倾斜政策；赛事外包、基金建设等鼓励社会办赛政策；基础设施与服务包括公共体育场馆、设施的建设、公共交通、生态环境改善、志愿者服务、水电暖服务、医疗卫生、中介服务等，赛事信息平台建设政策；赛事无形资产开发与保护、赛事冠名权保护、赛后遗产管理、反垄断及赛事侵权等方面的知识产权保护，相关法律法规完善政策。相关研究较为全面、系统，具有一定的指导意义，是本书的理论基础与借鉴重点。从研究视角看以自上而下的研究为主，主要从政府应该做什么或借鉴国外经验应该做什么为主，而对企业或当地居民需要政府做什么相关研究较少。国外相关研究较为重视举办地社区居民、政府、企业等不同的利益需求下政府行为的合理性、约束性等，以经典案例研究为主，研究更具针对性，但整体上仍以赛事对城市政府形象、城市重建、城市营销、城市社会资本积累等方面的研究为主，地方政府或城市政府为了使本地区更具吸引力而进行竞争，以使居民"用脚投票"与"用手投票"中均获得支持行为。然而，公共资源在赛事中的利用一直存在质疑，政府必须向选民进行合理化的解释以获得选民的支持。而国内这方面研究较为匮乏，尤其居民、企业等对赛事举办的态度、支持状况方面的研究。从研究方法上看，国外主要以经典城市赛事举办或经典赛事举办的案中政府行为的具体表现进行相关研究，研究更为客观与量化；而国内相关研究以借鉴国外相关研究、国内相关赛事举办中政府行为的定性研究为主，虽然随着产业统计不断完善，逐渐有向定量研究转变的趋势，但整体上仍以定性研究为主。研究对象上，以政府行为的宏观研究、赛事举办的微观研究为主，而对于中观以产业为研究对象的研究较少，这导致产业发展相关理论研究较为落后，对产业实践难以产生有效的指导作用。现阶段产业高质量发展是总要求，但对产业如何高质量发展的认识还存在不足，仍然以产业的"催化剂""工具"效应的研究为主，对产业自身的可持续发展研究较少。

通过以上分析，本书认为我国体育竞赛表演产业应在借鉴国内外相关产业发展的基础上，从研究内容上深入挖掘政府行为的逻辑，澄清现阶段政府行为的动力、动机等，为政府发挥更好作用提供依据；研究对象上更加注重政府行为对产业自身发展相关研究，以政府对产业发展的影响、效应的定性与定量相结合的研究为主；研究视角上，将自上而下的宏观研究与自下而上的微观研究相结合，关注赛事运营相关企业、居民对赛事举办态度和行为等方面的研究。鉴于此，本书以体育竞赛表演产业发展中政府行为的历史与现实逻辑、政府行为的效应及优化为研究对象，以自上而下政府相关行为与自下而上企业对政府行为的反映相结合的研究视角，以规范研究方法与实证研究方法相结合，通过定性分析政府行为的逻辑及定量分析现阶段产业所处阶段与企业对政府行为感受的反映，构建政府行为对产业发展影响的理论模型并实证，最后为构建"政府有为、市场有效"的体育竞赛表演产业发展体系，提高政府行为的效率，促进体育竞赛表演产业高质量、可持续发展提供政府行为的优化路径。

第二节 理论基础

现代经济社会中，无论是西方发达国家，抑或发展中国家，政府均发挥着十分重要的作用。政府在经济社会中的研究不再以干预主义或自由主义的争论为主，而逐渐转向如何让政府在经济社会中更好地发挥作用。政府经济行为致力于"市场失灵"的弥补、"政府失灵"的政府改革与重塑，宗旨在于优化政府行为，平衡利益矛盾，增进社会福祉，以发挥后发优势与实现经济赶超为主要目标。政府经济学是研究政府经济行为及影响的新兴学科、交叉学科，主要蕴含两个基本议题，"一是，政府经济行为的逻辑依据与方式途径；二是，政府经济行为产生的效果"。❶ 政府经济学的研究框架并未统一，但研究的逻辑起点为政府与市场关系问题，从规范层面讨论政府行为的必要性、可能性与有效性，"从市场失灵的角度说明政府行为的必要性与范围"；"从理论层面阐述政府职能的演变，研究政府干预的局限性，即找出政府失灵的表现、原因和矫正措施"。❷ 这也正是本书的基本理论框架，即围绕体育竞赛表演产业发展中政府行为的历史与现实逻辑、政府行为的积极与消极效应及政府行为的优化展开。

一、政府与市场发展相关理论

（一）政府与市场关系理论：政府经济行为的演进与主张

政府与市场作用关系理论始终围绕着放任自由主义与国家干预主义展开，大致经历了五个阶段，如表1-5所示。第一阶段，重商主义时期，约为15世纪末16世纪初到17世纪，这一阶段，市场机制初步建立并迅速成长与发展，但尚不完善、资本积累十分薄弱，没有政府的扶持很难实现

❶ 季燕霞.政府经济学[M].北京:首都经济贸易大学出版社,2014:1.
❷ 郭小聪.政府经济学[M].第4版.北京:中国人民大学出版社,2014:8.

"贸易出超"、社会资本的增加及货币资本的积累，因此，政府介入经济并给予扶持是必要的。整体上看，政府行为主要包括：对内建立新的市场经济秩序；对外保护本国商业利益，积极推行"贸易出超"政策，以保证货币输入及对国内资本的供给。第二阶段，古典自由主义经济理论时期，以1776年，亚当·斯密发表《国民财富的性质与原因的研究》（简称《国富论》）为主要标志。这一阶段，受18世纪产业革命兴起的影响，市场机制逐渐发展成熟、资本家及资产阶级已能够完全依靠自身的力量来发展经济。国家的过度干预不利于市场经济的进一步发展，成为当时经济社会发展的体制障碍。为适应市场经济发展，"自由放任"政策逐渐成为经济政策的主流，自由放任理论与政府不干预经济事务政策替代了重商主义的干预理论与政策。亚当·斯密认为，排除政府干预，让企业自主自由经营，不仅不会产生经济上的无政府状态，反而有利于市场经济"自然秩序"规律的发挥。他将市场规律比作"看不见的手"，市场受其引导、指导，进而达到最大化追求企业自身利益的情况下，更有效地促进社会效益（利益）提高。同时，亚当·斯密认为，"看不见的手"需要在一定的条件下才能发挥资源配置与调节作用，即需要政府建立、维护市场秩序。但他对政府作用作了限制，即政府不需要直接、深入干预经济生活内部，只是经济、社会运行的"守夜人"，并提出"最好的政府是管得最少的政府"，这也奠定了"大市场、小政府"的基调。继亚当·斯密之后，大卫·李嘉图进一步发展了自由主义经济思想，并极力反对政府干预经济生活，认为政府干预违反大多数人幸福的原则，强调国家的主要任务是为资本家创造良好的发展环境，使他们充满信心，只在保障私有财产、振兴教育等公共事务中发挥作用。法国经济学家萨伊提出"供给能够自动创造需要"的萨伊定律。萨伊认为，生产者利润最大化必然带来全社会的最大利益，消费者利益寓于生产者利益之中，消费决定生产，经济学研究重点应在生产与供应上。好的政府以刺激生产为目的，坏的政府则以鼓励消费为目的。政府管理的目的在于防止对其他事业或公共安全有害的欺骗行为，以及保护消费者利益，而不干预产品的性质与制造方法则是有益的管理。第三阶段，凯恩斯国家干预主义时期，主要指20世纪20年代后期，随着生产力的不断提高与快速发展，资本主义国家由自由资本主义过渡到垄断资本主义。垄断的出现导致市场经济中的价格规律、市场供求关系、竞争规律等难以发挥作用，破坏了市场公平竞争、自由竞争的局面，导致经济社会矛盾激化，经常爆发"经济危机"。尤其，20世纪30年代爆发的世界经济大危机，也称大萧条，使西方政治统治阶级面临更为严峻的考验。为摆脱危机，德、意、日等国走上了法西斯的道路，而美国总统罗斯福则推行新政，采取一系列政府干预经济生活的措施。在这种背景下，1936年约翰·梅纳德·凯恩斯发表《就业、信息和货币通论》，系统阐述了国家干预的理论与政策，是政府干预思想诞生以来最完整、最系统的理论学说。概括而言，凯恩斯主义理论体系主要由有效需求不足、消费倾向递减、资本边际效率递减、流动性偏好三大心理法则及"反周期"政策主张构成。然而，凯恩斯经济理论主要针对宏观经济总量分析，缺乏微观经济分析基础，难以对实际经济发展问题做出合乎逻辑的、完整的、科学的解释，一种将凯恩斯主义的宏观经济理论与新古典经济学理论体系相结合的新古典综合学派应运而生。在早期传播、发展与应用凯恩斯主义方面，阿尔文·汉森贡献显著，而真正完成新古典综合学派理论建立的是保罗·A. 萨缪尔森。保罗·A. 萨缪尔森在对当代西方经济发展实际研究的基础上认为，当代国际市场既不同于自由主义的市场，也与社会主义的混合市场不相符，进而提出将市场的价格机制与政府的干预机制相结合是经济良性运行的基础与前提。第四阶段，新自由主义时期，指20世纪70年代初，由于石油危机的爆发，导致整个资本主义陷入"滞涨"的困境，凯恩斯主义束手无策。而新自由主义者将其归纳为人们的理性预期、政府的过度开支与过度干预等导致了政府失灵。以哈耶克为代表的新自由主义理论登上历史舞台，1944年哈耶克出版《通往奴役之路》一书，提出政府干预与计划经济会导致"集权主义"。其思想主要体现在经济自由原则，即充分发挥社会自发力量，尽量减少强制力量，像园丁培育花木那样通过提供适宜的环境促进其成长；法治原则，不仅要求政府不应做什么，还应要求政府采取各种积极行动，尤其是法律法规完善；政府社会保障最低限度原则，即政府必须也只能为维持公平竞争创造条件，反对超出限度的政府社会保障职能。第五阶段，新凯恩斯主义理论阶段，20世纪80年代末90年代初，西方国家普遍出现经济衰退、持续高失业率等问题，使得新自由主义理论力不从心，在此背景下政府经济干预理论再次被提出，以新凯恩斯主义为标志，是克林顿政府经济学的基础。新凯恩斯主义作为对凯恩斯主义的突破，始终以"经济人"或"理性人"追求自身最大利益作为出发点，进而揭示工资黏性及价格机制形成的微观原因与机制，主张包括价格政策、就业政策、货币政策与信贷政策等。政府与市场关系理论的演进如表1-5所示。❶

表1-5　政府与市场关系理论的演进

所处阶段	时间分布	主要内容	代表人物	主导地位
一	15世纪末至17世纪后期	重商主义	威廉·斯塔福、托马斯孟	强势干预主义
二	18世纪后期至20世纪20年代	古典自由主义经济理论	亚当·斯密、大卫·李嘉图、萨伊	自由主义
三	20世纪20年代末至50年代	凯恩斯国家干预主义	约翰·梅纳德·凯恩斯阿尔文·汉森、保罗·A·萨缪尔森	干预主义
四	20世纪60年代至80年代	新自由主义经济学、新古典自由主义	爱德温·坎南、弗里德里希·冯·哈耶克	自由主义
五	21世纪90年代以来	新凯恩斯主义经济理论	劳伦斯·萨默斯、格力高斯·曼克优、詹纳特·耶伦、詹姆斯·布坎南	干预主义

资料来源：参考季燕霞❷与孙海云❸博士论文等研究论述汇总而成。

　　综上，从历史的角度看，政府与市场作用关系理论发展呈现交替性，不同历史时期、不同国家表现不同。产业革命后，从总体上看，经济发展稳定、就业与经济危机不严重时自由主义占主导地位，而经济危机与失业严重时，政府干预主义理论占主导地位。现阶段，则呈现出政府干预与市

❶　季燕霞.政府经济学[M].北京:首都经济贸易大学出版社,2014:43-48.
❷　季燕霞.政府经济学[M].北京:首都经济贸易大学出版社,2014:43-48.
❸　孙海云.政府在物流产业发展中的作用研究[D].济南:山东大学, 2018.

场作用有机结合的发展趋势。政府干预主义与自由主义由对立逐渐向结合转变，政府与市场作用的关键是政府干预的程度与市场资源配置效率之间的关系，当政府干预比市场自身资源配置更有效时政府干预就是必要的、合理的。自由主义理论也逐渐放弃彻底的放任自由，认为政府适当干预是合理的。现阶段，政府与市场的关系可以表述为："政府奉行'尽可能—市场，必要时—国家'的原则，在充分发挥'无形的手'调节社会经济发展的前提下，也强调利用'有形的手'弥补市场机制的不足，为社会经济生活的运行创造条件和提供相对稳定的社会环境"。[1] 我国现阶段提出的让"市场在资源配置中起决定性作用，更好发挥政府作用"正是这一思想理论的应用，但我国政府行为显然区别于资本主义国家政府行为，由体育竞赛表演产业的形成与发展来看，产业发展中政府干预更为主动、更为积极，更注重社会效益，有别于西方"守夜人"的政府经济行为。

（二）市场失灵理论：政府介入经济行为的必要性与边界

传统经济学认为在自由市场中个人对自身利益追求的最大化是整个社会福利最大化的基础，因此，市场是最佳的资源配置方式，市场机制是最有效率的资源配置手段。然而，市场并非万能的，市场机制发挥作用需要一定条件，具有作用范围限制，一些经济目标，市场不能轻易甚至完全不能实现。市场参与者不能获得充分信息、市场功能不完善等说明市场机制自身存在缺陷，易发生"市场失灵"，从而导致人们经济利益受损，经济发展受限，因此必须依靠政府与其他机构介入，对市场进行干预，以促进市场有序运行。"市场失灵"理论成为政府介入市场的依据，相关研究认为市场失灵的地方也正是政府行为的地方，这也对政府行为边界进行了限定。"市场失灵指市场机制内在功能型缺陷或外部条件缺失引起的资源配置在某些领域失灵，简单地说，就是市场机制在一些场合不能实现资源有效配置或无效率的状况。"[2] 市场失灵主要表现在以下几个方面。[3]

1. 宏观稳定性失灵

市场机制以"理性人"理论为基础，导致市场主体的趋利性与自利性，

---

[1] 姜秀敏. 行政管理学[M]. 第 2 版. 大连：东北财经大学出版社, 2015: 47.
[2] 季燕霞. 政府经济学[M]. 北京：首都经济贸易大学出版社, 2014: 27.
[3] 郭小聪. 政府经济学[M]. 第 4 版. 北京：中国人民大学出版社, 2014: 20-21.

难以保障整个社会经济稳定发展。市场总供给与总需求之间的平衡市场机制难以把握,当超额供给时造成国民收入小于充分就业水平达到平衡,造成生产过剩、经济衰退和大量失业;当超额需求时则造成过度需求,引起严重的通货膨胀。二者交替出现,造成"滞"和"涨"交替出现或并存。市场调节是一种事后调节行为,具有滞后性、自发性,但从价格的形成到信息反馈再到产品生产之间存在时间差,导致市场主体难以在较短的时间内实现经市场机制恢复生产效率。另外,个人、企业等掌握的信息有限,微观经济决策具有自发性、滞后性、盲目性、被动性等特点,经济学家也称为"合成谬误",单靠市场调节难以实现国民经济健康稳定发展。

2. 垄断无法自发消除

竞争是市场秩序的核心,竞争是市场秩序正常的前提。然而,自由竞争的结果可能导致垄断出现,垄断导致市场机制失效,排斥竞争,最后导致资源不能有效配置,降低生产效率。另外,垄断导致寻租行为,对整个社会而言,寻租行为属非生产性支出,是纯粹浪费,而且寻租行为会造成公众对政府缺乏信任,易造成社会不稳甚至动荡,从而增加维持政府的成本。

3. 外部性降低市场效率

广义上,"外部性是指一个人思想、言行或客观事物对周围人或事务产生的影响,狭义或严格意义上说是指产品生产或消费绕过价格机制直接影响他人的经济环境或经济利益,对他人产生了额外的成本或收益,但没有赔偿或得到报酬"。❶ 外部性一般分为正外部性与负外部性,即外部性对其他企业或个人造成的影响可能是有益的,也可能是有害的,单靠市场运行不能消除外部性达到最优效果。外部性问题经济学家从不同的角度进行了研究,如"庇古从'公共产品'入手、奥尔森从'集体行动'入手、科斯从'外部侵害'、'交易成本'等入手、诺斯从'搭便车'行为入手、博弈论者从'囚徒困境'入手,从不同的侧面解释外部性存在的问题,但解决途径几乎一致,即外部性问题内部化,一般采取知识产权保护、促进合作、政府转移支付或提供补贴等方式"。❷

❶ 郭小聪. 政府经济学[M]. 第 4 版. 北京:中国人民大学出版社,2014:20-21.
❷ 曾方. 技术创新中的政府行为——理论框架和实证分析[D]. 上海:复旦大学,2003.

4. 不完全信息造成逆向选择与道德风险

市场自身的缺陷还来自商品或交换本身。由于在商品或服务交易时，交易双方对交易对象的了解程度不同，一方了解而另一方则相反，这就导致交易双方信息不对称，地位不平等。这种交换可能就是不公平的，结果导致有利于掌握信息更多的一方，甚至造成"劣胜优汰"。这样就造成交易障碍，也就是经济学中的不完全信息，或叫"信息失灵""信息不对称"。买卖双方信息的不对称，有的经济学家把买方处于劣势地位的情况称为"逆向选择"或"反向选择"，即卖方利用信息优势获得利益而使买方利益受损，使得买方难以顺利做出决策，也就造成市场价格降低，优质产品逐渐被驱逐，市场交易产品平均质量普遍下降。道德风险则是由于信息不对称导致交易一方担心受到欺诈，从而只能寄希望于道德水平。逆向选择与道德风险都会造成交易困难、价格机制扭曲、供求失去平衡，最后导致是市场效率降低。

5. 收入分配不均造成贫富差距大

市场机制追求利益最大化、追求效率，而效率具有天然的反平等性。市场交易原则是平等的或等价的，但受人们占有的资源数量与质量、受教育程度、所处环境、个人天赋等不同造成财富分配不平等及其他方面的机会不平等。这样也就容易造成收入分配差距加大，众多社会成员对社会分配不满。收入分配的不合理则会对经济社会发展环境、经济发展的动力需求即投资等造成消极影响，激化与扩大社会矛盾，从而偏离公平这一社会最基本原则。

6. 公共产品供给缺失制约经济社会发展

公共产品指能够同时为社会公众所享受的产品或服务，并且供给成本与享用的效果不随享用他的人数规模的变化而变化。这种产品市场难以自发生产，原因在于这类产品或服务具有非竞争性和非排他性，如果强行收费或不免费供给则会造成整个社会支付成本升高，使得整个社会福利下降。

综上，市场不是万能的，市场机制调节的滞后性、局部性、短期性、不稳定等特点，以及不完全信息、垄断、外部性等❶自身缺陷与发展逻辑，无法自我克服，需要借助外部力量。市场之外的力量主要来自公共权威机构，而政府则是最主要的公共权威机构，因此，市场失灵决定了政府介入、干预经济行为的必要性。

---

❶ 陈金华著.应用伦理学引论[M].上海:复旦大学出版社,2015:188-189.

二、政府与产业发展相关理论

(一) 幼稚产业保护理论：政府经济行为阶段差异性

幼稚产业保护理论是 18 世纪后半叶由美国经济学家亚历山大·汉密尔顿提出，后由德国经济学家李斯特在《政治经济学的国民体系》中进一步完善发展及系统化。"幼稚产业保护理论指对一些产业采取过渡性的保护、扶持措施的理论，是国际贸易中贸易保护主义的基本理论"。[1] 幼稚产业保护是一个系统的工程，需要全方位的配套政策，其中，国际贸易政策是重要措施之一，而国内相关政策更为重要。现阶段，我国实施的具有倾向性的政策主要包括税率优惠、财政补贴、公共邮政、交通、电信等服务优惠政策、反垄断政策、技术与环境保护标准、非关税壁垒等政策，这些政策都是保护本国或本区域幼稚产业所必需的重要政策。历史与实践研究也表明，任何一个成功的国家虽然在政策形式与内容上各有差异，但在工业化早期或追赶发达国家发展的过程中都使用过幼稚产业保护策略。

我国作为世界上最大的社会主义国家，如果在经济、产业发展早期甚至中期，政府没有发挥积极的经济调控、协调、稳定与促进作用，经济产业发展也难以成功。在经济产业发展的早期，市场机制发育不成熟，市场不稳定，易发生周期性的波动，如出现"经济过热"与"经济危机"交替甚至同时出现的情况，导致前期积累的成果不断消耗，甚至将国家经济拖垮。我国的体育竞赛表演产业与西方发达国家比，起步较晚，市场占有率较低，竞争力较小且市场化有限，如果政府不实施一定的保护性政策，给予支持与扶持，我国体育竞赛表演产业则难以发展起来，相关企业也将难以生存。"政府正是实行了一系列的产业保护、扶持政策，进而发挥后发优势，逐渐有效地使中国企业发展起来，逐步增强竞争力，并在市场开放、引进外资的框架下使一批中国幼稚产业发展起来。"[2] 因此，政府是产业发

---

[1] 《现代管理词典》编委会著,现代管理词典[M].第 3 版.武汉:武汉大学出版社,2012:948.

[2] 樊纲.中国经济学 70 年:回顾与展望——庆祝新中国成立 70 周年笔谈(下)[J].经济研究,2019,54(10):4-23.

展的关键变量，一般研究中将政府作为产业发展的外源性变量，但也有些研究将政府作为产业发展的内生变量来处理。

（二）产业经济学理论：政府对产业发展的影响机理

当前，我国政府调控国民经济发展的总目标是经济总量增长、结构优化、区域均衡、经济安全。产业发展与国民经济发展目标之间的契合是政府关注的重点。因此，政府通过制定相关政策、制度、规划等行为促进产业增长、产业结构、产业均衡、产业安全等效应的发挥，最终实现国民经济发展总目标。俞晓晶据此将产业发展中政府行为要素的效应归结为产业的增长效应、产业的结构效应、产业的均衡效应、产业的安全效应。❶ 产业的增长效应主要指政府促进产业发展而带动整个国民经济增长的效应。一般而言，产业发展可通过扩大产业规模、提升产业发展速度、提高产业竞争力等多种形式实现。而产业规模扩大，更有利于经济总量的增长与起飞，尤其是一些关联性强、辐射性强的产业。产业的结构效应，主要指政府通过相关政策，支持、扶持资金等手段促进产业结构的调整与优化，进而实现产业内部技术进步、生产效率提高等。产业的均衡效应，指政府促进流动资源的流动，实现资源在不同区域的转移。产业安全效应主要指政府通过一系列保护性政策、监管政策等保障产业发展环境的安全、市场竞争的安全，进而提高企业的竞争能力、抗风险能力等。其研究较为宏观，以整个国家产业发展为研究对象，通过历史数据采用计量经济学的方法论述了不同产业性质政府行为效应及不同产业发展阶段政府行为效应的差异。本书中体育竞赛表演产业较为具体，且是一种新兴产业、绿色产业，对于体育竞赛表演产业而言，政府亦对产业发展产生增长、结构、均衡、安全等影响效应，但其内涵显然不尽相同。本书主要借鉴其研究框架，结合体育竞赛表演产业实际将体育竞赛表演产业发展中政府行为的效应（政府行为对体育竞赛表演产业发展的影响效应）界定为产业的增长效应、产业的结构效应与产业的安全效应三个方面，具体内涵在理论模型构建中论述。

---

❶ 俞晓晶.产业发展中的政府因素及其效应研究[D].上海：上海社会科学院，2013.

三、现代政府行为相关理论

（一）西方经典政府行为理论：国外理论的借鉴与本土化

现阶段，无论是西方还是东方，资本主义国家还是社会主义国家，发达国家还是发展中国家，政府对于宏观经济的有效运行都起着至关重要的作用与影响，任何经济增长都离不开一个明智政府的积极促进。❶ 现代西方经济学中存在着两种不同的政府行为理论：一种是以凯恩斯及其拥护者为代表的国家干预主义和福利国家理论；另一种则是以詹·麦·布坎南（Buch-anan，James，M）为代表的公共选择理论。两种理论均从市场失灵或失效的现实出发，前者以有效需求理论为基础，主张积极的政府干预，认为政府不会犯错，应扩张政府权力，增加政府支出，以社会福利最大化为目标，不计较国家干预的成本；后者以理性人假设为基础，不否认政府干预的必要性，认为政府可弥补市场缺陷，但政府行为经常犯错，以个人利益最大化为行为目标，只有当市场解决比政府干预要付出更高的代价时，选择国家干预才是正确的❷，二者关系具体如表 1-6 所示。

表1-6　现代西方经典政府行为理论比较

比较项目	国家干预主义和福利国家理论的政府行为	公共选择理论中的政府行为
代表人物	凯恩斯、庇古及其拥护者	詹·麦·布坎南
理论主张	主张积极的国家干预，扩张政府权力，增加政府支出。政府公共投资，能够扩大有效需求，政府转移支付能够调节收入分配，实现收入均等化社会目标。	不否认国家干预的必要，认为政府作为一个集体行为机构，在市场失效时进行干预和活动，可以弥补市场的不足和缺陷。
行为标准	单纯从商品经济的市场理论出发，以经济效益为标准。	政治市场理论，以政治效益作为衡量标准。

---

❶ 阿瑟·刘易斯. 经济增长理论[M]. 上海：上海三联书店，上海人民出版社，1994：475-476.

❷ 张曙光. 经济主体行为的比较分析[J]. 当代经济科学，1988(6)：2-14.

续表

比较项目	国家干预主义和福利国家理论的 政府行为	公共选择理论中的政府行为
行为目标	社会福利的最大化	个人利益最大化
行为正误	政府不会犯错,当市场失效以后,国家的干预不仅是必要的,而且是合理的,国家干预的代价或成本不予考虑。	政府决策和政府行为的错误是经常发生的,只有当市场解决比政府干预要付出更高的代价时,选择国家干预才是正确的。
理论基础	有效需求理论	理性人假设

受西方政府行为理论与我国传统政治经济理论影响,我国对政府行为的认识由计划经济时期的政府高明论与万能论,向双轨制下的非规则性和短期性转变,再逐渐向社会主义市场经济新常态下的政府行为的法制性与长期性转变。中国体育竞赛表演产业发展中存在大量"政府有效",由于政府机构或政府调控方式或调控程度导致的"政府失灵"并不是对政府有效否定,而是要通过改善政府结构,转变政府职能、调控方式、调控程度等,变"政府失灵"为"政府有效",不断优化、规范政府行为的能力与边界,改善市场结构。

(二)地方政府竞争理论:地方政府行为的内在动力逻辑

地方政府竞争研究的最早论述可追溯到 1956 年蒂伯特(Tiebout)的"用脚投票"理论,后被称为"蒂伯特模型"(Tiebout Model)。"用脚投票"指在完全竞争市场中地方必须竭力提供最佳财政收支与公共服务,否则,自由流动的居民将迁移到税收组合较好的地区,使得本区域税收流失。该理论揭示了地方政府间竞争能够有效提高公共产品的供给效率。❶ 随后的研究将博弈论、信息论、空间计量经济学等应用到地方政府竞争。布列塔尼(Breton)首先界定了"政府竞争",并在"用脚投票"的基础上,进一步提出地方政府竞争的核心是要素的自由流动。❷ 因此,"地方政府竞争或者

❶　徐艳飞.地方政府经济行为模式与经济增长[M].北京:中国社会科学出版社,2019:20.

❷　BRETON A. Competitive Governments:An Economic Theory of Politics and Public Finance[M]. Cambridge:Cambridge University Press,1996.

辖区竞争，是指各辖区为了本地的利益最大化，采取相应的公共政策来争夺资源的竞争过程"。❶ 国外地方政府竞争主要围绕财政竞争展开，研究主要分为同级政府之间通过税收、支出手段等吸引更多流动资源要素的横向财政竞争、不同层级之间共享某种税基或共同承担某种公共物品供给的纵向财政竞争与选民通过与相邻辖区公共服务水平的比较而投票引发的标尺竞争，是政府信息溢出效应的结果。然而这些理论具有各自的理论假设，如财政竞争也就是地方政府具有财政自主权，尤其税收竞争隐含地方政府具有独立的税率和税种，显然不符合所有国家实际，比如我国地方政府主要通过各种优惠政策来改变税率，以达到税收竞争的目的。❷ 同样，标尺竞争理论也存在此类问题，辖区管理者并不是自由选民，至少不是完全由选民决定，标尺竞争理论的适用性也就受到质疑。根据选民与政府官员均是有限理性人，可能会共谋短期的社会利益最大化，而非长期的。综上，横向政府竞争更侧重于市场压力，纵向政府竞争更侧重于经济动力，标尺竞争更侧重于政治激励。

---

❶ 黄纯纯,周业安.地方政府竞争理论的起源、发展及其局限[J].中国人民大学学报,2011(3):97-103.

❷ 周业安.地方政府竞争和经济增长[R].国家社会科学基金项目(04BJL019)研究报告,2008.

第二章

我国体育竞赛表演产业发展中
政府行为的历史逻辑

本章旨在从历史的视角来审视政府作用于体育竞赛表演产业的原因，澄清体育竞赛表演产业产生与发展过程中"政府行为的悖论"，归纳总结体育竞赛表演产业发展中政府行为的历史逻辑，为后续研究奠定一定的理论基础。研究一方面依据政府与市场关系相关理论，以政府行为变迁与产业发展互动为视角，结合相关政策文件与历史重大事件系统回顾了体育竞赛表演产业发展中政府行为变迁的历程；另一方面探讨了体育竞赛表演产业发展中政府行为的历史逻辑。中国体育竞赛表演产业的发展得益于政府自上而下的主导推动，政府行为致力于引导、培育、规范体育竞赛表演的产业化、市场化发展，但同时也形成了产业进一步市场化发展的不利因素。具体来看，政府行为主要表现在对体育竞赛表演产业发展的经济调控（相关财税政策、规划制定、市场主体培育等）、社会管理（政府信息公开、文化、舆论氛围营造、公共安全、民主协商机制建设等）、市场监管（相关法律、法规制定与执行，市场准入机制制定，产业发展引导政策等制定）、公共服务供给（部门协调、基础设施建设、科研投入、人才培养、志愿者招募与培养、赛事服务平台建设等）等方面，为第四章政府行为量表的编制奠定了理论基础。

第一节　产业发展中政府行为变迁历程回顾

总结我国改革开放 40 多年来的经济发展经验，"处理好政府与市场的关系是其核心逻辑"[1]，"表面上看是政府与市场作用此消彼长的调整过程，

---

[1]　刘志彪. 中国改革开放的核心逻辑、精神和取向：为纪念改革开放 40 周年而作[J]. 东南学术,2018(4):60-67.

实际上是以市场化为导向的政府与市场关系改革的完善过程"。❶ 中国体育竞赛表演产业的发展遵循改革开放的核心逻辑，受由公共事业发展而来、产业关联性强等特殊性及发展的阶段性影响，政府一直是推动体育竞赛表演产业发展的重要动力。然而，政府行为具有自上而下性、权威性、时滞性、激进性等特性，导致政府行为易超出边界，甚至成为产业进一步市场化发展的阻碍。体育竞赛表演产业是体育服务业的核心内容，也是整个体育产业中最为活跃的业态之一，现阶段已成为地方政府推动体育产业快速发展的重要任务和重要手段。因此，从政府行为变迁的视角对我国竞赛表演产业发展历程进行审视，能够窥探我国体育竞赛表演产业发展中政府行为的历史逻辑，将历史研究及对现实的理解相结合，既提供了理解过去发展的"钥匙"，又为探索未来发展提供"先兆"，为体育竞赛表演产业高质量、可持续发展中政府行为调整与完善提供借鉴。

本节主要以 1978—2020 年体育竞赛表演相关文件政策的内容、制定背景及重大标志事件等作为考察产业发展中政府行为变迁的依据。相关政策主要包括国家与地方层面的各类通知、规划、条例、办法、纲要、意见、方案等，共计 100 余份，文本总字数达 60 万字以上。通过对文本内容的详细阅读与比较，梳理产业发展中政府行为变迁的历程。虽然前人针对体育产业相关政策进行了系统的内容编码、分类及相关的研究，但由于政策的连续性与延续性，相关政策内容重复较多，重要的转变与调整很难充分体现，加之相关政策内容与政府行为落实之间存在差异性，如不对政策制定的背景及相关政府行为进行综合的考量，很难认清产业发展中政府行为的实际效果或效应，也就难以为产业发展中政府行为转变与调整提供充分的依据。

一、分析视角：政府行为变迁与产业发展的互动

政府行为，"从特点上看，是国家行政机关做出的一种强制性行为；从职能上看，是各项行政职能实际运行情况；从管理的角度看，是国家公务人员、行政机构管理人员协调社会各方利益关系问题时所作的一切促进社

---

❶ 洪银兴.市场化导向的政府和市场关系改革 40 年[J].政治经济学评论,2018 (6):28–38.

会、经济稳定发展目标的各项行为之和"。❶ 改革开放 40 多年来，中国创造了经济发展的奇迹，改革开放并非自发行为，而由政府主导推动。因此，社会学、政治学、经济学、管理学等领域的学者大都十分关注政府行为对经济的重要影响，并将"改革开放后经济发展归功于政府的核心作用"。❷ 新古典经济学中，经济发展中政府行为合法性的根本出发点是公共产品、外部性、不完全竞争、信息不对称、不确定性等原因导致的"市场失灵"。外部性问题经济学家从不同的角度、不同的侧面进行了解释，但解决途径几乎一致，即"外部性问题内部化。经济社会学制度主义认为国家与政府是推动产业发展的主导力量，从国家治理层面"政府应是制度环境的建设者与公共物品的提供者，市场发展不确定性的规范与约束者，国家与政府主要通过建构制度、制定产业政策、打造制度环境等方式影响产业发展；而在特定的产业发展中政府则通过产业政策的决策和实施等方式来影响产业发展的方向与路径"。❸ 诚然，政府行为也要遵守与市场的边界划分，否则，会导致政府的"帮助之手"变为"掠夺（攫取）之手"的现象。❹

产业的性质不同，对国民经济发展产生的效应不同，政府的着力点不同❺；产业发展的阶段不同，产业所需政府行为的具体表现不同。因此，产业发展中政府行为具有异质性与演进性。体育竞赛表演具有准公共产品的属性，产业发展具有外部性、不确定性、不完全竞争、信息不对称等特性，产业发展离不开政府的有效作为，以产业政策引导、指导，法律法规制定等为主。体育竞赛表演产业发展历程相关研究多以政策演变为视角❻，系统

---

❶ 易宇.文化产业发展中的政府行为研究——以娄底市为例[D].湘潭:湘潭大学,2016.

❷ 洪银兴,曹勇.经济体制转轨时期的地方政府功能[J].经济研究,1996(5):24-30.

❸ 弗兰克·道宾.经济社会学[M].冯秋石,王星,译.上海:上海大学出版社,2008.

❹ 周黎安.再论行政发包制:对评论人的回应[J].社会,2014(6):98-113;何显明.市场化进程中的地方政府角色及其行为逻辑—基于地方政府自主性的视角[J].浙江大学学报(人文社会科学版),2007(6):25-35.

❺ 俞晓晶.产业发展中的政府因素及其效应研究[D].上海:上海社会科学院,2013.

❻ 王涛,王健.论我国体育竞赛表演业政策的阶段划分、变化特征及其走向[J].体育文化导刊,2018,(5):6-10.

划分了产业政策发展的阶段❶，聚焦于体育产业、体育竞赛表演产业相关政策❷，但对我国社会主义市场经济发展中政府与市场关系的关注较少，对政府行为变迁的背景、原因缺乏认识。政府行为与经济、产业发展阶段紧密相连，通过政府行为变迁，能够窥探体育竞赛表演产业发展中政府行为变迁的历史逻辑。"改革开放后至分税制改革前，政府以做大经济总量为目标，政府主要发挥了替代市场的功能和作用"❸；分税制改革后至经济新常态，政府逐渐兼顾经济与社会效益，由完全替代市场转向弥补市场失灵，依据体育竞赛表演产业发展中政府对社会效益与经济效益重视程度的不同，又将这一阶段分为"经济效益与社会效益相结合，社会效益为主"到"经济与社会效应并重，突出市场化"两个阶段；经济新常态后，政府与市场关系重新定位，"市场在资源配置中起决定性作用，政府更好地发挥作用"，政府更加注重投资效益，按照供给侧结构性改革要求，深化"放管服"改革，重视公共服务质量、培育良好发展环境等。

二、历史进程：政府行为变迁与产业发展的阶段

（一）"政府经营、企业赞助"：产业的萌芽期（1978—1991年）

1978年，党的十一届三中全会的召开，是中国市场化改革的逻辑起点，以农业经营体制的家庭联产承包改革为开端，在所有制经营形式上首先取得突破。对外开放的倒逼机制推动国内一系列改革，政府不断向市场放权，市场资源配置作用逐渐加强，突破了计划经济与商品经济对立的观念，自觉依据与运用价值规律。在所有制改革上，城市国有企业改革提上日程，推动政企分开、简政放权，让企业自主经营、自负盈亏。❹整体上，此阶段仍以指令性计划为主，市场机制几乎处于空白状态，消费需求处于被压制

---

❶ 张现成,周国龙,李倩,等.我国赛事产业规范治理的变迁、成效及困境探析[J].西安体育学院学报,2019,36(4):398-403.

❷ 骆雷.体育强国建设中我国竞赛表演业政策研究[D].上海:上海体育学院,2013.

❸ 蒋震.理解地方政府行为逻辑:基于经济发展阶段视角[J].宏观经济研究,2018(2):149-157.

❹ 郑国.地方政府行为变迁与城市战略规划演进[J].城市规划,2017,41(4):16-21.

状态，引致潜在经济增长率较高。由于地方政府更贴近市场，在促进经济调控与发展中相对中央政府更具优势，随着改革的推进，中央政府逐渐向地方政府分权让利，形成特色的"条块"关系。由此，中央政府主要任务是有效政策导向的制定，调整供给结构，地方政府负责市场培育与引导市场功能发挥。

此背景下，赛事场馆所有制形式、经营形式的改革是我国体育赛事产业化、市场化发展的开端。1980年，国家体育运动委员会（以下简称"国家体委"）、财政部、国家劳动总局和文化部四家联合发布的《关于充分发挥体育场地使用效率的通知》中，首次提出"鼓励体育场馆、场地在非赛事期间对外租赁，并收取门票或租金回笼国家资金投入"；1984年，《中共中央关于进一步发展体育运动的通知》中进一步明确提出"改善体育场馆管理，提高使用率，在注重成为竞技人才培养基地与群众活动场所的同时讲究经济效益，积极创造条件多种经营，并逐渐转变为企业、半企业性质的单位"。"1980年，万宝路广州网球精英大赛举办，主办者获得了为数可观的赞助资金"[1]，标志着我国体育竞赛市场的起步。1989年《全国体育运动单项竞赛制度》中将体育赛事项目分为四大类：奥运会比赛项目中的重点项目与一般项目、非奥运会比赛项目、其他项目。其中，"其他项目"提倡社会办多种形式的比赛，并对赞助赛、辅助赛进行规定，尤其辅助赛原则上国家不负责经费，其中的杯赛提倡厂矿企业等赞助经费，并以厂名或产品名称冠名各种比赛。这进一步释放了赛事市场化、产业化发展的信号。1990年4月，国家体委印发了《关于中国武术协会实体化的通知》。至此，项目协会实体化改革及鼓励社会办赛与体育部门开展商业化赛事等做法，为我国体育竞赛表演产业的萌芽与形成提供了条件。但从整体上看，体育赛事仍属体育事业范畴，全国正式竞赛主要由国家拨款、直接经营，体育赛事举办以国家计划为主，允许企业赞助，但市场化有限。全国竞赛地点实行计划安排与招标相结合的办法，为地方政府办赛提供了空间与可能。赛事举办以创造优异竞技成绩，建设（竞技）体育强国来激发国内外中华儿女的民族自豪感、自信心及爱国热情、提高国际影响力的政治性目的为

● 杨铁黎,唐晋军.对我国体育经济类研究成果的回顾与展望[J].中国体育科技,2007,43(5):24-34.

主，对赛事经济效益关注较少。综上，这一阶段赛事以政府经营为主，并未真正形成体育竞赛表演产业，仅为其形成的合法化奠定了制度基础。产业萌芽期相关会议与政策、文件如表2-1所示。

表2-1　产业萌芽期相关会议与政策、文件

时间	会议或政策、文件	关键内容与转变
1978年12月18—22日	党的十一届三中全会	全党工作的着重点转移到社会主义现代化建设上来。
1980年4月25日	《关于充分发挥体育场地使用率的通知》	鼓励场馆对外租赁、强调要提高体育场馆的使用率与经济效益。
1982年9月20日	党的十二届三中全会	十二大提出，计划经济为主，市场调节为辅；通过了《中共中央关于经济体制改革的决定》，指出我国社会主义经济是公有制基础上的有计划的商品经济。
1984年4月1日	中共中央《关于进一步发展体育运动的通知》	体育场馆要提高使用率；同时，要讲究经济效益，实行多种经营，逐步转变为企业、半企业性质的单位。
1989年6月1日	《全国体育运动单项竞赛制度（试行）》	奥运会比赛项目中的重点项目、奥运会一般项目、非奥运会比赛项目、其他项目4类。"其他项目"提倡社会办多种形式的比赛。辅助竞赛原则上国家不负担经费。

（二）"政府主导、培育市场"：产业的形成期（1992—2000年）

1992年，是中国市场经济体制改革的新起点，邓小平发表了著名的"南方谈话"，回答了长期以来困扰人们的众多思想认识问题，是我国社会主义市场经济理论正式形成的起点。同年，以"红山口会议"提出的我国足球职业化改革为突破口，正式拉开了我国竞技体育职业化改革的序幕，也成为我国体育竞赛表演市场形成的起点。随着对政府与市场、产业发展关系认识的进一步加深，第三产业发展得到重视，《中共中央 国务院关于加快发展第三产业的决定》颁布，要求主要依靠社会力量加快第三产业发展，"坚持谁投资、谁所有、谁受益的原则，不能过多依赖国家投资"。党的

十四大突破性地提出"要使市场在国家宏观调控下对资源配置起基础性作用"。为更好地学习与贯彻邓小平"南方谈话"精神与党的十四大精神，探讨体育改革相关问题，国家体委召开"中山会议"，首次把体育产业作为深化体育改革的一项重要内容，提出"形成国家办与社会办相结合、以社会办为主的新格局"。为落实"红山口会议"与"中山会议"体育改革精神，1992年底到1993年初，国家足球协会在足球冬训中进行了职业化改革试验。"组织了第一次中国足球俱乐部锦标赛，参赛各队首次以企业冠名，首次引入市场机制，参训各市级队自费到广东参加A、B两个组的比赛，但可以参加门票收入分成，虽然观众很少但开创了市场化的先河"。❶ 此次试验，进行了足球协会实体化改革，成立了足球俱乐部，职业体育体制框架大体成形，但足球协会管理仍然以行政命令与行政手段为主。为进一步突破计划经济体制下单纯依赖国家和主要依靠行政手段办体育的高度集中的体育体制，1993年《国家体委关于深化体育改革的意见》（以下称《改革意见》）及其配套文件颁布，成为我国体育竞赛表演产业形成的"助推器"。其中，《改革意见》的配套文件《关于竞赛体制改革》首次将"培育竞赛市场，发展竞赛产业"作为竞赛体制改革的重要内容，并提出"推进竞赛的社会化、产业化，实现由单一的国家办和高度集中管理向国家办与社会办相结合、集中管理与分散管理相结合转变，逐步形成适应社会主义市场经济、符合运动竞赛发展规律、充满生机与活力的体育竞赛市场体系，使竞赛产业成为体育产业的支柱产业"的发展目标；首次明确"发展竞赛产业的重点是竞技表演业和体育竞赛组织管理代理业"；同时规定了各级体育行政部门在竞赛产业的规划管理、创造良好发展环境等方面的责任义务。《改革意见》的配套文件《国家体委关于培育体育市场、加速体育产业化进程的意见》中进一步明确"积极开发与培育体育竞赛表演市场，充分发挥市场在体育资源配置中的基础作用"。1994年4月，万宝路全国足球甲级联赛开启，成为我国体育竞赛表演产业真正形成的标志。随后，篮球、排球等也进行了职业化尝试。"体育职业化吸引了大量社会资本，很大程度上解决

---

❶　许敏雄.竞技体育强国之路[M].北京:光明日报出版社,2012:124.

了长期以来三大球经费不足的问题"。❶ 1995 年，中国足球运动管理中心成立，兼具政府与社团性质，虽是一种将办理足球相关具体事务职能从体育行政部门完全剥离的过渡形式，但足球协会与足球运动管理中心实行"两块牌子，一套人马"，也为后续足球职业化发展中出现"联赛不规范、产权不清、管理不规范"等问题埋下了"种子"。同年，首个《体育产业发展纲要（1995—2010 年）》发布，提出社会效益与经济效益相结合、把社会效益放在首位的发展原则。首次提出，加强对体育无形资产的经营、开发与体育市场的立法管理；要求各级政府积极引导与规范体育竞赛经营活动，鼓励社会各界承办高水平的体育竞赛表演，促进体育竞赛和表演朝产业化、社会化与法制化方向发展。进入 1996 年后，为鼓励和正确引导体育经营活动的开展，培育和繁荣体育市场，国家体育委员会下发《关于进一步加强体育经营活动管理的通知》。足球改革的主要任务，由突破传统体制向构建新体制转变。然而，由于改革力度不够，中国足球内在矛盾与新旧体制之间冲突不断激化。加之，1996 年到 1998 年足球水平远远低于大众期望值，球市开始降温，尤其 1998 年联赛质量下降，"假球""黑哨"等问题被曝光，引发民众信任危机❷，中国足球职业化发展困难。为进一步规范体育竞赛活动开展，2000 年国家体育总局颁布《全国性单项体育竞赛财务管理办法》（以下简称《办法》）、《全国体育竞赛管理办法（试行）》等文件。其中，《办法》中对以赛事作为产品而获得的广告赞助、广播电视转播权及门票等收入的规范，标志着从法律层面对我国体育竞赛表演产业形成的认可。此阶段，居民消费抑制与消费品短缺得到有效缓解，由基础消费品向耐用消费品需求升级❸，居民体育消费意识逐渐形成。由于分税制改革的发展，中央不断下放权力，使得地方政府自主权增大，逐渐成为促进区域经济发展的核心。然而，体育产业或体育竞赛表演产业的经济、社会等价值并没有得到地方政府的高度认可，地方政府及引导企业、社会组织等办赛的积极性并未真正激发。政府自上而下推动体

---

❶ 杨铁黎等.中国体育职业化发展环境研究[M].北京:北京体育大学出版社，2016:14.

❷ 许敏雄.竞技体育强国之路[M].北京:光明日报出版社，2012:129.

❸ 高博.主导产业打造中的地方政府行动逻辑[D].武汉:华中师范大学，2018:5.

育赛事职业化，引进、培育竞赛表演市场与管理运行不畅并行不悖❶，体育经费的主要来源仍是国家财政，体育赛事供给与运营主体仍以政府部门为主。产业形成期相关政策、文件如表 2-2 所示。

表 2-2 产业形成期相关政策、文件

时间	政策、文件	关键内容与转变
1992 年 10 月 1 日	党的十四大报告	建立社会主义市场经济体制，使市场在资源配置中起基础性作用。政府的职能，主要是统筹规划、组织协调、信息引导、掌握政策、提供服务和监督检查。
1992 年 6 月 1 日	中共中央 国务院《关于加快发展第三产业的决定》	第三产业的发展水平是衡量现代社会经济发达程度的重要标志。主要应依靠社会力量，不能过多依赖事国家投资。利用金融和税收等经济手段扶持产业发展。
1993 年 5 月 1 日	国家体委《关于深化体育改革的意见》	按照"谁举办、谁出钱、谁受益"的原则，拓宽竞赛渠道。发展竞赛产业，开辟竞赛市场。社会效益与经济效益并重，促进竞技体育面向市场。
1993 年 5 月 1 日	国家体委《关于培育体育市场、加速体育产业化进程的意见》	举办商业性竞赛表演等，向产业化方向发展。引导和规范经营活动，建立各种体育竞赛服务经济实体、体育经纪人制度。运动协会向实体转变，加快足球、网球等项目向职业化过渡。
1993 年 8 月 1 日	民政部 国家计委 国家体改委（14 部委）《关于加快发展社区服务业的意见》	重视、支持社区体育的发展，加强管理和技术指导。要以产业化、社会化为方向。根据社区服务业特点，实行不同的经营管理方式。
1994 年 5 月 1 日	《关于加强体育市场管理的通知》	凡举办的各项营业性体育竞赛等，表演必须申报，经审核批准后方可经营。各地经营的营业性体育竞赛、表演，需经当地人民政府同意，报国家体委审核批准。

---

❶ 杨铁黎等. 中国体育职业化发展环境研究[M]. 北京: 北京体育大学出版社, 2016:15.

时间	政策、文件	关键内容与转变
1995 年 7 月 6 日	国家体委《奥运争光计划纲要》（1994—2000 年）	建立国家办与社会办相结合、集中与分散相结合的竞技体育体制。充分发挥竞赛杠杆作用，着眼于提高竞赛质量和效益，搞活竞赛经营，培养竞赛市场。
1995 年	《体育产业发展纲要（1995—2010 年）》	社会效益与经济效益相结合，把社会效益放在首位；积极引导和规范经营活动，使体育竞赛和表演朝产业化、社会化、法制化方向发展。
1995 年 10 月 2016 年修订	《中华人民共和国体育法》	国家鼓励企业事业组织、社会团体和公民兴办和支持体育事业。应当开展多种形式的体育活动，举办群众性体育竞赛。
1995 年 6 月 1 日	《全民健身计划纲要》	把推行全民健身计划纳入国民经济和社会发展的总体规划，坚持群众体育与竞技体育协调发展的方针，以普遍增强人民体质为重点，加强领导，统筹规划。
1996 年 7 月 1 日	《关于进一步加强体育经营活动管理的通知》	举办体育经营活动，应行政部门同意。各级体育行政部门主要职责有：宣传和贯彻执行有关的法律、法规；制定各类体育经营活动的从业条件、标准和审批程序等。
1997 年 4 月 1 日	《关于加强城市社区体育工作的意见》	国家体委、国家教委、民政部、建设部、文化部 5 部门协同发文。要建立、健全竞赛、表演和体育交流活动。竞赛活动要办出特色，形成传统。
2000 年 3 月 1 日	国家体育总局《全国性单项体育竞赛财务管理办法》	单项竞赛收入包括广告赞助收入、门票收入、广播电视转播权收入及其他与单项竞赛相关的收入。开拓竞赛市场，开发竞赛的广告媒体作用。
2000 年 12 月 1 日	《2001—2010 年体育改革与发展纲要》	管理方式，从直接、微观管理向间接、宏观管理转变。把体育产业培育成国民经济新的增长点，充分利用社会资源，制定从业条件和服务规范。要积极探索运动项目的职业化道路。

续表

时间	政策、文件	关键内容与转变
2000 年 3 月 1 日	《全国体育竞赛管理办法（试行）》	体育竞赛是国际或国内各级、各类综合性运动会、单项体育竞赛和体育表演活动。举办体育竞赛需审批登记。

（三）"政府主导、监管市场"：产业快速发展期（2001—2012 年）

随着我国社会主义市场体制改革的不断深入与向前推进，尤其 2001 年加入 WTO 及申办 2008 年北京奥运会的成功，极大地提高了我国市场经济、体育市场发展的活力，市场化机制建设、市场要素培育等方面取得长足发展与进步，政企界限进一步明晰，相关法律法规不断完善。2002 年，党的十六大提出，"在更大程度上发挥市场在资源配置中的基础性作用"。2008 年，党的十七届二中全会进一步明确，"从制度上更好发挥市场在资源配置中的基础性作用"，并从改善经济调节、严格市场监管、加强社会管理、注重公共服务等方面对政府职能转变提出要求。这一阶段，"投资拉动内需政策成为市场经济发展的重要指导性、引导性政策，地方政府在发展中兼顾经济与社会目标，地方政府的行为由直接经营完全取代市场转变为政府宏观调控、主导以及弥补市场失灵"。❶ 居民消费抑制与消费品短缺得到进一步缓解，消费需求由便民、耐用消费品，逐渐转变为多样性、多变性、复杂性消费品，以健身、休闲、娱乐等精神性消费为主的非物质性消费需求逐渐增多。

在此背景下，国家层面主要围绕北京奥运会的筹备、举办及奥运后赛事产业发展与改革展开。为完成好北京奥运会的各项任务，2002 年，国家体育总局发布《2001—2010 年奥运争光计划纲要》，要求通过积极承办各类国际比赛，举办形式多样的系列赛、集训赛、大奖赛、冠名赛等，为运动员提供更多的参赛机会积累实战经验；积极开发竞技体育产业与市场，努力拓宽资金来源渠道，将国内比赛、世界大赛与开拓市场紧密结合起来，引导各类竞赛健康发展。在此纲要引导下，体育赛事优惠政策逐渐增多，

---

❶　王玉柱. 从市场机制决定性作用看创新发展的实现路径——兼论发展方式转变过程中政府与市场关系的重构[J]. 云南社会科学,2014(3):56-60.

赛事市场不断活跃，职业联赛、商业化比赛、各单项与综合赛事逐渐增多，体育竞赛表演产业进入快速发展期。2006年，《体育产业"十一五"规划》明确，发展原则以"坚持经济效益与社会效益并重，以市场化为导向、坚持改革促发展、依法管理的原则"。体育赛事质量与效益问题得到关注，经济效益地位得到提升，市场化与规范化导向突出。但电视转播权市场开发、与媒体的协调与合作等方面仍处于探索起步阶段。2008年，为规范与完善体育及相关产业统计，国家统计局和国家体育总局制定了《体育及相关产业分类（试行）》。此分类并未把体育竞赛表演业单独列出，仅对其作了说明。由此说明可知，当时对体育竞赛表演业的内涵与外延认识仍不充分，体育竞赛表演业的市场主体仍不明确，反映了我国体育竞赛表演市场化程度仍然较低，但更加明确了体育竞赛表演产业在体育产业中的核心地位。北京奥运会的成功举办，提升了我国国际形象，巩固了体育竞技强国的地位，提高了人们对奥林匹克精神与体育赛事的认识，尤其认识到赛事的产业关联价值、辐射价值、城市塑造价值、形象宣传价值等经济、社会价值，极大鼓舞与增强了全国各族人民的自信心和自豪感，为体育竞赛表演产业进一步健康、持续发展奠定了群众基础。胡锦涛同志在北京奥运会、残奥会总结表彰大会上提出，"推动我国由体育大国向体育强国迈进"的新时期奋斗目标。然而，职业体育发展中，政府主管部门过度干预联赛，联赛投资主体的利益得不到保障，致使二者之间矛盾日益凸显，表现为"政府权限无限扩大""体育竞赛表演产业法律法规不健全""联赛不规范及产权不清""不符合商业化经营模式"等。❶"假球""黑哨""非法赌球"等一系列违法乱纪问题亟须彻底整顿与治理，由此，深化改革，进一步澄清政、企、协界限，强化监管等成为政府的核心任务。发展体育产业对我国由体育大国向体育强国转变意义重大。2010年，首个从国务院层面对体育产业指导的文件《国务院办公厅关于加快发展体育产业的指导意见》（以下简称《指导意见》）颁布。《指导意见》将"努力开发体育竞赛和体育表演市场"，"积极引导规范各类体育竞赛和体育表演的市场化运作"作为主要任务之一，并从改善经济调控、社会保障管理、完善监督管理、加强公共服

---

❶ 杨铁黎等.中国体育职业化发展环境研究[M].北京:北京体育大学出版社，2016:18.

务等方面为政府职能全面转型指明了方向。《体育产业"十二五"规划》也进一步明确加快从"办体育"向"管体育"转变。民间资本引进得到重视，2012年国家体育总局印发《关于鼓励和引导民间资本投资体育产业的实施意见》的通知，鼓励、引导与规范民间资本进入体育竞赛表演领域。体育竞赛表演产业在体育产业发展中的核心地位得到进一步确立，经济与社会价值逐渐得到地方政府认可。

地方政府层面，北京、上海、广州等国内发达地区，积极举办国内外各类体育赛事，并颁布一系列地方性的体育赛事产业管理的文件与条例，通过设立体育产业发展引导资金，加大投资基础设施、公共服务建设支持等培育与规范重点赛事、品牌赛事，地方政府支持举办体育赛事的积极性得到真正有效激发。2002年前后，国内一度出现多城市纷纷抢修赛道、争办赛车比赛的经济热潮，最终F1方程式赛事落地上海。这主要是因为，2003年上半年，在上海市政府的支持下，经过艰苦谈判，上海国际赛车公司与国际一级方程式管理委员会（简称FOA）签订了承办F1方程式赛事的相关协议，使"上海取得了承办F1方程式世界锦标赛2004年至2010年中国大奖赛的资格"。[1] 上海国际赛车公司是国有资本背景的企业集团成立的赛事运营公司，虽具有国有背景，但也表明了政府在赛事运营微观层面逐渐退出，只在关键和必要环节上给予一定的支持。上海市政府为更有作为，一方面适时出台了相关的法规、政策、文件等；另一方面，将修建F1赛车场纳入《上海市国民经济和社会发展第十个五年计划》，在相关基础设施建设、市场主体培育、赛事组织协调、公关资源提供方面给予支持与帮助。[2] 但F1发展并非一帆风顺，诚如国际赛车联合会主席莫塞利所说，"尽管F1在中国举办的潜力很大，但是高开支可能妨碍中国汽车体育的发展"[3]，相关研究也发现门票价高导致上海本地人观看比赛较少。另外，上海F1赛场一期投资达26亿元，总投资超过50亿元，多年亏损经营，造成民众不满，出现供需矛盾，发展困难。

---

❶ 顾列铭.F1赛车：中国不能承受之奢侈？[J].观察与思考,2007(2):40-41.

❷ 黄海燕,张林,李南筑.上海大型单项体育赛事运营中政府作用之研究[J].体育科学,2007,27(2):17-25.

❸ 黄海燕,张林,李南筑.上海大型单项体育赛事运营中政府作用之研究[J].体育科学,2007,27(2):17-25.

综上，此阶段基本形成了"政府主导、企业参与、市场运作"的体育赛事运作模式，政府主导、完善监管成为政府核心任务。地方政府支持赛事举办的积极性得到有效激发，政府逐渐从赛事运营微观层面退出，以宏观指导、支持、监管为主，但政、社、企界限仍未清晰，相关法律、法规不健全，社会、企业等办赛的体制、机制障碍较多，赛事引进与举办具有一定的盲目性，没能契合城市发展与居民需要，导致消费者对体育竞赛表演多元需求与国内竞赛类型数量少、质量低之间的矛盾不断突出，严重阻碍了体育竞赛表演产业的进一步发展，体育竞赛表演产业亟须转型与升级。产业快速发展时期相关政策与文件如表 2-3 所示。

表 2-3　产业快速发展期相关政策与文件

时间	事件或政策、文件	关键内容与转变
2002 年 7 月 1 日	中共中央 国务院《关于进一步加强和改进新时期体育工作的意见》	鼓励社会力量对公共体育设施建设的支持。要加强对赞助活动的管理和监督，要努力开发体育无形资产，加强对商业性赛事的管理。
2002 年 11 月 19 日	国家体育总局《2001—2010 年奥运争光计划纲要》	体育竞赛职业化、商业化进程加快。不断进行单项协会实体化的探索。形式多样的系列赛、集训赛、大奖赛、冠名赛等，努力拓宽资金来源渠道。
2006 年	《体育产业"十一五"规划》	坚持经济效益和社会效益并重；改善体育产业发展的环境；坚持依法管理，维护市场秩序。积极引导和规范各类体育竞赛的市场化运作。
2010 年 3 月 1 日	国务院办公厅《关于加快发展体育产业的指导意见》	积极引导规范体育竞赛和表演市场化运作。支持举办特色体育竞赛活动、商业性体育比赛、引进国际知名的体育赛事，打造赛事品牌。
2011 年 4 月 29 日	国家体育总局印发《关于 2011—2020 年奥运争光计划纲要》的通知	胡锦涛提出，推动我国由体育大国向体育强国迈进的奋斗目标。探索职业体育发展道路，初步形成管理规范的职业体育管理体制和运行机制。
2011 年 4 月 1 日	《体育事业发展"十二五"规划》	促进体育竞赛社会化引导和规范职业体育发展。加强政府依法监管、探索和推动体育赛事电视转播权市场开发。培育特色的体育赛事品牌。

续表

时间	事件或政策、文件	关键内容与转变
2012 年 5 月 31 日	国家体育总局印发《关于鼓励和引导民间资本投资体育产业的实施意见》的通知 体经字〔2012〕204 号	鼓励和引导民间资本进入，按照"政府主导、企业参与、市场运作"的模式，逐步实现办赛形式市场化、主体多元化、竞赛组织专业化。鼓励引导、规范发展职业体育赛事。

（四）"政府支持、市场主导"：产业高质量发展探索期（2013 年至今）

2013 年后国民经济增长率稳定在个位数，生产结构中，服务业比重显著上升，第三产业（服务业）增加值占 GDP 比重达 46.1%，首次超过第二产业成为经济增长的主要动力；需求结构中的投资率明显下降，消费率明显上升，消费成为需求增长的主体，标志着经济发展进入新阶段。党的十八届三中全会提出，要使市场在资源配置中起决定性作用，更好发挥政府作用，空前地突出了市场在社会主义市场经济中的主导和支配地位。市场机制正式从"后台"走向"前台"，体现了在社会主义市场经济框架内政府与市场关系的实质性转变与重构。经济增长从传统扩大需求方式回归到供给侧改革，注重供给侧产品（服务）质量的提升。中国进入供给侧结构性改革阶段，居民的需求成为经济增长的最终动力，政府职能"放管服"改革深入推进。2017 年，中共中央办公厅、国务院办公厅印发《关于创新政府配置资源方式的指导意见》，总体上要求"大幅度减少政府对资源的直接配置"，充分发挥市场机制，对于不能完全市场化配置的公共资源，要求政府有效引导，引入竞争规则，实现政府作用与市场作用的结合。监管上，要求运用法治思维和方式，创新监管方式，完善过程监管，形成政府与社会监督相结合的格局。消费者有形消费品需求逐渐饱和，必然向无形服务产品转型升级，一些原来视为奢侈品的消费转变为基础消费，如健身、旅游、美容等。"中央与地方政府均注重与完善宏观调控方式，按照既定目标，对微观经济主体进行间接引导与培育，地方政府由注重投资的过程转为注重投资的效益，注重服务质量的提升、当地经济环境的改善及关注辖

区企业的培育与成长。"❶

此阶段，以体育竞赛表演产业为核心的体育产业，逐渐成为国民经济新的增长点，对经济社会发展具有巨大带动作用与辐射效应，并提出"推动体育产业成为国民经济支柱性产业"的发展目标。2014年，时任总理李克强作的《政府工作报告》中，第一次将体育产业提升至与群众体育、竞技体育并列的高度，体育产业受到前所未有的关注与重视。产业政策不仅数量上、频度上增加，效力、层面上提高，内容上更为具体，措施上更具操作性，目标也更量化与明确。政府职能以深化"放管服"改革、清除各类阻碍体育产业进一步市场化发展的机制、体制，激活居民体育消费，实现产业高质量发展为目标。2014年，《国务院关于加快发展体育产业促进体育消费的若干意见》（以下简称《46号文》）颁布，成为我国体育发展方式重大转变的标志，即"从行政主导向行政服务和市场推动相结合转变、政府办体育向扶持引导社会办体育转变、从体育部门主管向多部门联动转变"。❷ 体育竞赛表演产业作为发展重点之一，以"取消商业性和群众性体育赛事活动审批，推动与解除限制体育竞赛表演产业发展的体制障碍"为目标，政府职能以"简政放权，减少微观事务管理，加强规划、政策、标准引导，创新服务方式，强化市场监管，营造竞争有序、平等参与的市场环境"等为主。为落实《46号文》赛事审批权下放，完善事中事后监管，国家体育总局印发《关于推进体育赛事审批制度改革的若干意见》，以"全面推进体育赛事审批制度改革，打破社会力量组织、承办体育赛事的制度壁垒"为目标，引导、规范与支持各类市场主体依法组织、承办赛事，并对全国性单项体育协会的服务收费、优化市场环境、完善政策措施等责任进行了规定。为使体育赛事管理更为规范，2015年国家体育总局印发《体育赛事管理办法》的通知，遵循"谁主办谁负责原则"，实施"分类分级管理"，规定了体育行政部门与各类体育协会组织的监管责任与范围，但对服务与支持企业、社会、个人办赛等方面的规范不足。继而，2020年3月，

❶ 蒋震.理解地方政府行为逻辑:基于经济发展阶段视角[J].宏观经济研究,2018(2):149-157.

❷ 刘鹏.发展体育产业促进体育消费建设体育强国服务经济民生[EB/OL].(2014-10-22)[2021-2-22].http://www.gov.cn/xinwen/2014-10/22/content_2768993.htm.

国家体育总局颁布《体育赛事活动管理办法》，同时废止《体育赛事管理办法》。其从赛事活动的范围、各级各类体育行政部门、体育协会等在赛事举办全过程的权利与义务进行了具体、明确的规定，为企业、社会组织、个人等办赛扫清了制度障碍，提供了制度保障。

2015年，以振兴足球为突破口，国务院办公厅印发《中国足球改革发展总体方案》，深化了体育管理体制改革。其从国家战略高度及社会现实需要出发，把发展足球运动纳入经济社会发展的规划；并"从主客观因素、体制性障碍、社会基础、行业竞赛风气等方面揭示了1992年以来足球改革失败的原因，提出从改革中国足球协会、完善职业足球俱乐部建设和运营模式、竞赛体系及职业联赛制度等十个方面，全面推进中国足球改革"。[1]在此背景下，仅2015年，2022年北京冬奥会、2019年国际篮联篮球世界杯、2022年杭州亚运会等国际重大赛事先后申办成功；足球协会、篮球协会等相继与项目管理中心脱钩，走实体化发展的道路，为体育竞赛表演产业高质量发展提供了契机与条件。2015年8月，国家统计局审议通过了《国家体育产业统计分类》，首次将体育竞赛表演产业单独列出，明确将职业体育竞赛表演活动与非职业体育竞赛表演活动作为体育竞赛表演产业的核心。这一方面说明，我国对体育竞赛表演产业的内涵与外延等认识进一步提高；另一方面表明，体育竞赛表演产业市场主体已较为明确，市场已具备一定规模。同年，国家推行供给侧结构性改革，通过优化政府行为，不断重构政府与市场关系，提高资源配置效率促进经济社会发展。[2]经济增长从传统扩大需求方式转变为供给侧结构性改革，注重供给侧产品（服务）质量的提升，居民需求成为经济增长的最终动力。2017年，中共中央办公厅、国务院办公厅印发《关于创新政府配置资源方式的指导意见》，要求"大幅度减少政府对资源的直接配置"，充分发挥市场机制，对于不能完全市场化配置的公共资源，政府要有效引导，引入竞争规则，实现政府作用与市场作用的有机结合。为更好地满足居民对体育赛事消费的需求及协调

[1]　孙科.中国足球改革诠释——对《中国足球改革发展总体方案》的思考[J].体育与科学,2015,36(3):16-19,24.

[2]　王广亮,辛本禄.供给侧结构性改革:政府与市场关系的重构[J].南京社会科学,2016(11):25-30.

体育竞赛表演产业发展中政府与市场的关系，扫除体育竞赛表演产业发展中的机制、体制等障碍，2018 年，首个从国家层面对体育竞赛表演产业发展进行总体布局与规划的文件《国务院办公厅关于加快发展体育竞赛表演产业的指导意见》颁布。从目标上看，其首次以量化的形式提出"到 2025年实现产业总规模 2 万亿的目标"，"推出 100 项具有较大知名度的体育精品赛事，打造 100 个具有自主知识产权的体育竞赛表演品牌"；从内容上看，对职业赛事，国际重大赛事，业余精品赛事，冰雪体育赛事，中国特色、民族特色的体育赛事的引进、扶持、培育等为主；从措施上看，主要是"壮大市场主体，优化市场环境，优化产业布局与加强平台建设"；从保障上看，主要是深入推进"放管服"改革，进一步消除阻碍赛事产业发展的制度、机制壁垒，拓展资金来源渠道等。政府与社会资本合作模式（PPP）得到推广与应用，政府购买服务增多，政府引导资金补贴、鼓励、资助赛事增多。2019 年 1 月国家发展和改革委员会颁布《进一步促进体育消费的行动计划（2019—2020 年）》，首次提出"丰富节假日体育赛事供给，将更多的赛事向二线、三线城市拓展，满足群众的观赛需求"，体现了产业区域均衡、全面发展的意图。同年，国务院办公厅《关于促进全民健身和体育消费推动体育产业高质量发展的意见》，对赛事资源的市场化配置、服务管理等方面做出了要求；并从产权交易平台建设、制定体育赛事活动办赛指南、参赛指引、建立跨部门的体育赛事活动综合服务机制或例会制度、开发体育赛事活动安全许可预受理系统等方面规定了政府、体育行政部门、体育协会等的权力。在相关政策利好下，仅 2019 年国际篮联篮球世界杯、山西二青会、河南郑州第十一届全国少数民族传统体育运动会、中国网球公开赛、上海网球大师赛、乒乓球女子、男子世界杯，以及国内各地举办的马拉松、自行车赛事等一系列国内外重大赛事、品牌赛事成功举办，凸显体育竞赛表演产业高质量、高标准、高水平发展的势头。此阶段，消费者有形消费品需求逐渐饱和，必然向无形服务产品转型升级，居民体育消费意识逐渐增强，但赛事产品的数量与质量仍难满足消费者多层次需求。加之，政府简政放权、政策落实等仍不到位，以及政府提供的相关服务与支持等仍难满足体育竞赛表演市场主体的需求；市场主体能力仍然不足等问题，亟须进一步深化改革，进而更好地发挥政府作用，真正实现产业健康、持续、高质量发展。产业高质量发展探索期相关会议、政策、文件如表 2-4 所示。

表2-4　产业高质量发展探索期相关会议、政策、文件

时间	事件或政策、文件	关键内容与转变
2013年11月9—12日	中国共产党第十八届中央委员会第三次全体会议	通过《中共中央关于全面深化改革若干重大问题的决定》；经济体制改革核心是使市场在资源配置中起决定性作用和更好发挥政府作用。
2014年	"新常态"提出	在2014年5月考察河南的行程中，习近平第一次提及"新常态"。经济学新常态，就是人类经济认识肯定-否定-否定之否定螺旋式上升的结晶。
2014年10月20日	国务院《关于加快发展体育产业促进体育消费的若干意见》	取消商业性和群众性体育赛事活动审批，要积极为各类赛事活动举办提供服务。推进体育行业协会与行政机关脱钩，鼓励发展职业联盟，发展多层次、多样化的各类体育赛事。
2014年12月30日	国家体育总局《关于推进体育赛事审批制度改革的若干意见》	鼓励社会力量参与组织和承办体育赛事的积极性。进一步简政放权，正确处理政府与市场的关系，完善体育赛事管理制度，加强事中事后监管。
2015年12月21日	体育赛事管理办法	体育赛事是指全国综合性和单项体育比赛。
2015年11月22日	国务院办公厅《关于加快发展生活性服务业促进消费结构升级的指导意见》	体育领域竞赛表演是重点培育对象之一，推动专业赛事发展、丰富业余赛事、探索完善赛事市场开发和运作模式、打造一批品牌赛事。
2016年8月24日	国务院《关于推进中央与地方财政事权和支出责任划分改革的指导意见》	合理确定提供基本公共服务的范围和方式，要明确承担财政事权和支出责任的相应政府层级，使市场在资源配置中的决定性作用充分发挥。
2016年10月28日	国务院办公厅《关于加快发展健身休闲产业的指导意见》	产业总体规模不大、产业结构失衡，还存在有效供给不足、大众消费激发不够、基础设施建设滞后、器材装备制造落后、体制机制不活等问题。
2016年6月27日	体育总局《关于印发〈体育产业发展"十三五"规划〉的通知》	简政放权、放管结合，着力破解社会资本进入的各种障碍。加强体育赛事评估，建立多层次、多样化的体育赛事体系。加强职业联赛建设。
2016年11月28日	国务院办公厅《关于进一步扩大旅游文化体育健康养老教育培训等领域消费的意见》	2016年内完成体育类社团组织第一批脱钩试点。以三大球联赛改革，推进职业联赛改革。在重大节假日期间丰富各类体育赛事活动。

时间	事件或政策、文件	关键内容与转变
2017 年 1 月 11 日	中共中央办公厅 国务院办公厅印发《关于创新政府配置资源方式的指导意见》	要充分发挥市场机制作用，实现资源配置效益最大化和效率最优化。实现政府与市场作用有效结合。建立多元化公共服务供给体制。
2017 年 3 月 16 日	国务院办公厅《关于进一步激发社会领域投资活力的意见》	社会效益和经济效益相统一，把非基本公共服务交给市场；坚持"放管服"改革方向，降低制度性交易成本，制定社会力量进入文化、体育等领域的具体方案。
2018 年 4 月 28 日	体育总局《关于印发〈关于进一步加强体育赛事活动监督管理的意见〉的通知》	加强日常监管，并提供必要的指导和服务；制定出台适合本项目赛事活动组织的行业标准；加强对赛事活动的事中事后监管。
2018 年 9 月 20 日	中共中央 国务院《关于完善促进消费体制机制进一步激发居民消费潜力的若干意见》	支持社会力量举办体育赛事，推进体育行业协会改革，大幅削减相关审批事项，加强赛事审批取消后的服务管理。推动体育赛事电视转播市场化运作。
2018 年 9 月 24 日	国务院办公厅《关于印发完善促进消费体制机制实施方案（2018—2020年）的通知》	增强消费对经济发展的基础性作用。加快制定赛事审批取消后"一站式"服务机制。推进体育赛事制播分离。打破体育赛事转播垄断，引入竞争机制。
2018 年 12 月 21 日	国务院办公厅《关于加快发展体育竞赛表演产业的指导意见》	加快推进政府职能转变，深化体育行业协会改革，推动体育竞赛表演产业。营造公平有序竞争的发展环境。
2019 年 1 月 4 日	国家发展和改革委员会《进一步促进体育消费的行动计划（2019—2020年）》	积极引导竞赛观赏消费。支持社会力量举办赛事活动，丰富赛事供给，将更多赛事向二线、三线城市拓展。
2019 年 9 月 2 日	国务院办公厅《关于印发体育强国建设纲要的通知》	完善职业体育联赛，充分发挥市场主体作用，培育形成具有世界影响力的职业联赛。鼓励大型赛事市场开发，以各类赛事为平台，进行文化活动、文化展示。

续表

时间	事件或政策、文件	关键内容与转变
2019 年 3 月 13 日	国务院办公厅《关于在制定行政法规规章行政规范性文件过程中充分听取企业和行业协会商会意见的通知》	科学合理选取听取意见对象，运用多种方式听取意见，可以引入第三方评估，全面充分听取利益相关方的意见。完善意见研究采纳反馈机制对相对集中的意见未予采纳的，要进行反馈和说明。
2019 年 3 月 31 日	中共中央办公厅 国务院办公厅《关于以 2022 年北京冬奥会为契机大力发展冰雪运动的意见》	拓展冰雪竞赛表演市场。有序申办和举办冰雪运动国际高水平专业赛事。支持社会力量；支持新技术手段在冰雪赛事直播和转播中的应用。
2019 年 4 月 7 日	中共中央办公厅 国务院办公厅印发《关于促进中小企业健康发展的指导意见》	破解融资难、融资贵问题。（1）改进小微企业融资的支持；（2）减轻税费负担；（3）完善政府采购支持政策；（4）各类基金的引导带动作用。
2019 年 9 月 12 日	国务院《关于加强和规范事中事后监管的指导意见》	把更多行政资源从事前审批转到加强事中事后监管上来，加强标准体系建设、政府协同监管、强化市场主体责任、提升行业自治水平、发挥社会监督作用。
2019 年 9 月 17 日	国务院办公厅《关于促进全民健身和体育消费推动体育产业高质量发展的意见》	鼓励将赛事通过产权交易平台公开交易。完善赛事管理服务机制。制定体育赛事活动办赛指南、参赛指引，明确各部门责任。建立综合服务机制或例会制度。支持成立各类职业联盟。
2019 年 12 月 27 日	国家体育总局《关于印发〈关于进一步加强和规范体育领域事中事后监管的若干意见〉的通知》	形成监管合力，要依法依规重点监管，探索建立重点监管清单，严格控制重点监管事项数量，规范重点监管程序，对市场主体，全覆盖跟踪监管、直接指导、定向服务。
2020 年 1 月	《体育赛事活动管理办法》	体育赛事活动，依法举办的各级各类体育赛事活动。体育部门主办的应当在赛前向社会公开。应当为社会力量合法举办提供必要的指导和服务。鼓励、引导社会力量举办体育赛事。

第二节　产业发展中政府行为变迁的
历史逻辑分析

　　体育竞赛表演产业发展中政府行为变迁的整体历程与逻辑，如图2-1所示。在产业萌芽与形成阶段，政府不仅是市场的替代者，更是市场机制的引进者、市场主体的培育者和市场体系的建立者、完善者与维护者；产业的快速发展，不仅是政府直接主导的结果，更是政府放松管制的结果；产业高质量发展探索不仅是市场逐渐在资源配置中起决定性作用的过程，更是政府不断简政放权、深化监管、完善服务的过程。体育竞赛表演产业发展的动力由政府主导逐渐向市场主导转变；产业运行机制由政府直接参与到政府与企业、社会共同参与再到市场为主体的转变；产业发展的价值取向，由注重政治、竞技、社会等效益到注重"社会与经济效益相结合，以社会效益为主"，再到"经济与社会效益并重"转变。

　　体育竞赛表演产业发展与政府行为变迁互动发展，其中政府职能的转型是产业发展的重要动力。表面上看是体育竞赛表演产业发展中政府不断简政放权，转变职能的过程，实际上是政府主导、引导下的体育竞赛表演产业化、市场化发展的过程。然而，由于政府职能转型的滞后及不到位又导致政府在体育竞赛表演产业进一步市场化、职业化、产业化发展过程中未能发挥应有的作用。整体上看，在产业萌芽阶段，政府仍是"全能型政府"，政府直接组织赛事运营，属于福利体育阶段，重视赛事的政治价值、竞技价值与社会价值等，忽视经济价值，不计赛事举办的成本。但逐渐允许各类企业赞助赛事、冠名赛事，为体育竞赛表演市场形成提供了制度支持与保障。因此，虽然赛事市场化发展有限，但政府不仅是赛事的直接经营者，更是赛事市场化体制的引进者、引导者与培育者。产业形成与快速发展阶段，进入"主导型政府"阶段，逐渐形成"政府主导，企业参与，市场运作"的运营机制，"赛事运营主体由单纯的政府逐渐向政府、企业、社会等多主体转变，赛事由单纯的公益性产品逐渐转变为多元化产品，体育赛事开始尝试有偿供给，体育消费观念逐渐形成"。❶ 体育赛事的价值由竞技、政治与社会价值为主，向"社会价值与经济价值相结合，社会价值为主"再到"社会价值与经济价值并重，以市场化、产业化发展为导向"，体育赛事的经济价值得到重视，体育赛事市场化环境越来越宽松。此阶段，政府是体育赛事市场的培育者与维护者，足球、篮球等项目率先进行了职业化改革，然而，政府职能转型并不彻底，体育赛事资源以政府配置为主，产权不明晰，市场规模较小且发育不成熟，相关法律法规缺失，以模仿西方职业体育发展路径为主，脱离中国实际及对西方职业体育发展逻辑认识不足，导致一系列寻租、腐败等现象，严重损害了公众对体育赛事举办方的信任，降低了公众对职业体育赛事的认可度，导致职业体育发展困难。这也使政府不得不进行彻底的市场化改革，以体育协会的实体化及赛事审批权下放或取消等为抓手，政府逐渐由"前台"向"后台"过渡，逐渐让市场在体育赛事资源配置中起决定性作用，进入"服务型政府"阶段。社会主义市场经济发展逐渐成熟，市场与政府分工更为明确，政府主要职责从直接参与甚至包办到培育、扶持、指引和监管等，为社会组织与市场主体承担起政府负有的社会与市场职责做好准备。❷ 此阶段，以增强市场主体能力，为企业与社会组织、私人等办赛提供支持与服务为主，既要避免政府大包大揽过度干预，阻碍社会、企业及私人办赛，又要杜绝政府完全放手、放任不管的现象。尤其现阶段，体育竞赛表演消费并未完全激发，电视转播权市场仍不完善，以及体育赛事资源下放渠道或方式仍不清晰，仍需政府在加强对体育竞赛表演产业认识的基础上不断改进与完善。综上，从体育竞赛表演产业发展历程与政府行为变迁的互动来看，政府既是产业产生、发展的重要推动力，又可能为产业进一步市场化发展形成障碍，这需要政府不断弥补市场失灵的同时不断重塑或完善政府行为，减少直至消除"政府失灵"。

---

❶ 王庆伟,杨铁黎.我国体育赛事向市场化运作过渡阶段的特征研究[J].天津体育学院学报,2006(21):139-143.

❷ 霍德利,胡锐,毛旭艳.我国政府体育职能定位及实现路径[J].体育学刊,2018,25(4):28-34.

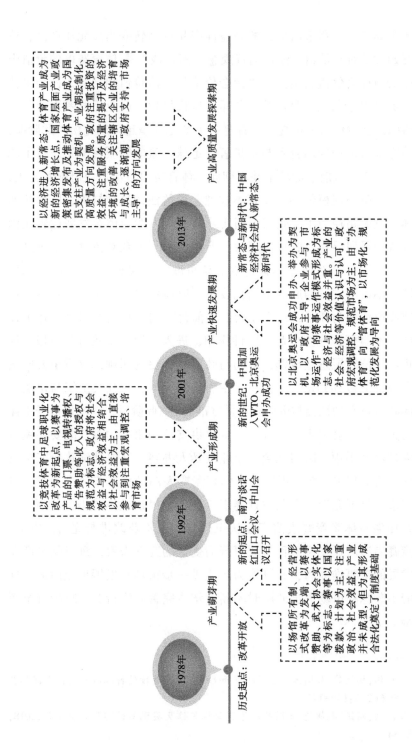

图 2-1 体育竞赛表演产业发展中政府行为变迁历程与逻辑

第三节　本章小结

从政府行为变迁的视角对体育竞赛表演产业发展历程的审视，不难发现我国体育竞赛表演产业的形成与发展具有明显的自上而下的政府推动性，产业发展对政府行为具有较强的依赖性。在这种行为惯性下，政府行为应与时俱进转变、调整与完善，以适应产业发展，否则就会形成产业进一步市场化发展的阻碍。从体育竞赛表演产业发展历程来看，政府行为致力于引导、培育、规范体育竞赛表演的产业化、市场化发展。具体来看，政府行为主要包括对体育竞赛表演产业发展的经济调控（相关财税政策、规划制定、市场主体培育等）、社会环境保障（政府信息公开、文化、舆论氛围营造、公共安全、民主协商机制建设等）、市场监管（相关法律、法规制定与执行、市场准入机制制定、产业发展引导政策等制定）、公共服务供给（部门协调、基础设施建设、科研投入、人才培养、志愿者招募与培养、赛事服务平台建设等）等方面。体育竞赛表演产业发展的主体由政府包揽到政府主导再到政府监管市场主导的过渡；产业发展的动力由政府推动逐渐向市场驱动转变；产业发展的价值取向由政治价值、体育价值、社会价值等为主，逐渐向社会价值与经济价值并重的方向发展。这种自上而下的产业发展的制度变迁，政策执行具有一定的强制性，导致基层政府难以做好充分准备而成为产业进一步发展的障碍。迫于上级政府的压力及各级政府不同的利益诉求，地方政府倾向于根据自身发展利益来理解与吸收上级政策、精神而采取行动●，导致政府行为偏离产业发展实际。因此，仍需在澄清体育竞赛表演产业发展中政府行为的现实逻辑基础上，对政府行为的效果进行评定，以为政府行为的改革与调整提供借鉴。这也

● 葛云霞,李洪强,李增元."理解性吸收"政策与"理性偏好":当代农村社区建设实践的逻辑机理分析[J].甘肃行政学院学报,2014(6):84-95.

是本书后续探讨的主要问题，即第三章探讨了政府在体育竞赛表演产业发展中行为的现实逻辑，第四章主要探讨政府对体育竞赛表演产业发展影响的效应问题，第五章主要探讨体育竞赛表演产业发展中政府行为的优化问题。

第三章

我国体育竞赛表演产业发展中政府行为的现实逻辑

本章旨在探讨政府作用于体育竞赛表演产业的现实诱导因素。体育竞赛表演产业发展中政府行为的现实逻辑是产业发展中政府行为的客观规律性，主要指依据现实需要而采取的一系列政府行为的诱导因素。体育竞赛表演产业发展中政府行为的现实逻辑是产业发展需要与政府发展需要的统一。一是，由产业自身发展的生命周期阶段及市场特征等导致政府行为介入的必要性、重要性与边界；二是，产业的发展满足了政府自身发展需要的动力逻辑。本章首先采用龚柏兹曲线拟合法对体育竞赛表演产业所处的产业生命周期阶段进行定量分析；其次，探讨了体育竞赛表演产业现阶段市场的特征，并依据幼稚产业保护理论和市场失灵理论探讨政府行为的必要性与重要性；最后，在文献资料梳理、实地调研与访谈的基础上，结合产业属性与政府自身发展需要，从宏观、中观、微观层面依据政府竞争、政府激励等理论探讨了产业发展中政府行为的动力逻辑。

第一节　我国体育竞赛表演产业发展中政府行为的重要性与边界

一、政府行为的必要性与重要性：产业所处生命周期阶段

体育竞赛表演产业所处的发展阶段是政府行为的逻辑前提。现阶段，无论是政府相关政策文件还是相关文献资料中不难发现，政府、专家、学者等一致认为我国体育竞赛表演产业处于初级阶段，属于新兴产业或幼稚

产业。在对相关企业负责人的访谈中也得到类似结论，"如果将体育竞赛表演产业比作一个人的话，现阶段也就是'娃娃期'，还处于怎样活下去的阶段"。这些观点主要依据现阶段体育竞赛表演产业总规模较小，赛事产业市场发展不完善等方面做出的经验性判断。根据产业经济学相关理论，产业发展生命周期主要包括形成期、成长期、成熟期、飞跃期四个阶段，产业阶段的转换遵循产业发展规律及长期变动趋势，也受到一系列外部因素的影响，其中，政府行为是较为重要的影响因素之一，在某些产业发展中甚至起到决定性作用。为定量化地呈现现阶段产业发展所处的阶段，进而为政府制定相应的政策、文件提供依据，本书借鉴前人研究采用龚柏兹曲线拟合法对我国体育竞赛表演产业生命周期阶段进行定量分析。❶

（1）龚柏兹曲线模型。

龚柏兹曲线的模型为：$y_t = ka^{b^t}(k > 0)$，其中 y_t 为第 t 期的指标值，k、a、b 为参数。对该式两边取对数，得到：$\lg y_t = \lg k + b^t \lg a$，则可得到修正后的龚柏兹曲线模型：$y' = k' + a'b^t$，采用三段法进行估值得到 b、a'、k' 的值，见式（3-1）。

$$b = \left[\frac{\sum_3 \lg y - \sum_2 \lg y}{\sum_2 \lg y - \sum_1 \lg y} \right]^{\frac{1}{n}}$$

$$a' = \lg a = \left(\sum_2 \lg y - \sum_1 \lg y \right) \frac{b-1}{(b^n - 1)^2} \qquad (3-1)$$

$$k' = \lg k = \frac{1}{n} \left[\frac{\left(\sum_1 \lg y \right)\left(\sum_3 \lg y \right) - \left(\sum_2 \lg y \right)^2}{\sum_1 \lg y + \sum_3 \lg y - 2\sum_2 \lg y} \right]$$

"产业生命周期各阶段通常以效率的显著变化为分水岭，根据 S 曲线变化特征及结合以上参数的估计结果，可以根据参数与产业生命周期阶段的关系进行判断产业所处的周期阶段"❷，如表 3-1 所示。

———————————

❶ 申玲,钱诚,任莹莹.基于结构方程模型的绿色建筑产业发展要素研究[J].统计与决策,2017(20):68-71.

❷ 申玲,钱诚,任莹莹.基于结构方程模型的绿色建筑产业发展要素研究[J].统计与决策,2017(20):68-71.

表 3-1　模型参数与产业生命周期阶段关系

模型参数	产业生命周期阶段
$a'>0$，$b>1$	形成期
$a'<0$，$0<b<1$	成长期
$a'<0$，$b>1$	成熟期
$a'>0$，$0<b<1$	飞跃期

数据模型及参数来源：申玲，钱诚，任莹莹. 基于结构方程模型的绿色建筑产业发展要素研究［J］. 统计与决策，2017，（20）：68-71.

（2）指标选取与结果。

应用龚柏兹曲线分析我国体育竞赛表演产业所处的阶段，本书采用我国体育产业统计中体育竞赛表演活动产值作为指标。数据来源于国家体育总局与国家统计局体育产业历年统计数据。选取 2013—2014 年体育竞赛表演活动产值取对数后的和为 $\sum_{1} \lg y$，2015—2016 年体竞赛表演活动产值取对数后的和为 $\sum_{2} \lg y$，2017—2018 年体育竞赛表演活动产值取对数后的和为 $\sum_{3} \lg y = 4.82$，$n = 2$ 计算后得到结果：$\sum_{1} \lg y = 4.09$，$\sum_{2} \lg y = 4.42$，$\sum_{3} \lg y = 4.82$，代入式（3-1），可计算出 $b = 1.1$，$a' = 0.73$。根据表 3-1 可判断出我国体育竞赛表演产业处于产业生命周期的形成阶段，即幼稚期，进一步验证了经验判断的正确性。

我国体育竞赛表演产业仍处于幼稚期，相关企业国际竞争力较弱，以中小企业为主，与国外发达国家相差较大，如果政府不给予一定的保护政策或采取一些保护性措施，企业难以生存，体育竞赛表演产业也就难以可持续发展。因而，依据幼稚产业保护理论，政府应给予一定的倾向性政策，如税收优惠政策，交通、卫生、安保等基础服务政策，反垄断政策等，以保护本国幼稚的体育竞赛表演产业，为促进产业发挥后发优势与实现赶超目标提供保障。由此，体育竞赛表演产业所处产业生命周期的初级阶段决定了政府介入的必要性与重要性。然而，相关保护性政策何时实施及何时退出，难以把握，导致政府行为也就会产生有效与失灵共存的效果，为促进政府作用更好发挥，应不断纠正政府失灵现象，重塑政府职能。

二、政府行为的边界：产业所处阶段的市场特征

古典经济学中，弥补"市场失灵"是政府介入经济社会生活的边界。体育竞赛表演产业的生产具有正外部性、产品具有准公共产品属性，市场中存在信息不对称、不完全竞争等现象与特征。依据"市场失灵"理论，由于"公共物品、外部经济、不完全竞争、信息不对称以及由此而导致的逆向选择和道德风险，市场不能自动调节失灵，需要政府介入给予调节"。❶

（一）生产的正外部性与政府行为

"生产的正外部性，指企业或个人在生产过程中给其他企业或个人带来收益，这种收益并未体现在价格中，没有获得相应的报酬"。❷ 如赛事的举办对餐饮、住宿、旅游等产业发展带来了机遇，大量人员的涌入提高了这些企业的经济效益，然而，赛事主办者却不能从这些企业或个人那获得收益，但是有利于城市政府或地方政府税收的提高。如果政府通过转移支付对生产者给予相应的补贴则会鼓励赛事主办者举办更多的赛事，相反，如果得不到相应的补贴，或没有政府支持，这类赛事举办则难以持续，也就难以持续获得这类赛事带来的其他产业发展的福利。根据经济学一般原理，在产品生产过程中当社会边际成本等于社会边际收益时，资源达到最优配置，企业获得最大利润；当存在正外部效应时，则会给其他企业或个人带来好处，即该企业或个人获得私人边际收益（MPB）的同时，其他企业或个人获得外部边际收益（MEP），这样社会边际收益（MSP）就等于两者之和，即 MSP＝MPB+MEB。而市场资源配置最优条件是社会边际收益（MSB）等于边际社会成本（MSC），即 MSB＝MSC，而企业或个人决策时依据私人边际收益，且 MPB＜MSB，则造成市场有效供给不足，难以满足社会总需求，资源也就不能达到最优配置。这种正外部效应一般需要政府通过补贴、税收转移支付等，使数额达到外部边际效应水平，使企业或个人获得边际

---

❶ 高正平. 全视角观 PE 探索 PE 中国化之路[M]. 北京:中国金融出版社,2009: 358.

❷ 高正平. 全视角观 PE 探索 PE 中国化之路[M]. 北京:中国金融出版社,2009: 358;季燕霞. 政府经济学[M]. 北京:首都经济贸易大学出版社,2014:30-31.

社会收益，从而增加商品生产，满足社会需要，资源配置达到优化。另外，现阶段体育竞赛表演产业以中小企业为主，中小企业本身具有积极的外部性，即体育赛事相关的中小企业能够在区域集中布局，进而提高对赛事运营相关企业的吸引力，降低行业垄断，分散市场的非系统风险，这也是政府作用于中小企业的逻辑起点。综上，正是由于体育竞赛表演产业生产的外部性与企业自身的外部性，即对其他相关产业具有较强的带动效应和辐射效应，政府应给予支持与扶持，以保证赛事的持续充足供应，以发挥其"杠杆"或"催化剂"作用。

（二）产品的准公共产品性与政府行为

公共物品是经济活动外部性的特例，是指具有消费的非排他性与非竞争性的物品。所谓"消费的非排他性指如果任何人都不必付费而能消费此物品，而要将他人排除在外，不消费此物品，要么是不可能的，要么是成本高昂的；消费的非竞争性指一个人对该物品的消费不会减少别人可获得的数量，增加消费者数量不会引起成本增加"。[1] 经济学相关文献一般将公共物品分为纯公共物品与准公共物品，英国经济学家布朗（C. V. Brown）、杰克逊（P. M. Jackson）[2] 作过详细说明，如表3-2所示。

表3-2　纯公共物品、私人物品与混合物品的特征

类目	排他	非排他
	纯私人物品	混合物品
竞争	（1）排他成本较低； （2）由私人公司生产； （3）通过市场分配； （4）销售收入进行融资。 例子：衣服、食物、鞋帽等。	（1）产品可供集体消费，但受拥挤限制。 （2）由私人公司或直接由公共部门生产； （3）由市场分配或直接由公共预算分配； （4）销售收入进行融资，如对该服务使用权的收费。 例子：公共广场、公园、公共体育馆等

---

[1]　曾国安.政府经济学[M].武汉:湖北人民出版社,2002:102-105.

[2]　布朗,杰克逊.公共部门经济学[M].北京:中国人民大学出版社,2000:35.

续表

类目	排他	非排他
	混合物品	纯私人物品
非竞争	(1) 含外部性的私人物品； (2) 私人企业生产； (3) 通过含补贴或矫正性税收的市场分配； (4) 通过销售收入融资。 例子：学校、交通、有线电视、私人游泳池、高尔夫球俱乐部等。	(1) 排他成本很高； (2) 直接由政府生产或与政府签约的私人企业生产； (3) 通过公共预算分配； (4) 通过强制性税收入筹资。 例子：国防

  公共物品的充分有效供应对经济社会正常运行、经济资源流动与配置、消费者福利等具有重要的影响与作用。然而，公共产品的消费非排他性易导致"搭便车"行为，使得市场不能也不可能有效提供公共物品，造成公共物品供应不足，另外，一些公共物品如国防也不适合市场供给。当然，学者也寻求了市场与政府之外的第三方供给，但很难找到一个可靠的第三方力量能够始终向社会提供公共物品，而且第三方公共物品提供并不是义务，仅仅是道德层面的约束，是一种软约束，也就难以强制性聚集资源，不具备大规模动员经济资源的能力。加之一些如法律法规、国防等公共产品不适合第三种力量提供，决定了政府提供公共产品的必要性与重要性。根据上述分析，无论从体育竞赛表演产业生产所需的场馆，还是对交通、卫生等公共服务设施的依赖，以及现阶段体育赛事资源的配置、赛事举办的资金来源等均可判断出，体育竞赛表演产业的产品属于混合物品或准公共产品。体育竞赛表演产业中的赛事显然不包括公益性赛事，也就是完全由政府提供的属于纯公共物品的赛事，因此，体育竞赛表演产业中的"体育赛事具有消费的非竞争性或具备一定的消费非排他性，从属性上判断体育赛事属于准公共产品"。[1] 体育赛事的准公共产品属性且与居民日常生活的紧密关联性，都决定了体育赛事运营企业通过市场获得收益的同时，政府也需提供资金补贴与政策支持，保障体育赛事的持续有效供给。

  （三）市场中信息不对称与政府行为

  "市场中交易双方信息不对称即交易双方在产品的质量、性能等信息了

---

❶ 葛乃旭,许洁.公共经济学[M].上海:同济大学出版社,2012:38.

解程度不同而导致信息不完全对称或信息不对成的现象"。❶ 这种现象长期存在会破坏市场"优胜劣汰"的运行机制，甚至造成"劣胜优汰"的现象。如果交易双方不能有效或者有足够信息去监督另一方行为时，会造成道德风险或逆向选择，从而破坏市场经济社会利益最大化的原则，使资源无法实现最优化配置。体育竞赛本身具有结果的不确定性，加之教练员出于战略战术的考虑运动员上场的顺序、运动员表现等不确定性因素，体育竞赛产品本身就存在信息不对称问题。而在赛事资源的获得方面，由于现阶段大量优质赛事资源仍掌握在政府手中，导致企业在选择赛事承办时存在信息不对称，尤其大型体育赛事中，我国政府更加注重赛事的社会效益，在引导社会、市场资本赞助时忽视或故意保留一些内部信息，使社会、市场资本对赛事投资时采取较为谨慎的态度。加之，我国体育竞赛表演产业市场发育不成熟，赛事运营本身具有不确定性，进一步强化了投资者或借款者的恐惧，导致对赛事进行投融资更为困难。为保证赛事的有效供给，需要政府介入，一方面进行政策引导、公开赛事信息，提供赛事风险评估服务，提高赛事与企业的匹配度，进而增强企业信息，提高政府的公信力；另一方面财税、资金等支持与扶持向一些潜力大、公益性强、地域特色鲜明的优质赛事倾斜，进而带动社会资本进入赛事产业。当然，市场与政府都不是万能的，只有二者结合，在政府政策引导、鼓励下，激活社会、市场资本，完善市场机制，才能破解体育赛事产业中的投融资难题。

（四）市场不完全竞争与政府行为

市场机制易导致垄断，即只有少数生产商甚至独家垄断经营，生产商通过操纵价格，牟取暴利导致市场失灵。具体来看，一般包括两种垄断情况，"一种是，企业实施垄断策略如兼并、合谋等建立起来的垄断，国外职业体育联盟多具有此特性；另一种是，对于一些规模经济敏感的部门，生产规模越大效益越高，这种趋势会导致资源聚集，进而因垄断而抑制竞争"。❷ 这也就是市场机制有效发挥作用形成竞争，而市场机制发展的结果导致垄断抑制竞争的悖论。市场机制无法克服这种垄断导致的市场失灵，

---

❶ 于淑艳.经济学原理[M].北京:中国铁道出版社,2019:190.

❷ 曾国安.政府经济学[M].武汉:湖北人民出版社,2002:53-83.

需要政府作为，但需根据出现垄断的原因进行辨别而采取不同的政策。在我国体育竞赛表演产业中优质赛事资源垄断于政府部门，需要政府进一步发挥市场资源配置的决定性作用，或通过一些竞争性外包实现资源的有效配置；而中央媒体对赛事转播权的垄断，需要政府采取一系列下放与禁止、消除政策而不断优化竞争机制，实现资源最优配置。然而，以美国为首的西方体育竞赛表演产业发达国家，对职业体育联赛实行联盟制，是一种具有"卡特尔"性质的共谋组织，具有垄断的特性，但政府采取了"反垄断豁免"政策，允许此类联盟的存在。一是，此类联盟具有高度自治权，是市场发展的产物，虽然在本运动项目处于垄断地位，但与其他项目或相类似的产业之间存在竞争关系，仍需要遵循市场机制中的价格规律；二是，联盟内部形成较为完善的竞争均衡，各俱乐部之间能够实现公平竞争，俱乐部数量严格控制，而保证赛事的稀缺性与质量，这种资源配置虽然未实现资源最大化配置，但实现了生产者利益的最大化与消费者效用的最大化，因而，具有存在的合理性。这也是我国鼓励各类职业体育联盟组建的原因。

综上，我国体育竞赛表演产业仍处于产业生命周期的形成阶段，即仍属于幼稚产业，需要政府给予一定的政策倾向与扶持；现阶段体育竞赛表演产业发展中存在"市场失灵"问题，亟须政府提供有利于市场机制发挥作用的条件与环境。体育竞赛表演产业产品生产的正外部性、产品的准公共产品属性、市场的信息不对称性及市场不完全竞争等特征造成了体育竞赛表演产业市场存在失灵现象。新古典经济学将"弥补市场失灵"作为政府行为的动力源或逻辑起点。因此，我国体育竞赛表演产业所处产业生命周期的形成阶段，为实现赶超目标及跨越式发展需要政府介入，而弥补市场失灵是政府介入的边界。政府干预市场并不取代市场，而是对市场作用的补充，政府行为的边界是市场不能或本身力量所做不到的事情，进而为市场在产业发展中发挥决定性作用提供条件与环境。解决市场失灵问题既需要市场自身力量不断调整分工，也需要政府力量的配合与协调，同时也需要鼓励第三方力量参与。无论是产业所处的市场周期阶段还是产业现阶段的特征都说明了产业发展中政府行为的重要性与必要性，规定了政府行为的边界，但政府行为的重要性与必要性并不等于政府行为的有效性，还需警惕"政府失灵"。同时，政府行为也具有阶段性，一般在产业发展初期作用较大，而随着产业发展的成熟应逐渐退出市场，让市场在资源配置中发挥决定性作用。因此，政府应结合产业发展的阶段及市场特征，及时调整政策，以形成"有为政府，有效市场"的发展格局。

第二节　我国体育竞赛表演产业发展中政府行为的动力

现阶段，在全国31省（自治区、直辖市）业已颁布的《关于加快发展体育产业促进体育消费的实施意见》《关于加快发展体育竞赛表演产业的实施意见》等各类行政规范性文件中，各级各地政府均将体育赛事、体育竞赛表演产业作为区域体育产业快速发展的重要手段。体育竞赛表演产业是体育服务产业的核心业态，具有优化产业结构、带动相关产业发展的特性，这已成为各地方政府部门的普遍共识。然而，无论从我国体育竞赛表演产业规模，还是从我国体育竞赛表演产业发展的市场化程度来看，体育竞赛表演产业很难对证"体育竞赛表演产业是体育产业整体发展中产业拉动度和影响力最高的板块之一"的理论逻辑。那么，体育竞赛表演产业发展中政府行为的动力是什么？新古典经济学认为，政府行为的动力源或合理性的出发点是"市场失灵"；鲁格曼、波特等认为一些偶然因素导致了政府行为的发生；而制度经济学派则认为降低交易费用是政府行为的重要动力之一。依据前人研究，将体育竞赛表演产业发展中政府行为的现实生成逻辑分为政府需要、政府竞争、政府动机三个连续的过程。❶

一、宏观动力——国家政府需要

习近平总书记指出："我们的政治经济学只能是马克思主义政治经济

---

❶ 汤鹏主.战略性新兴产业发展中的政府行为动力机制及其路径选择研究[J].湖北社会科学,2012(10):95-97.

学，不能是别的，'以人民为中心，发展为了人民'的思想是马克思主义政治经济学的根本立场。经济政策制定、经济工作部署、推动经济发展均需牢牢坚持这个立场"。❶发展体育竞赛表演产业符合马克思主义政治经济学的根本立场，对整个国民经济的稳定、快速及持续发展、国家政治社会稳定等具有积极作用。可以说，发展体育竞赛表演产业的政绩目标契合了现阶段我国经济社会发展的现实态势，是对全民健身、全民健康、体育强国等战略诉求的回应。这也是现阶段在全国范围内推动体育竞赛表演产业发展的合理性与合法性的基础。在我国，政府行为合法性的唯一来源是公众满意❷，即满足人民发展的需求。在访谈中，一些大型赛事，如山西"二青会"、马拉松赛事中，政府一般将"改善民生"作为赛事选择的依据，尤其场馆的设计、建设等与城市规划相结合，更多地考虑赛事举办后赛事场馆遗产的利用带来的长期效益。

山西省体育局认为，"要为民办赛，树立以人民为中心的办赛思想，真正让全省人民感受到二青会带来的变化，切实增强获得感和幸福感。"二青会门票10元每张，重在惠民，最大的好处是场场观众爆满。"赛事举办后，场馆运营好则是利国利民的好事，有利于居民体育参与、体育消费等观念与习惯的形成，养成健康生活方式，改善民生；运营不好则会成为政府的负担，降低政府的公信力，影响政府与城市社会形象。""青运村"建设按照居民高层住宅楼房设计，政府与房地产企业合作建设，由政府提供土地，招标挂牌方式出让，开发商投资建设。建成后作为"青运村"先期使用，二青会闭幕后面向社会销售，利润由开发商和政府分成。❸

2014年，体育产业深化改革以来，国家相关宏观指导性、意见性等政策文件频发，几乎所有文件均从促进居民体育消费的视角展开，将促进体育竞赛表演产业发展，引导观赏性体育赛事消费，充分挖掘与释放体育赛

❶ 习近平.不断开拓当代中国马克思主义政治经济学新境界[J].求是,2020(16).
❷ 季燕霞.政府经济学[M].北京:首都经济贸易大学出版社,2014:9.
❸ 2019年11月，厦门国际会议中心，依据山西省体育局时任局长赵晓春对二青会相关问题的解答整理所得。

事的消费潜力,将改善民生等作为发展体育竞赛表演产业的重点或出发点。国家相关政策文件主要包括 2014 年国务院颁布的《关于加快发展体育产业促进体育消费的若干意见》、2015 年颁布的国务院办公厅《关于加快发展生活性服务业促进消费结构升级的指导意见》、2018 年中共中央、国务院颁布的《关于完善促进消费体制机制进一步激发居民消费潜力的若干意见》、国务院办公厅颁布的《关于印发完善促进消费体制机制实施方案(2018—2020 年)的通知》、国务院办公厅颁布的《国务院办公厅关于加快发展体育竞赛表演产业的指导意见》、2019 年国家发展和改革委员会颁布的《进一步促进体育消费的行动计划(2019—2020 年)》、国务院办公厅颁布的《关于促进全民健身和体育消费推动体育产业高质量发展的意见》等。这充分体现了人民的需要就是国家政府的需要,以民为本的发展思想,因此,满足居民或公众的需求是我国政府支持体育竞赛表演产业发展的根本出发点。

根据经济学"理性人"假设,人们自身的需要、欲望是经济发展的原动力。政府作为市场经济的参与者,具有"理性人"的需求与欲望,这种需求与欲望是通过辖区内经济、社会、文化、政治等发展来实现区域的可持续发展,进而改善民生、满足人民需要,使城市政府与居民获得可持续的利益。体育竞赛表演产业产生与发展的动力正是由于政府为实现区域生产总值增长、经济结构优化等需要的经济发展动力;城市营销、城市形象改善、稳定政局等政治需要的政治动力;文化氛围营造、基础设施改善等民生发展需求的民生动力等组成。政府发展体育竞赛表演产业的目标就是吸引新的投资、人才、信息等流动资源流入当地城市或社区,以发展区域基础设施、提升城市社会资本积累、改善城市形象、增强城市文化与身份认同、发展城市区位,以吸引游客、增加就业等促进居民收入提高,以及带动相关产业发展,最终促进城市、社区乃至国家一级经济增长。❶ 政府是一种通过体育赛事谋发展的宏观动力逻辑,如图 3-1 所示,体育赛事是政府发展经济社会、改善民生的工具,具有重要的"杠杆"或"催化剂"作用,体育赛事的举办能够创造直接与间接的经济社会价值,如举办地政府

❶ HOLGER P,HARRY A S. Attracting Major Sporting Events:The Role of Local Residents[J]. European Sport Management Quarterly,2006(6):391-411.

通过场馆建设、基础设施建设等改善城市形象，使城市成为旅游目的地，为当地居民带来长期直接的经济、社会效益；城市政府也会通过体育赛事举办宣传本地形象、带动相关产业发展，进而吸引流动资源的流入，间接促进城市经济社会发展。

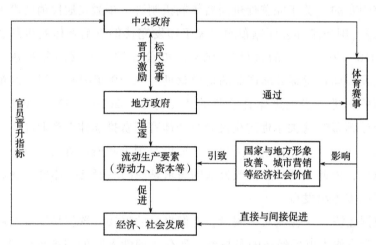

图 3-1　政府以赛事谋发展的宏观动力逻辑

　　在体育竞赛表演产业发展中政府行为的经济绩效是核心，这是保证体育赛事产业可持续发展的前提；体育竞赛表演产业可持续发展才能为实现改善民生、满足人们对观赏性体育消费需求的社会绩效目标的实现，而政府政治绩效则贯穿始终，是政府推动产业发展的中枢。[1] 政府的经济绩效主要表现在促进体育竞赛表演产业质与量的提高与扩张、产业结构的优化升级、均衡发展及产业安全的保障等方面。政府支持体育竞赛表演产业的社会绩效目标主要体现在人们生活水平、生活质量、生活方式的改善与提高，以及赛事产业发展所需的公共物品供应的及时、充足与到位、社会治安的良好等方面。政府在体育竞赛表演产业发展中政治绩效主要体现在产业准入制度方面的创新与安排、政府政务公开与透明、廉洁高效，法律法规完善与依法执行等方面。

---

❶　季燕霞.政府经济学[M].北京:首都经济贸易大学出版社,2014:118.

二、中观动力——地方政府竞争

地方政府更为接近市场，在中央集权与财政分权的框架下，地方政府具有一定的财政自主权与自主选择权，能够优先发展本区域的优势产业或发展能够吸引、带动流动资源流入的产业，进而提高地方政府的竞争力，以促使所管辖区的排名在全国或全省靠前。因此，在宏观动力的引领下，地方政府之间也在进行竞争，地方政府为获得更多的流动资源、增强辖区竞争力，并在竞争中获得期望的收益，而对一些优质流动资源进行竞争。对地方政府而言，国家政府的支持力度强弱，是地方政府决策与行动的前提。由上文所述，可知国家政府对体育竞赛表演产业支持力度之大，从国家层面来看发展体育竞赛表演产业已成为展示国际形象、促进经济社会发展及改善民生的政治工具。从地方政府层面，体育赛事已成为城市或区域管理的战略，依据国际典型案例与国内相关实践，体育赛事可以用来塑造城市在国内外的形象，提高城市的知名度，推动经济发展，促进城市的重塑和重建，优化城市基础设施和公共服务，增强城市发展所需的社会资本。从地方政府各类体育竞赛表演产业发展相关政策文件中亦可看出，地方政府均将体育竞赛表演产业作为发展体育产业的重要任务与重要手段，主要表现如表3-3、3-4所示。不难发现，地方政府相关政策具有较强的同质性，均致力于产业规模的增长、产业结构的合理性、市场监管环境的改善及产业安全的发展等方面。

表3-3　我国部分省份体育产业任务

省份	主要任务
北京市	鼓励社会力量组建体育赛事企业、举办各类体育赛事活动、打造自主品牌赛事。
天津市	积极引进和申办国际国内体育赛事，丰富业余体育赛事，鼓励与社会力量合作创办业余联赛，支持社会力量举办群众性体育赛事活动。
四川省	公开赛事举办目录，积极引入社会资本承办赛事。打造特色赛事。
浙江省	积极引入社会资本承办赛事，建立健全多元化投入及多样化运营模式，培育和支持运营企业和社会组织，发展体育竞赛表演业。

续表

省份	主要任务
湖北省	加快竞赛表演业发展。申办和承办国内外高水平体育赛事，开发体育赛事资源，发展赛事经济。
陕西省	大力培育和发展竞赛表演，实施体育服务业精品工程，打造一批品牌赛事。
广东省	大力发展竞赛表演业等现代服务业。
青海省	推进办赛主体专业化、市场化。申办重大单项体育赛事，建立起办赛主体多元化的赛事体系。
内蒙古自治区	大力培育竞赛表演等体育服务业，支持各地区打造一批优秀品牌赛事。

表3-4　部分省市"实施意见"目标与任务

省份	时间	发文机构	主要目标	主要任务
河北省	2019年9月11日	河北省人民政府办公厅	到2025年，产业总规模达到500亿元，打造体育精品赛事，基本形成体育竞赛表演产业体系。	丰富赛事活动，健全赛事体系、壮大市场主体，优化市场环境，增强消费能力、强化创新，增强保障能力。
天津市	2019年12月16日	天津市体育局	到2025年，产业总规模达到400亿元，推出体育品牌赛事，打造自主知识产权的体育竞赛表演品牌，支持一批企业做大做强。	丰富赛事活动，完善赛事体系；壮大市场主体、优化市场环境、优化产业布局、加强平台建设、强化协调配合，加强资金保障。
江西省	2020年1月15日	江西省人民政府办公厅	到2025年，初步建成体育竞赛表演产业新兴省份；基本形成市场活跃度高的体育竞赛表演产业体系。	促进区域均衡发展，培育完善赛事体系；优化产业环境，壮大市场主体。拓展产业链条，加快推进平台建设。发挥政策引领作用。

续表

省份	时间	发文机构	主要目标	主要任务
甘肃省	2020 年 4 月 20 日	甘肃省人民政府办公厅	到 2025 年，产业总规模达到 200 亿元，打造体育精品赛事，引进培育全国知名的体育赛事运营商。	丰富赛事活动，培育特色品牌赛事。培育市场主体、优化产业布局、打造发展平台、加强组织领导、优化发展环境；加大经费投入；强化服务保障。
重庆市	2019 年 10 月 21 日	重庆市体育局	到 2025 年，产业总规模达到 400 亿元，基本形成体育竞赛表演产业体系。培育一批具有较强市场竞争力的企业。	丰富赛事活动，完善赛事体系；培育市场主体，优化市场环境。优化产业布局，加强平台建设。强化协调配合，加强保障服务。
云南省	2019 年 06 月 14 日	云南省人民政府办公厅	到 2025 年，产业总规模达到 400 亿元，基本形成体育竞赛表演产业体系。建设特色赛事中心，推出体育精品赛事，培育企业。	丰富赛事活动，完善赛事体系；培育市场主体，优化市场环境。发挥区位优势，加强对外交流。强化统筹协调，加强措施保障。
青海省	2019 年 7 月 23 日	青海省人民政府办公厅	到 2025 年，产业总规模达到 20 亿元。初步建立产业体系。推出国际品牌赛事、国家赛事，培育一批企业。	探索赛事市场化路径；加大力度培育赛事主体。完善竞赛表演产业链条；健全产业标准、持续推进"放管服"改革；完善相关投入机制；加强人才保障。
江苏省	2019 年 7 月 3 日	省体育局《推动江苏体育竞赛表演产业高质量发展行动方案》	到 2025 年，基本形成体育竞赛表演产业体系，培育体育精品赛事，打造自主知识产权的体育竞赛表演品牌，发展专业体育赛事运营公司。	丰富赛事体系，壮大市场主体，拓展体育竞赛表演市场。深化"放管服"改革，完善竞赛管理服务体系。加强综合保障，营造良好发展环境。

实际上，与体育赛事相关的城市营销已经超越了赛事活动本身，成为政府强大的政治经济工具。[1] 在我国体育竞赛表演产业发展中地方政府行为颇具中国特色，这是因为我国优质体育赛事资源主要集中在中央政府手中，为获得优质体育赛事资源地方（城市）政府之间、中央与地方政府之间存在博弈关系。地方政府既具有向上负责与向下负责的"双重压力"，又具有完成上级任务实现区域发展和实现自身政绩的"双重需要"。地方政府层级复杂性与目标多样性导致地方政府在执行中央政府政策时具有一定灵活性，即自主空间，纵向"央地博弈"与横向地方政府间博弈导致政府相关政策制定与实施具有差异性。这也更符合我国的国情，尤其体育竞赛表演产业发展对城市经济、社会、公共服务、基础设施等要求较高，虽然各省份均将体育竞赛表演产业作为发展体育产业的重点或重要手段，但具体实行中具有较大差异性。总体上看，无论是产业经济层面，还是区域经济层面，无论是纵向激励还是横向竞争，"地方政府行为并非一成不变，而随着时代发展的需求不同而不断变化，其中，政府政绩考核机制是重要的风向标之一"。[2] 产业或经济发展中地方政府绩效考核对应地方政府竞争（标尺竞争）与官员晋升激励理论（晋升锦标赛理论）。地方政府政绩至上的考核机制，诱使地方政府自主权力进一步扩张。地方政府为在区域竞争中获胜，一方面需要利用自身的信息优势，与中央政府和上级政府展开博弈，以求获得优质赛事资源及相关产业、经济发展的更多资源与优惠政策，进而在同级政府间获得优势地位；另一方面通过资源与政策的竞争与其他地方政府争夺人才、资金、技术等流动性稀缺资源，最大限度限制本地区流动资源流出的同时最大限度吸引外部流动资源的涌进。[3] 地方政府行为的动力，总体上看，由于中央政府与地方政府之间的政治集权与财政分权导致地方政府为了区域发展（经济增长）而进行竞争与合作，如 2008 北京奥运会由 6 大

[1] DONG Q, DUYSTERS G. Research on the Co-Branding and Match-Up of Mega-Sports Event and Host City [J]. The International Journal of the History of Sport, 2015, 32(8): 1098-1108.
[2] 李敢. 文化产业与地方政府行动逻辑变迁——基于Z省H市的调查[J]. 社会学研究, 2017, 32(4): 193-217, 246.
[3] 何显明. 市场化进程中的地方政府角色及其行为逻辑——基于地方政府自主性的视角[J]. 浙江大学学报(人文社会科学版), 2007(6): 25-35.

城市共同举办、2019 年国际篮联男篮世界杯由 8 城市共同举办、2019 年山
西"二青"会则举全省各地市之力，这些城市（地方）政府间存在着"有
合竞争"关系，但都为本地区城市经济社会发展，竞技水平提高、城市形
象提升、民生改善等方面服务。显然，发展体育竞赛表演产业带来的增长
效应，并不仅限于经济方面。具体来说，体育竞赛表演产业发展中政府行
为的中观动力逻辑如图 3-2 所示。在地方政府竞争中，增长竞争理论是对
中国当前作为发展中国家经济与社会现实的最具合理性和解释力的理论。
在城市社区的发展中，推动城市社区发展的各类资源如投资、人才、技术、
信息等，对推动城市地区的经济与社会发展具有决定性的影响和不可或缺
的作用。受资源稀缺性与流动性的影响，各地方政府在推动城市地区发展
的各类流动资源方面，存在着多维竞争关系。在地方政府绩效评价取向和
指标体系的导向作用下，城市发展资源的稀缺性与地区发展需求之间的矛
盾，构成了地方政府竞争的焦点和主线。地方政府为实现地区经济发展，
必然与其他地方政府之间进行投资、人才、信息、技术等流动性城市发展
资源的竞争。由于资源供给侧对不同城市地区认知存在的信息不对称性，
在地方政府竞争的推动下，通过城市形象改善和品牌提升，影响各类城市
发展资源的定向有序配置，成为各地方政府的普遍性需求。在体育赛事高
聚焦传播功能及国际城市发展案例的影响下，体育赛事成为各城市地方政
府改善地区形象、提升城市品牌的有效手段和公共理性选择。虽然大型体
育赛事推动举办地区直接经济增长的论断存在较大争议，但是大型体育赛
事对于提高城市品牌影响力、改善城市形象、增强居民认同感、改善民生
等却是不争的事实。地方政府之间的资源竞争关系，是中国体育竞赛表演
产业勃兴的主要动因，成为催生区域体育营销需求，推动中国体育竞赛表
演产业发展的中观动力。为获得更多的流动资源，缩小区域间的差距，增
强政府竞争力，并在竞争中获得期望的收益，导致一些地方成为体育竞赛
表演产业发展的"磁场"，一些国内外大型赛事、品牌赛事、特色赛事等不
断被引进与培育。现阶段，在我国体育竞赛表演产业发展中地方政府之间
的竞争逐渐由初期的所有制竞争转向制度、公共物品供给、技术等竞争；
地方政府间的竞争显然超越了"以邻为壑"的竞争，为获得更为优质的国
际、国内赛事资源，各城市在体育设施、场馆建设、产业协同发展、基础
设施建设、资源优化配置、优势互补等方面互相合作，形成有合竞争，一

定程度上促进了区域协同发展与体育竞赛表演产业的高质量、高标准、高速度发展。

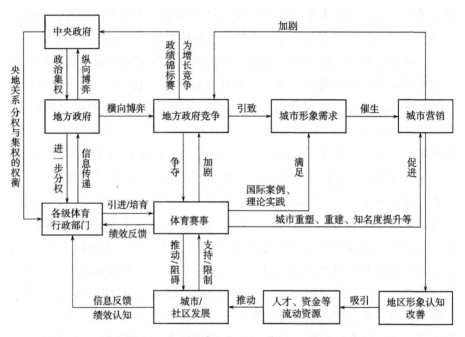

图 3-2　产业发展中政府中观动力逻辑——地方政府竞争

然而，体育赛事举办并非都是积极影响，体育赛事举办也会带来一系列经济社会发展的负面效应；城市社区的发展水平也一定程度上限制了赛事的引进与举办。因此，为促进体育竞赛表演产业健康持续发展，政府赛事选择必须符合当地经济、社会现实，不能照搬国外经验或国内其他地区的实践。尤其现阶段，"体育强系列"建设时期，在体育强国建设目标下展开了"体育强省""体育强市""体育强县"等"体育强系列"的体育竞赛表演产业发展锦标赛。在"为增长而竞争"的理论背景下，体育赛事一直被认为是城市发展的"杠杆"或"催化剂"，发挥其对其他产业的带动作用甚至超越了对体育竞赛表演产业自身发展的需求。地方政府之间的"晋升锦标赛"，迫使地方政府更加关注区域经济总量的增加，而非体育竞赛表演产业市场主体的培育，并将财政资源投向更具短期效应的基础设施建设上来。加之体育赛事引进较赛事培育更具短期效应，因此，地方政府更愿意参与对优质赛事资源的竞争，而非本区域体育赛事市场主体培育，在赛事举办与运营上又倾向于引进较为优秀的赛事运作团队或企业，而缺少对本区域赛事相关企业发展的关注，这也是现阶段体育竞赛表演市场看似火爆但产业化、市场化发展缓慢的重要原因之一。在体育竞赛表演产业发展中，地方政府行为往往是为了更好地完成上级的任务指标。在以经济绩效为核心的锦标赛外，主要强调了与经济增长相关联方面的发展，如基础设施、公共服务、协调机制、区域形象、社会文化、大众体育发展等方面。其中包含了传统的"政府搭台，企业唱戏"的赛事产业运营模式，也呈现出"企业搭台，赛事唱戏"的新形式，以赛事产业发展带动区域文化、经济繁荣与发展，提升城市整体社会、文化形象，进而更好地营销城市，吸引更多流动资源进入。在我国，体育竞赛表演产业发展的目标无论从历史还是现阶段发展的角度来看，均存在多维目标，如改革开放初期以竞技目标、政治目标为主；职业化发展后呈现出竞技、政治、社会、经济等目标并存；经济新常态以来则是竞技、政治、社会、经济、文化、环境等目标的协调发展。

另外，我国体育竞赛表演产业发展中的地方政府竞争与国外，尤其以美国为代表的西方体育竞赛表演产业发达国家的地方政府竞争具有根本性差异。在美国，城市（地方）政府习惯于采取自主和竞争的行动，与世界许多国家城市发展不同。❶ 美国的城市发展中，私人部门倾向于推动政权❷，如美国的职业体育联盟的反垄断豁免政策的制定与执行，私人俱乐部、企业等发挥了巨大的作用。而居民是民选官员的选举主体，居民可以通过"用脚投票"的方式选择政府部门，地方政府为获得流动的人才、资源、投资等必须以满足居民发展需要而采取相应的行动。显然，这是一种自下而上的驱动逻辑。我国体育竞赛表演产业具有鲜明的政府推动性，是一种自上而下的驱动逻辑。由于居民、企业等在体育竞赛表演产业发展中的参与机制不健全，导致政府行为与企业、居民需求之间存在较大矛盾或冲突，这也就需要政府部门不断完善居民、企业参与机制，多方收集居民与企业需求，针对居民、

───────────

❶　WARD K. Rigourising regimes[J]. Contemporary Policy Studies,1997(1-2).

❷　STOKER G, MOSSBERGER K. Urban regime theory in comparative perspective[J]. Environment and Planning. C, Government & Policy, 1994(12):195-212；STONE C N. Urban regimes and the capacity to govern[J]. Journal of Urban Affairs,1993(15):1-28.

企业需求加强供给侧结构性改革的针对性，进而真正满足居民与企业的需求，促进体育竞赛表演产业进一步市场化、产业化发展。

三、微观动力——政府动机

地方政府从竞争中不断获得发展体育竞赛表演产业的资源与间接动力，进而政府有了实现自身发展的内在动机。这种内在动机是政府扶持体育竞赛表演产业的能动性与自主性的表现。总体而言，地方政府为实现财税最大化，在产业选择上，税收高、短时间内具有规模效应的产业作为优先培育对象，一般不会选择那些"效益低"、需长期培育与发展的产业。[1] 地方政府在选择与培育产业发展中受各种因素的影响，但其背后行动逻辑均为发展优先和风险控制。[2] 现阶段我国体育赛事举办异常火爆，但产业化、市场化发展十分缓慢，产业规模依然较小、市场化机制、准入机制等不健全，这也导致一些企业对当地政府具有依赖性，一旦失去政府财政支持与补贴，企业将难以生存。而在政府的庇护下则可以加强对市场的控制能力，这又导致企业间形成过度竞争、不平等竞争等现象，不利于体育竞赛表演市场自身的发展与壮大。

综上，无论是上级地方政府还是下级地方政府其微观行为动力逻辑仍是"发展优先和风险控制"的逻辑，上级政府根据经济发展需要及自身政绩利益要求下级政府，下级政府根据自身条件、发展需要与政绩要求来选择相应的产业政策进行执行或选择产业政策执行的程度。一方面表明政府官员具有消费者效用最大化的行为原则，具有理性人的特性，地方政府在产业发展中具有一定的自主性，地方政府与上级政府、中央政府在政策执行上具有差异性，也进一步解释了地方政府行为对产业发展所产生的影响的不确定性，即地方政府行为对产业发展会产生积极与消极双重效应；另一方面说明政府并不是像企业那样追求利润的最大化，而是追求目标实现或上级任务实现的最大化。因此，评判政府行为的有效性，以目标实现程

[1] 冯猛.基层政府与地方产业选择——基于四东县的调查[J].社会学研究,2014,29(2):145-169.

[2] 高博.主导产业打造中的地方政府行动逻辑[D].武汉:华中师范大学,2018.

度较为合适，可以从相关政策、文件政府制定的目标出发进行考察，然而对于无法量化的目标则需要进行相关企业的调查，通过其感受来评判，这也是下一章政府行为效应研究的主要思路。

第三节　本章小结

本章主要探讨了我国体育竞赛表演产业发展中政府行为的现实逻辑。首先，依据体育竞赛表演产业发展的阶段及市场特征探讨了政府行为的必要性与边界。其次，通过国家政府需要的宏观动力、地方政府竞争的中观动力及政府自身利益诉求的微观动力逻辑的探讨，论述了体育竞赛表演产业发展中政府行为的动力逻辑。研究认为，宏观上，国家政府以民为本，以为人民谋发展为根本立场，满足居民或公众的需求是我国政府支持体育竞赛表演产业发展的根本出发点。体育竞赛表演产业产生与发展的动力正是由于政府为实现地区生产总值增长、经济结构优化等需要的经济发展动力；城市营销、城市形象改善、稳定政局等政治需要的政治动力；文化氛围营造、基础设施改善等民生发展需求的民生动力等组成，即政府以体育竞赛表演产业谋发展的宏观逻辑。其中，政府行为的经济绩效是核心，这是保证体育赛事产业可持续发展的前提；体育竞赛表演产业可持续发展才能为实现改善民生、满足人们对观赏性体育消费需求的社会绩效目标的实现；而政府政治绩效则贯穿始终，是政府推动产业发展的中枢。中观上，现阶段，体育竞赛表演产业发展中政府政治锦标赛所具有的"纵向发包"与"横向竞争"依然存在，只是在以经济增长为核心及国家政府以人民发展为中心的根本立场下，更加注重民生、基建、文化等综合性指标建设。总体上看，由于中央政府与地方政府之间的政治集权与财政分权导致地方政府为了区域发展（经济增长）进行竞争与合作。在我国体育竞赛表演产业发展中为获得更为优质的国际、国内赛事资源，各城市在体育设施、场馆建设、产业协同发展、基础设施建设、资源优化配置、优势互补等方面互相合作，形成有合竞争，一定程度上促进了区域协同发展与体育竞赛表演产业的高质量、高标准、高速度发展。与国外体育竞赛表演产业自下而上的驱动逻辑不同，我国体育竞赛表演产业具有明显的政府推动性，是一种自上而下的驱动逻辑。微观上，无论是上级地方政府还是下级地方政府其微观行为动力逻辑仍是"发展优先和风险控制"的逻辑，上级政府根据经济发展需要及自身利益要求下级政府，下级政府根据自身条件及发展需要来选择相应的产业政策进行执行或选择产业政策执行的程度。

无论从体育竞赛表演产业发展中政府行为的历史逻辑还是现实逻辑来看，体育竞赛表演产业发展中政府行为都具有必要性与重要性。但这并不等于政府介入的有效性。政府介入对产业的产生与发展具有积极与消极双重效应，仍需对相关企业发展情况进行调查的基础上进一步分析，以澄清政府行为对产业发展的影响效应，进而为政府行为优化提供资鉴，这也是第四章探讨的重点。

第四章

我国体育竞赛表演产业发展中政府行为的效应研究

政府在产业经济发展中的行为效应研究是政府经济学、公共管理学等研究的重点。政府行为的"双重效应"是"政府行为悖论"的具体表现。体育竞赛表演产业发展中政府行为亦具有积极与消极双重效应，表现为政府行为的有效与失灵。政府失灵是客观存在的，但这并不是否定政府干预的充分理由。体育竞赛表演产业发展中存在大量"政府有效"，由于政府机构或政府调控方式或调控程度导致的"政府失灵"，并不是对政府有效的否定，而是要通过改善政府结构、转变政府职能、调控方式、调控程度等，变"政府失灵"为"政府有效"；要不断提高政府能力及规范政府调控的边界，改善市场结构。"企业是产业分析与研究的出发点，企业是我国产业发展的主体与突破口，资源利用效率低下需要企业完成与解决、企业是国家宏观调控的微观基础，国家资源配置措施需要企业呼应，否则难以落地；企业不仅是产业结构和增长方式转变系统工程的中心环节，更是知识与技术创新的主体"。❶ 因此，通过企业对政府行为的感知来评价政府行为具有一定的合理性，一定程度上反映政府目标实现的程度，也就是政府行为的效应情况。也有效解决了政府既是运动员又是裁判员，难以客观公正评价的弊端。在我国，企业受政府影响较大，尤其国有或国有背景的企业对政府的依赖程度更高。因此，设置一系列指标，通过企业感受来评价政府行为影响的效应具有科学性与有效性。但在具体的政府或赛事中仍需结合实际情况进行具体分析，通过访谈与实地调研以形成互证，使研究结果更客观，研究结论更可信。鉴于以上分析，为进一步评判政府行为的效应，本章从政府行为对体育竞赛表演相关企业发展影响的视角出发，在文献综述、相关政策文件梳理及体育竞赛表演产业发展中政府行为逻辑的基础上，结合前人研究、专家访谈及相关赛事运营企业负责人访谈，构建了政府行为

---

❶ 苏东水.产业经济学[M].北京:高等教育出版社,2015:90-93.

与体育竞赛表演产业发展的关系模型，即体育竞赛表演产业发展中政府行为效应的理论模型。为进一步实证模型的有效性，在借鉴与修改前人量表基础上，制定了政府行为与体育竞赛表演产业发展关系的量表。其中，政府行为主要以经济调控、社会保障、市场监管、公共服务 4 个要素进行分析；政府对产业发展的效应主要以政府行为对产业发展的增长效应、结构效应、安全效应 3 个影响效应为主要维度；环境动态性影响的调节因素主要包括企业的规模、属性、属地等因素。通过量表发放收集数据，运用 SPSS24.0 与 Amos24.0 软件，进行结构方程模型检验与路径分析，以验证模型的有效性及澄清政府行为的影响效应，为第五章体育竞赛表演产业发展中政府行为优化与改善提供依据。

第一节　理论模型构建

　　构建特定的理论模型是社会经济学研究中针对某一现象或问题，设计评价指标体系的基础。科学的、符合逻辑的评价指标体系，必须有一个具体指标设定所需的基本框架或针对这一现象或问题的系统的理论解释体系。科学的符合逻辑的理论解释体系必须具备内在逻辑结构，而这个逻辑结构的高度概括，称为理论模型。现阶段，只有建立在理论模型基础之上的众多指标才能构成一个有机整体，而成为真正、适用的评价指标体系。❶ 参照国内外其他学科产业发展中政府行为效应相关研究，笔者提出一个由经济调控、社会保障、市场监管、公共服务四大政府行为与产业的增长、结构、安全三大影响效应组成的政府行为对体育竞赛表演产业发展影响效应的理论模型。

----

　　❶ 周良君,周西宽.上海市体育竞赛表演业国际竞争力研究理论与方法[J].广州体育学院学报,2006,26(5):13-16.

一、体育竞赛表演产业发展中政府行为的内涵与要素

政府行为，从特点上看，是国家行政机关做出的一种强制性行为；从职能上看，是各项行政职能实际运行情况；从管理的角度看，是国家公务人员、行政机构管理人员协调社会各方利益关系问题时所作的一切促进社会、经济稳定发展目标的各项行为的总和。❶ 具体到本书，政府行为指国家或城市政府在一定时期内，为培育和推动体育竞赛表演产业的发展而制定政策、制度、协调各方利益关系等行为的总和。由定义可以看出，体育竞赛表演产业发展中政府行为目标是促进产业可持续发展，主要行为方式是制定相应政策、制度、协调各方利益关系等，一般分为直接干预行为与间接干预行为。政府行为本身是由多个子系统组成的总体系统，如以扶持资金、财税政策、产业规划、市场主体培育等为主导的经济调节行为系统；以政务公开、信息资源获得、社会保障、公共安全、协商机制建设等为主导的社会管理行为系统；以产业导向、法律、法规、准入制度建设等为主导的市场监管行为系统；以科研投入、政府效率、基础设施建设、人才培养、环境建设等为主导的公共服务行为系统。党的十八届三中全会通过的《中共中央关于全面深化改革若干重大问题的决定》中明确："政府的职责和作用主要是保持宏观经济稳定，保障公平竞争，加强市场监管，维护市场秩序，加强和优化公共服务，推动可持续发展，促进共同富裕，弥补市场失灵"。根据第一章文献综述中表1-3、相关政策文件及我国体育竞赛表演产业发展中政府行为的历史逻辑等可得出，政府行为主要包括经济调节、市场监督、社会管理、公共服务四个方面。❷ 因此，本书在前人研究基础上，结合我国体育竞赛表演产业发展中政府行为的主要表现，将政府行为要素界定为经济调节、市场监管、社会管理、公共服务四个方面。

---

❶　易宇.文化产业发展中的政府行为研究——以娄底市为例[D].湘潭:湘潭大学，2016.

❷　任维德.地方政府竞争视野下的区域发展研究[M].呼和浩特:内蒙古大学出版社，2011:126;王谦,李天云,杜钰.大数据产业发展中的政府作用:关系模型、系统思考与政策建议[J].成都大学学报(社会科学版)，2019(5):37-44.

（一）经济调节行为

政府介入经济行为虽然一直存在争议，但现阶段基本形成共识，政府经济调节行为的合法出发点是弥补市场缺陷，即解决外部性问题、反垄断、增加信息供应、提供公共产品、促进收入再分配与提高资源配置效率、促进宏观经济稳定等方面。● 政府经济调节行为主要指政府运用财政、税收等手段为产业发展提供良好的宏观经济环境，调控市场经济的运行，具体到体育竞赛表演产业，主要指为促进产业健康持续发展而进行金融、财税政策的制定、各类扶持资金的设立、赛事产业发展规划的制定、赛事运营市场主体的培育等行为。政府经济调控方式主要有直接调控与间接调控，体育竞赛表演的准公共产品属性决定了需混合采取两种调控方式。关键在于选择性搭配时，如何辨别哪些适宜直接调控或以直接调控为主，哪些需要间接调控或以间接调控为主，如何将两种调控方式有机结合。具体到不同的赛事、不同的企业更是需要选择性配合两种调控方式，以达到最佳效果，提高政府行为的有效性与赛事举办的效率，促进体育竞赛表演产业健康持续发展。

1. 金融支持政策

"金融支持政策是政府实施'管制性金额剩余'动员，并通过银行信贷干预、差别化贷款利率管理等措施，为公有经济部门配置超过市场竞争均衡水平的信贷资金，提供相应的金融租金补贴的一系列制度安排"。❷ 主要内容包括银行支持、建立风险投资机制、依托社会资本与建立中小企业担保机制等。为解决现阶段体育竞赛表演产业发展中投融资困难问题，2018年12月21日颁布的《国务院办公厅关于加快发展体育竞赛表演产业的指导意见》中明确提出："推动体育竞赛表演产业与资本市场对接，引导社会力量参与，鼓励社会资本设立产业发展投资基金。鼓励银行、保险、信托等金融机构研发适合体育竞赛表演产业发展特点的金融产品和融资模式，进一步拓宽体育竞赛表演机构的融资渠道"。因此，企业对政府金融支持政策的感受可以衡量政府金融支持政策执行的情况，作为评价政府经济行为的重要指标之一。

● 曾国安. 政府经济学[M]. 武汉:湖北人民出版社,2002:38.

❷ 张兴胜著. 渐进改革与金融转轨[M]. 北京:中国金融出版社,2007:22.

2. 财税优惠政策

财税优惠政策的制定行为是政府经济调控行为的重要手段。现阶段体育竞赛表演产业处于初级阶段，市场化程度较低，仅依靠市场难以提供充足的供给。政府必须给予一定的财税优惠政策进而刺激企业进入该产业的积极性。当前，政府在扶持体育竞赛表演产业发展中实施的财税政策主要包括直接性财政投入与间接性减少赋税两种。直接性财政投入主要包括财政拨款、转向引导资金设立、投资创新补贴等；间接性税赋减免主要是税收减免与行政事业性收费的减免与社会负担的减免。在《国务院办公厅关于加快发展体育竞赛表演产业的指导意见》及各地《加快发展体育竞赛表演产业的实施意见》中，均有明确规定，鼓励社会资本设立产业发展基金，鼓励有条件的地区设立专项引导资金等措施。其中，体育产业专项引导资金的设立与使用近年来逐渐得到认可。自 2007 年北京市首次在全国设立体育产业政府引导资金以来，截至目前，总共有 13 个省（区、市）设立了体育产业政府引导资金，即北京市、江苏省、青海省、福建省、云南省、广西壮族自治区、浙江省、山东省、天津市、广东省、海南省、河北省、四川省❶，其中，所有省（区、市）均将体育赛事活动作为重要资助对象。如江苏省自 2011 年设立，截至 2018 年体育产业引导资金共支持赛事活动类 152 项，占总项目的 16.74%；资助金额为 1.403 亿元，占总引导金额 20.12%❷，其中，2015—2018 年资助赛事活动具体情况如表 4-1 所示。

3. 赛事产业规划

赛事产业规划一般内含于体育产业规划之中。体育产业规划，一般指综合运用各种理论分析工具，从中国及各地区实际状况出发，充分考虑国内外及区域体育产业发展态势，对当地体育产业发展的定位、产业体系、产业结构、产业链、空间布局、经济社会环境影响、实施方案等做出一年以上的科学计划。如 2016 年 6 月 27 日，国家体育总局印发《体育产业发展"十三五"规划》，通过加强体育赛事评估，优化体育赛事结构，建立多层

❶　张永韬，刘波.我国体育产业政府引导资金健康发展对策研究[J].体育文化导刊,2019(6):88-92.

❷　温阳,谷天奕,孙海燕,鸦新颖.江苏省体育产业引导资金发展历程研究[C].中国体育科学学会.第十一届全国体育科学大会论文摘要汇编,2019.

次、多样化的体育赛事体系等对体育竞赛表演产业发展进行总体规划。赛事产业规划的最直接表现是各地方政府对赛事的计划安排，各省、自治区、直辖市几乎均制订了本区域赛事年度计划，明确了各赛事举办的时间、地点、主办方、承办方、资金来源等方面问题。赛事计划安排的合理性一定程度上影响了体育竞赛表演产业发展中市场资源利用情况，尤其对人、财、物配置的合理性影响较大，如果赛事安排较为密集，则难以协调城市资源，不利于赛事产业最大化发展。在我国，各区域赛事计划的合理性是体育竞赛表演产业科学发展的前提与保证。

表4-1　江苏省体育产业引导资金资助体育赛事情况

年度	资助赛事名称
2017	环太湖国际公路自行车赛、南京马拉松、中国生态四项公开赛、中国山地自行车公开赛、中国24H单车环太湖认证赛、中国户外运动节、苏州环金鸡湖国际半程马拉松、洪泽湖国际马拉松、国际自行车挑战赛、常州武进西太湖半程马拉松、城际内湖杯帆船赛、江苏省足球联赛项目、中国溧潼会船—龙舟赛、八国男篮争霸赛暨国际篮球文化周、国际马联青少年场地障碍赛暨城市系列菁英赛、徐州市国际武术大赛、东台西溪爱情半程马拉松赛、江苏省城市假日联赛、环蠡湖国际半程马拉松赛、中国常州国际运动康复大会、年江苏省职工羽毛球联赛、中国高淳固城湖全国钓鱼大奖赛、南京坐标城市印迹定向赛
2018	环太湖国际公路自行车赛、世界女排大奖赛总决赛、中国生态四项公开赛、江苏省城市假日联赛、苏州太湖国际马拉松、中国24H单车环太湖认证赛、第二届中国（徐州）国际武术大赛、亚洲乒乓球锦标赛、南京国际帆船节赛、2017年八国男篮争霸赛暨国际篮球文化周、中国连云港徐圩国际马拉松赛、全国马术项目三项赛、"舞动江苏"江苏省广场舞大赛、××杯世界围棋公开赛、"爱乒才会赢"江苏省乒乓球王城市争霸赛、常州武进西太湖国际半程马拉松赛、男子U12、U14（5人制）足球赛、中国南京国际攀联世界杯攀岩赛、龙凤杯羽毛球城市混合团体赛、"谁是舞王"中国广场舞民间争霸赛复赛、中国常州举办世界电子竞技运动会全球总决赛、第31届亚洲城市保龄球邀请赛
2016	环太湖国际公路自行车赛、南京国际马拉松、中国生态四项公开赛、苏州环金鸡湖国际半程马拉松、中国男子篮球职业联赛江苏肯帝亚镇江主场赛、中国淮安丝绸之路户外运动挑战赛、中国（徐州）国际武术大赛、中韩（盐城）体育系列赛事、江苏省城市假日系列赛、国际男篮挑战赛、泰州市铁人三项亚洲杯赛、亚洲户外运动节、江苏·盐城国际赛车嘉年华、常州武进西太湖国际半程马拉松赛暨环太湖马拉松系列赛·常州站、2016中国南京国际攀联世界杯攀岩赛、无锡国际马拉松赛、常熟尚湖国际半程马拉松赛暨环太湖马拉松系列赛、江苏省业余足球联赛推广项目、世界业余围棋锦标赛、巴布洛系列体育赛事

续表

年度	资助赛事名称
2015	无锡国际马拉松赛、世界斯诺克世界杯赛、赛季乒超联赛江苏中超电缆俱乐部参赛阵容重组项目、中华龙舟大赛常州武进站、全国机器人运动大赛、全国田径锦标赛、苏州吴中"环太湖"国际竞走和行走多日赛、国际竞走挑战赛（太仓站）暨全国竞走冠军赛、××杯世界围棋公开赛、体育舞蹈培训及体教融合一体化及市场化运作体育舞蹈公开赛、中国盐城沿海湿地国际公路自行车赛、"城市跑不停"四季跑、中国镇江直通世界乒乓球锦标赛中国乒乓球队选拔赛、生态四项国际户外运动精英赛、环太湖国际公路自行车赛、江苏省业余足球联赛暨产业推广方案、江苏省首届城市业余足球联赛等

资料来源：江苏省体育局内部材料。

4. 市场主体培育

现阶段，在体育竞赛表演产业发展中，让市场在资源配置中起决定性作用，更好地发挥的政府作用，市场主体能力的提升是关键。从我国体育竞赛表演产业发展的历程来看，政府部门对体育竞赛表演产业市场主体的培育是体育竞赛表演进一步产业化、市场化发展的关键。然而，政府部门对市场主体的培育，造成了市场主体一定的惰性，或者对政府的依赖性，导致市场主体自身能力建设、创新发展等方面的积极性较差。市场、社会组织办赛主体能力的提升是体育竞赛表演产业高质量发展的根本保证，政府在给予相关服务与支持基础上，注重对赛事主体组织能力、管理能力、品牌能力、创新科研能力、资本吸引能力、风险控制能力等的培育与提升，增强市场主体责任意识、危机意识。《国务院办公厅关于加快发展体育竞赛表演产业的指导意见》及各地《加快发展体育竞赛表演产业的实施意见》中均明确将培育市场主体作为重要任务之一。具体主要以支持相关企业发展与中介机构发展为重要手段，鼓励各类中小微体育竞赛表演企业向"专、精、特、新"方向发展等。

（二）社会管理行为

政府社会管理行为是一种以公共性为价值基准的行为，主要针对社会发展中经济快速发展带来结构性失衡、环境退化、市场化过程中监管不力导致的质量、两极化、利益冲突、不公平等问题、城镇化带来的拆迁、人口流动、失业、贫困、特殊人群保障等问题，政府给予回应与解决，政府承担了为社会发展创造良好环境与秩序的责任。当前发展阶段，政府担当着履行秩序维护、权利保障、利益协调、公共服务，谋求实现社会和谐发展的目标，具体体现在捍卫宪法秩序、供给基本公共服务、协调利益关系、培育自治组织、防范与监督危机、推动改革创新等六个方面。❶ 这也就决定了政府社会管理的内容包括必要的制度、规制的制定、政务公开透明、优化配置社会公共资源、建立协调与平衡机制、保障社会安全等。依据体育竞赛表演产业发展中政府行为的具体表现及相关政策，本书重点以政府政务公开、社会资源获取、产业环境营造、民主协商建设、社会安全保障等方面社会管理行为作为考察对象。

1. 政府政务公开

政府政务的公开透明是阳光政府、服务型政府必备的条件。政务的公开透明，一方面体现了民主，让人民有了知情权，为社会监督政府行为提供了依据，使得权力在阳光下运行，能够有效消除寻租、"懒政"等行为；另一方面，相关企业、组织等能够及时了解政府行为动向，尤其对产业发展的导向与优惠政策方面，为企业投资与发展提供便利。这样政府行为的效率也将大大提高，政府的一些失范行为能够及时曝光，有利于社会经济稳定及政府权威与公信力的提升。具体到体育竞赛表演产业，政府行为较为复杂，政府优惠政策、制度较多，如不能及时传达给相关企业或者社会潜在的投资者，体育竞赛表演市场化发展则会受阻。因此，从企业对政府在体育竞赛表演产业发展中相关政策、法规、制度等的了解程度能够判断政府政务公开的情况。

2. 社会资源获取

社会公共资源的有效配置是社会管理行为的重要内容，如医疗、卫生、教育等资源的有效配置不仅有利于国民素质的整体提高，更有利于社会的稳定与和谐发展。社会公共资源的配置水平决定了区域经济社会发展水平，具体到体育竞赛表演产业，由于赛事资源的特殊性，在我国现阶段较为优质的赛事资源仍主要集中在政府手中，只有建立公开透明的公平竞争的赛事承办制度才能实现赛事资源的合理配置，为赛事产业化、市场化发展提供条件。赛事举办需要交通、住宿、医疗、卫生、餐饮等社会资源的支持

❶ 孙柏瑛.社会管理新机制[M].北京:国家行政学院出版社,2015:315-317.

与保障，因此，通过企业了解社会公共资源尤其赛事资源的获取情况，能够反映政府社会管理水平。

3. 产业环境营造

任何经济发展离不开相应的环境氛围，这种环境氛围一方面能够提供产品的消费者，进而有利可图，有利于产业可持续发展；另一方面能够保障产业发展对劳动力、资源等生产要素的获得。产业发展环境的营造能够实现居民对该产业的认可，也可使产业发展实现社会责任服务。在体育竞赛表演产业发展中，产业发展的文化氛围与舆论环境尤为重要。体育竞赛表演本身具有宣传文化、传承文化、创造文化、融合文化等特点，尤其大型体育赛事的举办对城市、区域文化的影响更大。同时，区域体育文化、体育赛事文化等氛围也是保障赛事产业可持续发展的保障，是创造体育品牌赛事、体育城市建设的前提条件。舆论氛围则体现了区域对产业发展的认可情况，正面的积极的舆论氛围无疑是产业发展的助推器，而负面的消极的舆论氛围则会成为产业发展的阻碍，不利于产业的可持续发展，即赛事的可持续举办。因此，从体育赛事产业发展的文化与舆论氛围，也可体现政府社会管理行为的效果。

4. 民主协商建设

现阶段，为发挥社会组织的积极作用，政府政策、专家、学者等提倡由"社会管理"向"社会治理"转变，变政府一元管理为政府、社会、居民等多元共同治理。这也是充分发挥社会力量，节约资源、提高治理效率与效果的重要手段。而要实现社会组织或个人参与社会治理，民主协商机制的健全是保证。❶体育竞赛表演产业的发展更是离不开政府、企业、居民等的民主协商，真正让企业与居民参与到赛事的选择、举中、赛后管理的全过程，以保证赛事选择的合理性、赛事举办的流畅性，进而促进赛事产业的可持续发展。因此，从企业负责人对参与赛事选择与举办的全过程的情况，可以反映政府民主协商机制建设情况，进而反映政府社会管理情况。

---

❶ 曲鲁平.我国青少年体质健康促进模型构建与运动干预研究[M].北京:人民体育出版社,2021:43-44.

5. 公共安全保障

维护社会公共安全是现代政府行为的重要内容，也是政府重要职责之一。公共安全是社会经济发展的前提与保障。在体育竞赛表演产业发展中。除一般意义上的公民财产、生命安全外，在体育赛事举办中提出了更高的要求。由于赛事举办具有集会的性质，导致短时间内人流大量涌入某一城市或区域，对区域交通、住宿、餐饮、卫生、环境等造成较大冲击，赛事举办需要外部的交通安全、食品安全、医疗卫生安全、住宿安全、人身安全、财产安全等为保障。赛事举办地公共安全能力，成为赛事能否顺利、持续举办的必要条件。赛事举办中观众、运动员、裁判员、教练员、工作人员等的安全也考验着政府公共安全能力。因此，通过企业对区域公共安全与赛事举办中安全保障的感知，能够评价政府公共安全能力，进而判断是否有利于体育竞赛表演产业可持续发展。

（三）市场监管行为

"政府市场监管行为是指政府依法对市场主体及其行为进行监督与管理的行为"。❶ 市场监管是维护市场公平、公正、有序竞争、产权安全的重要保障，一般包括相关引导政策、法律、法规、制度等。体育竞赛表演市场化程度较低，市场监管机制不健全，导致在赛事资源的配置、政府赛事资源外包、市场准入、运动员流动、赛事转播权、无形资产保护等方面亟须政府制定相应的法律、法规、准入制度等进行约束，进而提高市场活力。尤其在赛事资源的配置与外包上，政府掌握较多的优质赛事资源，如果没有公平的竞争机制作保障，必然导致市场中存在垄断、不公平竞争、寻租、资源配置效率低下等问题。结合我国体育竞赛表演产业发展中存在的问题，政府采取的相应对策与措施，主要选取了产业政策导向、法律法规建设与市场准入建设三方面政府监管行为。

1. 产业政策导向

产业政策导向是政府监管市场的重要手段之一，明确了哪些产业政府鼓励发展、哪些产业政府限制发展。整体上看，国家鼓励第三产业发展，而体育竞赛表演产业作为新兴产业、绿色产业，产业关联性强、带动性大，

---

❶ 王澜明.社会主义市场经济体制下的政府职能定位[J].中国行政管理,2005(1)：11-14.

是现阶段政府大力推行的产业类别。在相关政策中也鼓励土地、资金、技术、人才等资源向本产业流动，如一些废旧厂房的改建与利用，政府给予一定的支持与补贴改建成为体育馆、篮球馆等供全民健身与赛事举办所用。随着信息技术的不断发展，新媒体不断出现，体育竞赛表演产业国际化竞争趋势越来越明显。如 NBA、欧洲冠军联赛等对国内体育竞赛表演产业的冲击，如果政府不给予相应的保护性政策甚至直接的资助，国内企业很难在竞争中获胜，企业进入会比较困难。而在垄断方面，政府政策导向也并不是"一刀切"的完全禁止，效仿美国职业体育发展中对一些职业体育联盟的反垄断豁免政策，在相关政策中明确提出鼓励形成各类联盟，以增强体育竞赛表演产业与其他观赏类产业的竞争力。可见，政府产业政策导向是政府对产业发展的态度与立场，企业多大程度上受到产业政策的引导反映政府政策引导的力度。

2. 法律法规建设

立法能够有效规定各类市场主体行为的范围，具有较强的强制性与权威性，因而，具有较强的威慑与警示作用。体育竞赛表演产业的健康持续发展离不开法律法规的不断完善与依法办事。尤其，赛事市场的公平、有序竞争必须以法律法规的形式进行明确。这是由于我国政府在体育赛事产业发展中介入仍然较多，从赛事资源的配置，到赛事举办，再到赛事举办后的遗产管理、评估等各个环节均离不开政府的有效作为。如果没有相应法律法规的限制，则会造成政府既是裁判员，又是运动员，还是管理员的局面，容易滋生贪污腐败等问题，不利于体育竞赛表演产业的健康发展。从前人相关研究也可看出，我国体育竞赛表演产业发展中存在大量政府"越位""缺位""失位"等现象，如果以立法的形式进行约束，政府则会做到"有所为、有所不为"，既保护市场主体的合法权益，又能促进资源的有效配置，提高产业效率，进而保障体育竞赛表演产业健康有序的发展。

3. 市场准入建设

市场准入制度建设的终极目标是实现整个市场的自由公平竞争。"市场准入制度是国家与政府准许公民和法人进入市场，从事商品生产经营活动的条件与程序规制的各种制度与规范的总称"。❶体育竞赛表演产业在我国

---

❶ 李昶. 中国专利运营体系构建[M]. 北京:知识产权出版社,2018:230.

作为新兴产业，相关准入制度并不健全，如现阶段，虽然对商业性与群众性赛事的审批权进行了下放，然而，在一些大型赛事、优质赛事资源的审批上仍存在一些寻租、不公平竞争、区域保护等现象，不利于各类市场主体的公平竞争与激发市场主体的积极性。再者，赛事转播权市场，一方面对赛事转播权保护的法律、法规不够完善；另一方面并没有实现赛事转播权市场的公平、公开竞争，仍存在一些垄断，或反市场的行为，如一些知名的电台转播赛事，赛事主办方应给予一定的宣传、转播费用。因此，通过企业对市场准入机制的认识与感受，能够反映政府或行业协会市场准入机制建设的程度。

（四）公共服务行为

政府公共服务行为主要指政府提供公共物品与服务的行为，根据"公共服务的内容和形式一般分为基础公共服务、经济公共服务、公共安全服务、社会公共服务等"。❶ 具体到体育竞赛表演产业，政府公共服务主要包括保证赛事顺利举办的水、电、气、交通、通信等服务；保障赛事产业发展政府投入的基础科研、人才培养等服务；保障企业、组织或个人办赛的餐饮、住宿安全、公共医疗卫生、消防、公共安全等公共性服务；赛事举办政府在公共资源提供的效率、各部门协调配合方面的服务。其中，政府公共服务效率、基础设施建设、基础科研投入、专业人才获取等方面与体育竞赛表演产业发展关系最为密切。

1. 政府服务效率

服务型政府是我国政府职能改革的方向与目标，政府职能改革一直伴随整个体育竞赛表演产业发展的全过程。现在深入推进政府"放管服"改革阶段，国家与政府层面进一步下放体育赛事审批权，加快完善体育赛事审批权取消后的配套服务管理。然而，赛事举办，尤其大型赛事关联部门较多，只有政府能够最大效率地进行协调。这也就要求政府提高工作效率，一方面尽可能减少不必要的程序，减少政府管理带给产业发展的阻力；另一方面政府部门与其他行政职能部门之间建立良好的协调机制，提高联动效率，进而提高政府提供服务的效率。因此，通过企业对政府服务效率的

❶ 赫运涛,吕先志著.基于公共服务的科技资源开放共享机制理论及实证研究[M].北京:科学技术文献出版社,2017:39.

判断，能够一定程度上反映政府公共服务的效率。

2. 基础设施建设

基础设施建设是产业发展的基础条件，在体育竞赛表演产业发展中不仅限于水、电、气、通信等方面的基础设施，还包括交通、住宿、餐饮、医疗、卫生、场馆设施等方面的建设与完善。业已证明，体育竞赛表演产业的发展有利于城市基础设施改善与重建；城市基础设施建设对赛事举办具有限制、约束作用，二者具有互相促进又互相制约的关系，体育竞赛表演产业健康持续发展要求体育竞赛相关的基础设施建设与城市整体规划相一致。显然，基础设施建设越完善，越有利于体育竞赛表演产业的发展，现阶段，我国体育赛事高度集中于北京、上海、广东等省市也充分印证了这一点。因此，通过企业对城市基础设施的反馈能够体现政府在体育竞赛表演产业发展外环境或硬件设施与软件服务上的支持情况。

3. 基础科研投入

基础科研的正外部性产生了基础科研市场供给严重不足的问题，需要政府给予引导或直接提供。体育竞赛表演产业与新媒体、新技术的融合发展是产业高质量发展的重要途径。在《国务院办公厅关于加快发展体育竞赛表演产业的指导意见》及各地《加快发展体育竞赛表演产业的实施意见》中，明确提出，"重视和鼓励新型转播技术、安全监控技术、人工智能等高新技术在体育竞赛表演产业中的应用。鼓励以移动互联网、大数据、云计算技术为支撑，提升赛事报名、赛事转播、媒体报道、交流互动、赛事参与等综合服务水平"。而这些技术创新与应用离不开政府的支持与投入，尤其政府对高等院校、科研机构等在体育竞赛表演产业发展相关的技术创新上的投入及对企业创新支持力度等体现了政府基础科研投入的情况。

4. 专业人才获取

人才在经济社会发展中起着基础性、战略性与决定性的作用，各国、各城市之间的竞争归根结底是人才的竞争。体育竞赛表演产业发展中人才需求是多样的，既需要竞技体育人才；又需要赛事经营管理人才；还需要科研技术人才、志愿者等。人才培养也是体育产业、体育竞赛表演产业相关政策文件中必然提及的问题，对产业发展起着基础性、决定性的作用，因此，通过企业对相关人才的获取情况，能够反映现阶段人才培养的整体状况。人才获取情况也影响着体育竞赛表演产业的进一步发展，产业竞争力的增强，进而决定着产业发展的健康与可持续性。

　　综上，体育竞赛表演产业发展中政府行为要素结构体系如图 4-1 所示。

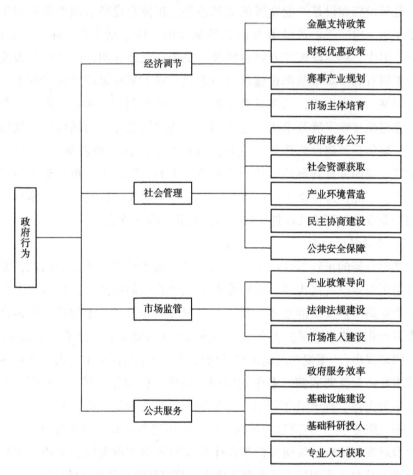

图 4-1　我国体育竞赛表演产业发展中政府行为要素体系结构

二、政府行为对体育竞赛表演产业发展影响效应要素

　　政府行为效应即政府行为产生的结果或后果。本书体育竞赛表演产业发展中政府行为的效应即政府行为对产业发展所产生影响的效应。依据政府调控国民经济发展的总目标包括总量增长、结构优化、地区均衡、经济安全，由于体育竞赛表演产业相关政策中一直强调的"区域分布均衡"，而

区域分布均衡一般认为是产业结构均衡的一部分，因此，结合与借鉴前人研究成果将政府行为对产业发展影响的效应界定为产业的增长效应、产业的结构效应与产业的安全效应三个方面。❶ "产业发展是指一个产业从产生、形成、成长再到进化的过程，是产业从不成熟到成熟、从不合理到合理、从不协调到协调、从低级到高级动态演进的过程，表现为产业规模从无到有、从小到大，产品和服务由少到多，产品质量由低到高，产业结构不断优化、产业组织、布局不断趋于合理等方面"。❷ 体育竞赛表演产业遵循一般产业发展规律，但受体育竞赛表演产业产品的准公共产品属性、生产的正外部性等特征影响，所处产业生命周期的初级阶段现实，产业自身难以短时间内实现产业的快速或赶超发展。通过上文分析，无论从历史还是现实角度来看政府为实现产业快速发展，实现赶超提供了可能。因此，政府行为与体育竞赛表演产业发展之间存在因果关系，政府行为对产业发展产生了积极影响，即政府行为对产业发展产生了增长、结构与安全的影响效应。

（一）产业的增长效应

通过前文体育竞赛表演产业发展中政府行为的动力逻辑分析可知，政府更倾向于可量化、易操作的经济总量增长的行为。经济增长一般是政府选择、支持产业发展的首要目标。由前文政府行为逻辑分析来看，现阶段相关政策、文献与政府官员的认知与实践中，多数将赛事作为经济或城市发展的"催化剂"或"杠杆"，虽然也会促进产业自身发展，但更重要的是通过赛事谋求区域的发展。为了澄清政府这种行为逻辑是否对产业本身产生了增长影响，本书将体育竞赛表演产业发展中政府行为的产业增长效应界定为体育竞赛表演产业自身规模的扩大，主要包括赛事数量增多、相关企业增多、赛事业务增多、消费者增多、企业赛事业务方面投资增加等方面。

（二）产业的结构效应

从宏观历史发展的角度来看，无论是发达国家还是发展中国家，经济

---

❶　俞晓晶. 产业发展中的政府因素及其效应研究[D]. 上海:上海社会科学院,2013.

❷　宋胜洲,郑春梅,高鹤文. 产业经济学原理[M]. 北京:清华大学出版社,2012: 112-113.

发展总趋势都是由第一产业为主体到第二产业为主体，再到第三产业为主体的产业结构转移的过程。[1] 我国体育产业虽然定位为第三产业，但从各产业生产总值占比上看，以制造业为主体，即第二产业为主体，必然遵循产业结构发展的规律，逐渐向第三产业为主体过渡。体育竞赛表演产业作为体育产业的核心业态之一，具有产业关联度高、带动性强，吸纳就业多等产业属性，属于第三产业的范畴，因此，大力发展体育竞赛表演产业是我国体育产业结构调整的必然选择与要求。从产业自身结构升级来看，产业结构升级包括产业生产效率的提高、产业部门升级、产品质量的提升、产品能耗的降低、行业内生产要素配置效率提高，强调生产效率、生产技术与产品附加值的作用。[2] 本书体育竞赛表演产业发展中政府行为的产业结构效应主要指产业结构优化与升级，包括产业结构合理化与产业结构高度化。

整体上看，产业结构合理化主要指赛事企业区域分布、赛事供给的类型、项目及制度供给的合理化。虽然，体育竞赛表演产业区域分布不合理，集中在经济较发达的北京、上海、广东、深圳、南京等省市，已成为学界共识，但相关文献资料、政策文本等表明，一是，政府有鼓励或引导体育竞赛表演产业向二、三线城市倾斜的趋势，如国家发展和改革委员会发布的《进一步促进体育消费的行动计划（2019—2020年）》中提出"丰富节假日体育赛事供给，将更多赛事向二、三线城市拓展，满足群众的观赛需求"；二是，政府有鼓励不同类型的赛事、不同项目的赛事共同发展的倾向，如《国务院办公厅关于加快发展体育竞赛表演产业的指导意见》与各地市"体育竞赛表演产业实施意见"中均提出"丰富赛事活动，健全赛事体系"；三是，各地体育竞赛表演产业相关制度供给逐渐增多，尤其是一些针对赛事举办与赛事产业发展的政策、制度的设立逐渐增多，如国家体育总局颁布的《体育赛事活动管理办法》，各地市颁布的"体育竞赛表演市场管理办法""体育竞赛表演产业实施办法"等。产业结构的高度化主要包括体育竞赛表演产业产品（赛事）质量的提升、产品生产（赛事）成本的降低、产品（赛事）生产的效率提高、管理水平提高、企业劳动者素质提高、

---

[1] 张辉.中国经济增长的产业结构效应和驱动机制[M].北京:北京大学出版社，2013:6.

[2] 李子伦.产业结构升级与政府职能选择[D].北京:财政部财政科学研究所，2015.

科技应用增多等方面。因此，本书中体育竞赛表演产业的结构以赛事举办质量、效率、成本、劳动者素质、赛事区域倾斜情况、赛事项目及类型数量变化、制度供给数量等方面进行考量。

（三）产业的安全效应

经济安全是经济社会稳定、可持续发展的前提与保障。表面上看，经济全球化是影响经济安全的重要因素，但实际上，经济体系内部的不规范与低效率才是经济发展不安全的本质，即政府对产业提供的保护以及政府在对市场规则和产业监管上的"缺位"。❶ 由前文我国体育竞赛表演产业所处的生命周期阶段及特征的分析来看，我国体育竞赛表演产业处于初级阶段，市场存在大量失灵，依据幼稚产业保护理论政府应提供相应的保护措施，保障产业的安全发展与发展的安全。产业的安全发展需要安全的外部环境、规范、有序、公平竞争的市场，这些离不开相应的法律、法规、市场准入等制度的建设与执行。投融资环境对盘活市场及社会资本，激发中小企业活力等具有重要的作用，因此，企业对投融资环境、市场竞争环境的、区域诚信等感受可以反映政府对产业的安全发展环境方面的影响。产业发展的安全主要指生产的安全，由于体育竞赛表演产业生产的特殊性，一方面需要保障赛事举办过程中的交通、食品、卫生等安全；另一方面还需保障运动员、观众、工作人员等安全。这些生产的安全集中体现在安保的成本上。由此，通过企业对市场的感知能够反映政府在生产安全、竞争安全、产权安全、经营安全等方面的影响。

（四）产业发展各要素之间的关系分析

产业的增长、结构、安全之间亦存在着相互关系，如图 4-2 所示。产业增长是产业安全、产业结构调整的目标，是政府自利目标与社会效益目标结合或博弈的结果。产业的增长、结构、安全效应之间又具有相关性与平行性，任何一个出现问题都会影响产业的发展。图 4-2 中虚线表示三者之间边界是可移动的，是一个动态的过程，三者面积大小代表各个影响的权重，不同时期、不同产业属性通过不同权重调整。产业安全是产业增长与产业结构调整的前提与保障，又是产业结构调整的目标。在应对不同挑

---

❶　俞晓晶. 产业发展中的政府因素及其效应研究[D]. 上海：上海社会科学院，2013.

战时对产业发展的影响不同，如战争时期以凸显产业安全效应，和平发展期以结构调整与均衡发展为主，产业安全处于"隐身"状态。这就导致产业的增长、结构、安全之间存在交叉，使后续调研中易出现相关指标指向不同维度的现象，在本书中这种现象是无法避免的，但在分析中应是可接受的，研究的目的不在于区分产业的增长、结构、安全等效应，而在于政府行为对这些方面产生的影响情况。

图 4-2 产业增长、产业安全、产业结构之间的关系

综上，本书体育竞赛表演产业发展中政府行为要素、产业发展效应要素主要内涵已全部解释完毕，如表 4-2 所示。

表 4-2 体育竞赛表演产业发展中政府行为效应指标内涵汇总

一级指标	二级指标	内涵
政府行为	经济调控	为促进产业经济增长而制定的金融、财税政策、直接资金支持、赛事产业规划、市场主体培育等
	社会保障	保障企业发展的社会环境打造，包括政府政务公开、赛事信息平台、社会治安、文化氛围、舆论氛围、民主协商机制等
	市场监督	维护市场公平、公正，有序竞争、产权安全等的保证措施，包括相关引导政策、法律、法规、制度等
	公共服务	保障赛事产业发展，消除外部性、公共产品属性带来的市场失灵而进行的基础设施、公共服务等

续表

一级指标	二级指标	内涵
产业发展效应	增长效应	指产业发展要素与经济总量的增长，如企业赛事业务规模、投入、赛事举办数量、消费者数量、赛事业务盈利情况等
	结构效应	一般指三次产业占比，本研究主要考察产业内部结构优化与外部产业布局优化，如赛事产业产品质量提高、员工素质提高、赛事举办效率提高、成本下降、赛事举办地分布、赛事类型、赛事项目、场馆建设等变化等
	安全效应	产业发展的内外环境的安全，如赛事举办中社会安全、交通安全以及运动员、工作人员安全等，赛事市场的公平竞争有序发展等

三、体育竞赛表演产业发展中政府行为效应理论模型

综上所述，体育竞赛表演产业发展中政府行为主要包括经济调节、社会管理、市场监管、公共服务等要素；政府行为对产业发展产生产业增长效应、产业结构效应与产业安全效应。本书环境动态因素在结合前人研究及专家访谈的基础上主要以企业的属地、规模、性质等为主。政府行为与产业发展之间存在因果关系，政府行为对产业发展产生了积极的影响效应，结合环境动态调节因素的影响，构建了体育竞赛表演产业发展中政府行为与产业发展效应的关系理论模型，如图4-3所示。

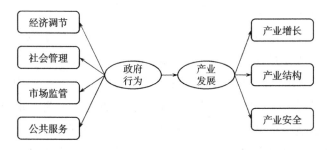

图4-3 政府行为对体育竞赛表演产业影响效应的理论模型

第二节　研究假设与量表编制

一、研究假设

（一）政府经济调节行为与产业发展效应

体育竞赛表演产业发展中政府通过金融、财政等优惠政策制定、赛事产业发展规划制定、赛事运营市场主体培育等行为，促进产业健康持续发展，促使产业增长明显、产业结构不断优化及产业的安全发展。因此，依据前文分析及体育竞赛表演产业发展中政府行为效应理论模型，提出以下假设：

假设 H1a：政府经济调节行为与产业增长之间存在直接促进关系，经济调节能力越强，产业增长效应越明显，反之，则越差。

假设 H1b：政府经济调节行为与产业结构之间存在直接促进关系，经济调节能力越强，产业结构效应越明显，反之，则越差。

假设 H1c：政府经济调节行为与产业安全之间存在直接促进关系，经济调节能力越强，产业安全效应越明显，反之，则越差。

（二）政府社会管理行为与产业发展效应

政府社会管理行为是政府保障经济社会发展的重要手段。政府通过社会管理能够为体育竞赛表演产业发展提供必要的信息资源、舆论与文化氛围、保障产业发展的外环境安全及降低社会保障成本，能够为企业对环境识别作出及时反映，及时调整战略；能够有效解决企业发展的外部保障之忧，降低企业运行的成本。因此，通过政府政务公开、社会资源获取、产业环境营造、民主协商建设、社会安全保障等方面社会管理行为能够为产业健康、持续发展提供保障。基于上述分析及体育竞赛表演产业发展中政府行为效应理论模型，提出以下假设：

假设 H2a：政府社会管理行为与产业增长之间存在直接促进关系，政府社会管理行为越好，产业增长效应越明显，反之，则越差。

　　假设 H2b：政府社会管理行为与产业结构之间存在直接促进关系，政府社会管理行为越好，产业结构效应越明显，反之，则越差。

　　假设 H2c：政府社会管理行为与产业安全之间存在直接促进关系，政府社会管理行为越好，产业结构效应越明显，反之，则越差。

（三）政府市场监管行为与产业发展效应

　　市场监管是维护市场公平竞争有序发展的重要保障，一般采用法律法规、制度建设、政策引导等措施。体育竞赛表演产业发展中政府监管行为主要包括准入制度建设与市场监管。准入制度的完善能够从源头上保证产业主体不受非公平竞争的损害，减少甚至杜绝不合理的投资，保证市场的活力。市场监管主要通过法律法规、相关制度的制定等手段对市场主体行为进行监督与管理，防止违法的市场竞争、交易等行为，进而防止市场结构失衡与市场竞争恶化。因此，体育竞赛表演产业健康持续发展离不开完善的政府市场监管行为的作用，完善的市场监管能够保障体育竞赛表演市场主体的合法权益，维护市场秩序、促进公平竞争，进而促进市场结构的不断优化，促进产业升级与发展。基于上述分析及体育竞赛表演产业发展中政府行为效应理论模型，提出以下假设：

　　假设 H3a：政府市场监管行为与产业增长之间存在直接促进关系，政府市场监管行为越完善，产业增长效应越明显，反之，则越差。

　　假设 H3b：政府市场监管行为与产业结构之间存在直接促进关系，政府市场监管行为越完善，产业结构效应越明显，反之，则越差。

　　假设 H3c：政府市场监管行为与产业安全之间存在直接促进关系，政府市场监管行为越完善，产业安全效应越明显，反之，则越差。

（四）政府公共服务行为与产业发展效应

　　由于公共产品的非排他性，导致市场不愿或难以有效供给，政府必须提供相应的物品或服务以弥补市场的失灵。在我国体育竞赛表演的准公共产品属性及体育竞赛表演产业的所处的产业生命周期阶段及特征，决定了政府必须提供相应的公共服务以促进产业发展及相关赛事产品的有效、充足供给。体育竞赛表演产业发展具有多部门联动性，需要多部门协调与配合，虽然有些赛事可以求助第三方解决，但在协调效率与效果上难以与政府相媲美，因此政府提供公共产品与服务的效率决定了赛事举办的效率。政府基础设施与服务建设水平与质量决定了赛事举办的水平与质量。政府在人才、科研等基础服务方面的投入，决定了赛事产业发展的科学性与可持续性。因此，政府公共服务行为能够促进产业健康持续发展，基于以上分析与体育竞赛表演产业发展中政府行为效应理论模型，提出以下假设：

假设 H4a：政府公共服务行为与产业增长之间存在直接促进关系，政府公共服务越完善，产业增长效应越明显，反之，则越差。

假设 H4b：政府公共服务行为与产业结构之间存在直接促进关系，政府公共服务越完善，产业结构效应越明显，反之，则越差。

假设 H4c：政府公共服务行为与产业安全之间存在直接促进关系，政府公共服务越完善，产业安全效应越明显，反之，则越差。

基于以上分析，本书的关系模型与研究假设如图 4-4 所示。

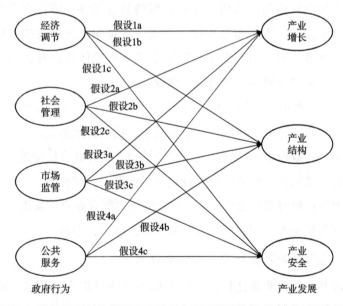

图 4-4　政府行为对体育竞赛表演产业发展影响的效应模型及研究假设

二、变量度量

根据前文文献综述、理论模型构建与研究假设，设计了各变量的测量指标，进而形成研究的测量问卷，需要测量的变量主要包括：外源性变量—政府行为、内生性变量—产业发展效应、控制变量—企业属地、规模、属性。本书采用李克特 7（Likert7）级量表，对变量进行测量，其中，"1"表示完全不同意，"2"表示不同意，"3"表示有点不同意，"4"表示不确定，"5"表示有点同意，"6"表示同意，"7"表示完全同意。

（一）外源性变量：政府行为维度测度

政府行为作为本书的外源性变量，政府行为测量维度的确定是本书测量科学性的关键。政府行为在我国经济与产业发展中研究较多，但对其进行测量的相关量表并不多见，通过文献资料查阅发现陈洪涛在其博士论文中，从经济调节（R&D 投入、扶持基金、财税政策）；社会管理（阳光政府、社会保障、公共安全）；市场监督（产业导向、行政执法、市场准入）；公共服务（政府效率、基础设施、人才引进）4 个方面进行测量。[1] 王谦等在对大数据产业发展中政府行为测度中，从经济调节（R＆D 投入、扶持基金和财政政策等要素）、社会管理（有为政府、社会保障、公共安全、资源获取等要素）、市场监管（产业导向、市场准入、行政执法等要素）和公共服务（环境氛围、基础设施、人才获取、政府效率等要素）四个方面进行测度。[2] 许秋花将政府在新兴产业发展中的作用归纳为：引导、激励、服务和规范四个方面，其中，引导包括制定规划和计划、给予经费支持，降低产业风险，引导企业进入等；激励作用主要指通过财税政策来激励产业发展；服务作用包括制定人才政策、支持基础研究和共性技术研发、基础设施建设等；规范作用指立法，知识产权的保护、建立技术标准体系，健全监管制度体系，加强监管等方面。[3] 结合前文分析及《国务院办公厅关于加

❶ 陈洪涛. 新兴产业发展中政府作用机制研究[D]. 杭州：浙江大学，2009.

❷ 王谦，李天云，杜钰. 大数据产业发展中的政府作用：关系模型、系统思考与政策建议[J]. 成都大学学报(社会科学版)，2019(5)：37-44.

❸ 许秋花. 政府在发展战略性新兴产业中的作用[J]. 当代经济，2013(11)：62-64.

快发展体育竞赛表演产业的指导意见》与各地市《体育竞赛表演产业实施意见》等相关政策，本书选取了经济调节、社会管理、市场监管、公共服务作为政府行为的测量维度，制定了23个测量题项，具体如表4-3所示。

表4-3 政府行为初始测量维度与题项

外源变量	测量维度	测量条款
政府行为（X）	经济调节（X1）	政府金融优惠易获得（X11）
		政府扶持基金易获得（X12）
		政府税收优惠易获得（X13）
		赛事能够错时举办（X14）
		政府对赛事规划较好（X15）
		政府培育市场主体积极（X16）
	社会管理（X2）	政府颁布的各项相关政策易获得（X21）
		政府相关政务易了解（X22）
		本产业发展的文化氛围较好（X23）
		本产业发展舆论氛围良好（X24）
		赛事选择与举办由民主协商决定（X25）
		本产业置于安全的社会环境（X26）
	市场监管（X3）	本产业发展受政府政策导向作用大（X31）
		本产业受完善的法律保护（X32）
		本产业市场准入机制健全（X33）
		本产业知识产权保护机制健全（X34）
	公共服务（X4）	本产业发展得益于高效率政府（X41）
		本产业发展的基础设施完善（X42）
		本产业发展的人才较易获得（X43）
		政府在相关科研方面投入较多（X44）
		赛事志愿者易获得（X45）
		赛事信息易获得（X46）
		赛事信息平台建设完善（X47）

指标来源：借鉴陈洪涛博士毕业论文以及王谦、雷亮、许秋花等人的研究，选取其中政府行为测度指标，结合体育竞赛表演产业相关政策文本及访谈制定而成。

（二）内生性变量：产业发展效应测度

体育竞赛表演产业发展为本书的内生变量，通过文献资料查阅，政府行为对产业发展的效应研究集中在某一具体行为对某一效应的研究，如政府产业政策对产业结构❶、产业集聚❷等方面影响的研究。俞晓晶在其博士论文中通过定量实证分析，主要从产业发展的增长效应、产业发展结构效应、产业发展的均衡效应、产业发展的安全效应论证了产业发展中政府因素效应。❸ 由于体育竞赛表演产业相关统计数据不完善，因此，本书并没有采用其计量经济学模型，而是通过质性分析来论证政府行为的效应。结合前文分析及相关政策文件，本书选取了产业增长效应、产业结构效应、产业安全效应作为产业发展效应的测量维度，制定了 21 个测量题项，具体如表 4-4 所示。其中，受疫情影响，近 3 年指 2017 年、2018 年、2019 三年。

表 4-4　产业发展效应测量维度及题项

内生变量	测量维度	测量题项
产业发展效应（Y）	增长效应（$Y1$）	近 3 年企业赛事业务规模变大（$Y11$）
		近 3 年赛事举办数量增多（$Y12$）
		近 3 年企业消费者数量逐渐增加（$Y13$）
		近 3 年企业赛事业务生产总量变大（$Y14$）
		近 3 年企业赛事投入增多（$Y15$）
	结构效应（$Y2$）	近 3 年赛事举办成本逐渐下降（$Y21$）
		近 3 年新技术运用逐渐增多（$Y22$）
		近 3 年企业赛事举办的质量不断提高。（Y23）
		近 3 年企业科研投入占比逐渐提高（$Y24$）
		近 3 年赛事举办效率逐渐提高（$Y25$）

❶　宋文月,任保平.政府治理对产业结构变迁的影响及区域差异[J].中国软科学,2020(7):77-91;韩永辉,黄亮雄,王贤彬.产业政策推动地方产业结构升级了吗？——基于发展型地方政府的理论解释与实证检验[J].经济研究,2017,52(8):33-48.

❷　吴乔一康,冯晓.地方产业政策对当地产业集聚的影响[J].云南社会科学,2020(1):111-118.

❸　俞晓晶.产业发展中的政府因素及其效应研究[D].上海:上海社会科学院,2013.

续表

内生变量	测量维度	测量题项
产业发展效应（Y）	结构效应（Y2）	近3年企业员工素质逐渐提高（Y26）
		近3年二线、三线城市赛事举办增多（Y27）
		近3年本区域相关企业逐渐增多（Y28）
		近3年不同项目赛事增多（Y29）
		近3年不同类型赛事增多（Y210）
		近3年体育场馆建设增多（Y211）
	安全效应（Y3）	近3年企业保险购买（Y31）
		近3年企业投融资环境逐渐改善（Y32）
		近3年赛事市场更为公平公正（Y33）
		近3年企业间竞争规范有序（Y34）
		近3年企业所处市场诚信环境逐渐改善。（Y35）

指标来源：借鉴俞晓晶、陈洪涛、雷亮、宋文月 等、韩永辉 等、吴乔一康 等人的研究，选取其中政府因素对产业发展效应的相关研究指标，结合政策文本及专家访谈等，笔者修改，自主设计而成。

（三）控制变量：企业规模、产权、属地测度

无论是政府行为，还是产业发展效应均会受产业规模、产权、属地等影响，加之体育竞赛表演产业发展的差异性，本书选择了公司属性变量作为调控变量，具体从企业规模、产权、属地3个维度进行测度，如表4-5所示。

表4-5　公司属性变量测量维度与题项

控制变量	测量维度	测量题项
公司属性变量A	企业规模A1	企业人数：100人及以下；100~300人；300人及以上
	企业产权A2	国有或国有控股；三资企业；民营企业
	企业属地A3	一线城市；二线城市；三线及以下城市

指标来源：依据陈洪涛的研究，结合专家访谈及研究需要选定。

三、问卷的结构与内容效度

在文献资料查阅、专家访谈的基础上得到了初始问卷，为使问卷结构

与内容更能符合研究要求，邀请业内 12 名专家，具体如表 4-6 所示，对问卷的整体结构与内容进行了评价。

表 4-6　问卷结构与内容评定专家名单

序号	姓名	职称	单位	专业方向
1	钟××	教授	首都体育学院	体育教育训练学
2	李××	教授	首都体育学院	体育产业
3	邢××	教授	华侨大学	体育产业
4	黄××	教授	集美大学	体育人文社会学
5	赵 ×	教授	集美大学	体育法学
6	蔡××	教授	集美大学	体育产业
7	杨××	教授	首都体育学院	体育产业
8	阎××	教授	首都体育学院	体育教育训练学
9	何××	教授	东北师范大学	体育人文社会学
10	魏××	教授	福建师范大学	体育教育、体育产业
11	林××	教授	福建师范大学	体育教育、体育产业
12	姜××	教授	安徽财经大学	体育产业

　　具体专家问卷评价问卷见附录一，所有赋值利用李科特 7 级打分法，1 分代表完全不同意，7 分代表完全同意，同意程度从 1 到 7 逐渐增强；表中的"意见"主要指专家认为需增加或删除的维度与指标，以及表述的准确性等。专家对每个题项的赋值均值均在 5 分以上，整体结构得分均值为 5.58，整体内容得分为 6，具体如表 4-7 所示。专家对问卷的结构与内容认可度较高，符合进一步研究的需求。

表 4-7　专家对问卷的整体结构与内容的评价

专家	结构评价	内容评价
1	6	6
2	6	7
3	5	6
4	6	7
5	5	6
6	5	5

专家	结构评价	内容评价
7	6	6
8	5	6
9	6	6
10	6	5
11	5	6
12	6	6
平均值	5.58	6

专家在维度方面均没有给出相关意见，赋值普遍较高，但在具体题项上给出了一些宝贵意见，如对问卷"增长效应"中专家建议用"赛事相关业务"的总量或增加值情况来反映，这样符合较多企业为综合性企业，研究内容更为精准。遂对问卷进行了修改，将"Y11""Y12""Y14""Y15"等测量条款中的"企业"变为赛事相关业务。修改后的问卷与专家进行了交流，为进一步验证问卷的信度与效度，下文进行了小样本预测试，以减少后续数据收集后，数据整理的复杂性。

四、小样本预测

（一）数据收集

根据产业经济学理论，"企业是产业分析与研究的出发点，是我国产业发展的主体与突破口，资源利用效率低下需要企业完成与解决；企业是国家宏观调控的微观基础，国家资源配置措施需要企业呼应，否则难以落地"。[1] 企业是政府行为的微观感受主体之一，通过企业来感知政府行为的效果如何具有一定的合理性，一定程度上能够反映政府相关产业政策落实情况与目标实现情况等。赛事策划、组织、运营等是体育竞赛表演产业相关企业的核心经济活动，也是区别于其他产业的标志。因此，本书选择具有体育赛事策划、组织、运营等业务的企业为调查对象，问卷的发放以网络为主。为保证问卷的质量找寻自己认识的领导、老师给予问卷发放，一

---

❶ 苏东水. 产业经济学[M]. 北京：高等教育出版社,2015:90-93.

是，找寻篮球协领导在相关篮球年会群中对问卷进行了发放，以保证问卷的质量；二是，找寻导师及相关老师针对第三届厦门体博会群，进行问卷发放；三是，通过 2019 年 5—10 月在篮协实习之际，进行了社会篮球俱乐部调研与访谈，保存了一些一手资料及负责人联系方式，针对有赛事运营相关业务的俱乐部进行了问卷的发放与回收。问卷填写人要求，具有赛事策划、组织、运营等业务的相关企业或俱乐部赛事项目负责人（中层领导及以上）。问卷中"近 3 年"的选择，主要依据前期访谈中相关俱乐部负责人认为体育类相关企业的寿命在 2 年左右，如果能连续 2 年以上盈利并坚持下去说明企业发展较好，遂与导师、专家等探讨，将时间定为"近 3 年"，主要指 2017 年、2018 年、2019 年，这 3 年正好处于体育体制改革与发展的转型关键期。为使后期调研更为契合有效，进行了小样本预测。调查时间为 2020 年 6 月 28 日—8 月 27 日，共发放问卷 84 份，去掉答题时间异常、总分异常及问卷中设计的第 4 题"是否愿意提供真实信息"中填"否"的，最终，有效问卷 69 份，有效率 82.1%，有效回收率较高，符合研究要求。

（二）小样本的描述性分析

问卷调查是本书的重要研究方法之一，虽然问卷严格按照心理学、社会学等研究中总结的相关量表的设计程序设计，并结合我国体育竞赛表演产业相关政策文本、企业负责人语言习惯等进行了量表的适当修改，但仍然会存在不合理的条款。因此，拟通过小样本调研与检验，对问卷进行净化，删除不符合要求的条款，进而减少大规模调查时的误差与工作量，提高研究的信度与效度，由上文可知共回收有效问卷 69 份。小样本测量易造成模型计算收敛时失败，而影响参数估计，因此，对数据质量要求较高，尤其不符合正态分布与数据受到污染时需要大量样本。

本书所利用的统计方法结构方程建模要求数据服从正态分布，初始数据分布情况如表 4-8 所示。根据克兰（Kline）的研究，"当偏度绝对值小于 3，峰度绝对值小于 10 时，表明样本基本上服从正态分布"。❶ 由表 4-9 可知，各变量的偏度与峰度的绝对值均小于 2，表明样本服从正态分布，可用结构方程建模。

---

❶　黄芳铭.结构方程模式:理论与应用[M].北京:中国税务出版社,2005:88.

表4-8 小样本问卷回收初始数据分布情况

序号	提交答卷时间	所用时间	来源	来源详情	IP地址	1. 您是否愿意配合提供真实信息?	2. 公司总人数:	3. 公司产权:	4. 公司所在城市属于:	5. 公司成立年限:	6. 政府金融优惠较易获得。	7. 政府扶持基金易获得。
1	2020/9/15 15:51:04	207秒	微信	N/A	117.136.75.141（福建-福州）	是	100人及以下	民营企业	三线及以下城市	3年及以下	2	2
2	2020/9/15 16:04:18	252秒	微信	N/A	61.158.147.40（河南-洛阳）	是	100人及以下	民营企业	三线及以下城市	5年及以上	1	1
3	2020/9/15 16:12:01	348秒	微信	N/A	117.136.106.30（河南-郑州）	否	100~300人	民营企业	二线城市	3~5年	2	3
4	2020/9/15 16:42:57	343秒	微信	N/A	117.136.51.39（陕西-西安）	是	100~300人	国有或国有控股	三线及以下城市	5年及以上	6	6
5	2020/9/15 16:48:23	122秒	手机提交	直接访问	125.35.8.2（北京-北京）	否	100人及以下	国有或国有控股	一线城市	5年及以上	4	4
6	2020/9/15 16:54:19	364秒	手机提交	直接访问	222.249.235.4（北京-北京）	是	100人及以下	民营企业	一线城市	5年及以上	4	3
7	2020/9/15 17:01:28	221秒	微信	N/A	223.104.3.203（北京-北京）	是	100人及以下	民营企业	一线城市	3~5年	5	7

续表

序号	提交答卷时间	所用时间	来源	来源详情	IP 地址	1. 您是否愿意配合提供真实信息?	2. 公司总人数:	3. 公司产权:	4. 公司所在城市属于:	5. 公司成立年限:	6. 政府金融优惠易获得。	7. 政府扶持基金易获得。
8	2020/9/15 17:38:17	147秒	微信	N/A	125.121.136.224（浙江-杭州）	是	100~300人	民营企业	三线及以下城市	5年及以上	5	2
9	2020/9/15 17:39:42	77秒	微信	N/A	221.219.17.114（北京-北京）	是	100人及以下	民营企业	二线城市	3~5年	2	2
10	2020/9/15 19:00:45	218秒	微信	N/A	124.64.17.118（北京-北京）	是	100人及以下	民营企业	一线城市	3年及以下	1	1
11	2020/9/15 20:22:54	163秒	微信	N/A	211.97.130.72（福建-厦门）	是	100人及以下	民营企业	一线城市	3~5年	5	3
12	2020/9/15 20:53:33	190秒	微信	N/A	106.108.21.243（贵州-贵阳）	是	100人及以下	民营企业	三线及以下城市	3年及以下	3	3
13	2020/9/15 21:10:40	99秒	微信	N/A	120.244.230.87（北京-北京）	是	100人及以下	民营企业	一线城市	3年及以下	1	1
14	2020/9/15 21:58:18	193秒	微信	N/A	117.188.29.113（贵州-贵阳）	是	100人及以下	民营企业	二线城市	3年及以下	2	2

续表

序号	提交答卷时间	所用时间	来源	来源详情	IP地址	1. 您是否愿意配合提供真实信息？	2. 公司总人数：	3. 公司产权：	4. 公司所在城市属于：	5. 公司成立年限：	6. 政府金融优惠易获得。	7. 政府扶持基金易获得。
15	2020/9/15 23:16:32	188秒	微信	N/A	58.16.230.127（贵州-贵阳）	是	100人及以下	民营企业	二线城市	5年及以上	2	2
16	2020/9/16 8:56:42	306秒	微信	N/A	111.202.169.130（北京-北京）	是	100人及以下	国有或国有控股	二线城市	5年及以上	6	6
17	2020/9/16 9:34:37	208秒	微信	N/A	117.136.106.254（河南-郑州）	是	100人及以下	民营企业	三线及以下城市	3年及以下	1	1
18	2020/9/16 9:36:50	275秒	微信	N/A	171.10.149.244（河南-郑州）	是	100人及以下	民营企业	三线及以下城市	3年及以下	3	3
19	2020/9/16 10:00:06	179秒	微信	N/A	223.70.226.90（北京-北京）	是	100人及以下	国有或国有控股	一线城市	5年及以上	7	7

表4-9 各变量的描述性分析

	个案数 统计	最小值 统计	最大值 统计	平均值 统计	标准差 统计	偏度		峰度	
						统计	标准误差	统计	标准误差
X11	69	1	7	3.62	2.008	0.347	0.289	-1.022	0.570
X12	69	1	7	3.52	1.746	0.330	0.289	-0.583	0.570
X13	69	1	7	3.55	1.827	0.326	0.289	-0.655	0.570
X14	69	1	7	4.57	1.753	-0.078	0.289	-1.044	0.570
X15	69	1	7	4.65	1.722	-0.204	0.289	-0.808	0.570
X16	69	1	7	4.29	1.824	-0.086	0.289	-0.818	0.570
X21	69	1	7	4.26	1.892	-0.080	0.289	-0.932	0.570
X22	69	1	7	4.26	1.868	-0.114	0.289	-0.916	0.570
X23	69	1	7	4.80	1.787	-0.401	0.289	-0.744	0.570
X24	69	1	7	5.14	1.638	-0.405	0.289	-0.915	0.570
X25	69	1	7	4.80	1.762	-0.146	0.289	-1.100	0.570
X26	69	1	7	5.03	1.815	-0.500	0.289	-0.818	0.570
X31	69	1	7	4.84	1.828	-0.575	0.289	-0.499	0.570
X32	69	1	7	5.04	1.810	-0.618	0.289	-0.735	0.570
X33	69	1	7	4.57	1.890	-0.340	0.289	-0.808	0.570
X34	69	1	7	4.33	1.884	-0.079	0.289	-1.176	0.570
X41	69	1	7	4.20	1.844	-0.105	0.289	-0.841	0.570
X42	69	1	7	4.10	1.840	-0.008	0.289	-1.017	0.570
X43	69	1	7	4.03	1.740	0.144	0.289	-0.666	0.570
X44	69	1	7	3.70	1.785	0.364	0.289	-0.793	0.570
X45	69	1	7	4.01	1.819	0.068	0.289	-0.802	0.570
X46	69	1	7	3.81	1.793	0.229	0.289	-0.749	0.570
X47	69	1	7	3.91	1.884	0.156	0.289	-0.886	0.570
Y11	69	1	7	4.42	1.752	-0.218	0.289	-0.691	0.570
Y12	69	1	7	4.54	1.795	-0.320	0.289	-0.766	0.570
Y13	69	1	7	4.39	1.809	-0.211	0.289	-0.886	0.570
Y14	69	1	7	4.86	1.656	-0.442	0.289	-0.594	0.570
Y15	69	1	7	4.45	1.827	-0.296	0.289	-0.859	0.570
Y21	69	1	7	4.42	1.786	-0.297	0.289	-0.931	0.570

	个案数统计	最小值统计	最大值统计	平均值统计	标准差统计	偏度		峰度	
						统计	标准误差	统计	标准误差
Y22	69	1	7	4.32	1.875	-0.218	0.289	-0.993	0.570
Y23	69	1	7	4.01	1.745	-0.160	0.289	-0.859	0.570
Y24	69	1	7	4.28	1.714	-0.209	0.289	-0.795	0.570
Y25	69	1	7	4.38	1.816	-0.327	0.289	-0.713	0.570
Y26	69	1	7	4.75	1.538	-0.371	0.289	-0.534	0.570
Y27	69	1	7	4.88	1.711	-0.595	0.289	-0.287	0.570
Y28	69	1	7	4.74	1.668	-0.178	0.289	-1.099	0.570
Y29	69	1	7	4.94	1.653	-0.569	0.289	-0.376	0.570
Y210	69	1	7	4.77	1.759	-0.286	0.289	-1.137	0.570
Y211	69	1	7	4.83	1.662	-0.546	0.289	-0.275	0.570
Y31	69	2	7	4.91	1.422	-0.443	0.289	-0.612	0.570
Y32	69	1	7	4.57	1.736	-0.339	0.289	-0.684	0.570
Y33	69	1	7	4.86	1.647	-0.351	0.289	-0.950	0.570
Y34	69	1	7	4.59	1.760	-0.419	0.289	-0.634	0.570
Y35	69	1	7	4.51	1.659	-0.242	0.289	-0.901	0.570

（三）量表的信度与效度检验

本书主要利用信度测试和因子分析对外源变量、内生变量、控制变量进行可靠性与有效性的检验。主要采用 CITC（项总相关系数值）分析与 Cronbach′s α 信度系数，对可能出现的"垃圾"条款进行净化。"一般当 CITC 小于 0.5 时，通常就删除该测量条款，而 Cronbach′s α 信度系数法则用来分析测量项目的内部一致性，进行信度评价。多数学者认为 Cronbach′s α 系数达到 0.7 是一个较为合适的标准阈值"。[1] 在测量条款净化前后，都需要计算 Cronbach′s α 系数，假如删除某项测量条款，Cronbach′s α 系数增大，则表示可以删除该条款。[2] 净化测量条款后，还需要对剩余测量条款进行探索

---

[1] NUMNALLY J C. Psychometric theory [M]. New York：McGraw-Hill, 1967. 转引自：史江涛. 员工关系、沟通对其知识共享与知识整合作用的机制研究 [D]. 杭州：浙江大学，2007.

[2] 刘怀伟. 商务市场中顾客关系的持续机制研究 [D]. 杭州：浙江大学，2003.

性因子分析。KMO 样本测度（Kaiser-Meyer-Olykin measure of sampling adequecy）和巴特莱特球体检验（Bartlett test of sphericity）可以判断样本是否适合做因子分析："KMO 在 0.9 以上，非常适合；0.8～0.9，很适合；0.7～0.8，适合；0.6～0.7，不太适合；0.5～0.6 很勉强；0.5 以下，不适合，当巴特莱特球体检验的统计值的显著性概率小于等于显著性水平时，可作因子分析"。❶ 本研究在借鉴前人研究的基础上，运用主成分分析法，对净化后的条款进行因素提取，并通过方差最大法进行因子的旋转，进而将特征值大于 1 作为因子提取的标准。温斯（Weirs）认为"若测量条款的因子负载小于 0.5，则删除该条款，当剩余测量条款的因子负载都大于 0.5，且解释方差的累计比（cummulative % of variance）大于 50%，则表示测量条款是符合要求的"。❷

1. 政府行为量表的信度与探索因子分析

（1）政府经济调节行为测度的 CITC 和内部一致性信度分析。

由表 4-10 可以看出，X14 的 CITC 值为 0.116，其绝对值小于 0.5，且删除后 α 值由 0.796 提高至 0.858，满足删除要求。删除后，其他条款的 CITC 值均大于 0.7，说明条款具有较高的内部一致性，符合研究要求。

表 4-10　经济调节行为量表的 CITC 和内部一致性信度分析

测量条款	CITC1	CITC2	删除项后 Cronbach's α	Cronbach's α
X11	0.677	0.714	0.812	
X12	0.796	0.821	0.785	
X13	0.755	0.765	0.798	$\alpha_1 = 0.796$
X14	0.116	删除	—	$\alpha_2 = 0.858$
X15	0.490	0.584	0.858	
X16	0.534	0.575	0.848	

注：下标"1"和"2"分别表示测量条款删除前后的 CITC 和 α 值，下同。"—"表示该测量条款因删除而无需计算，下同。

❶ 马庆国. 管理统计[M]. 北京:科学出版社,2002:320.

❷ WEICK K E, WESTLEY F. Organizational learning:Affirming an oxymoron[M]// Handbook of organizational design. London:Thousand Oaks,CA:Sage,1996:440-458.

（2）社会管理行为量表的 CITC 和内部一致性信度分析。

由表 4-11 可得，政府管理行为的测量题项 CITC 的绝对值均大于 0.5，α 值高达 0.919，且任何一个条款删除后 α 值均未增加，因此，社会管理行为量表符合研究要求。

表 4-11　社会管理行为量表的 CITC 和内部一致性信度分析

测量条款	CITC	删除项后 Cronbach's α	Cronbach's α
X21	0.758	0.907	
X22	0.799	0.901	
X23	0.788	0.902	α = 0.919
X24	0.778	0.904	
X25	0.745	0.908	
X26	0.759	0.906	

（3）市场监管行为量表的 CITC 和内部一致性信度分析。

由表 4-12 可得，市场监管行为量表中的条款 X31 的 CITC 绝对值为 0.221，小于 0.5，且删除后总体 α 值由 0.781 上升至 0.894，因此符合删除条件，删除后，其他各条款的 CITC 绝对值与 α 值均大于 0.7，符合研究要求。

表 4-12　市场监管行为量表的 CITC 和内部一致性信度

测量条款	CITC1	CITC2	删除项后 Cronbach's α	Cronbach's α
X31	0.221	删除	—	
X32	0.720	0.777	0.861	$\alpha_1 = 0.781$
X33	0.748	0.801	0.840	$\alpha_2 = 0.894$
X34	0.726	0.796	0.845	

（4）公共服务行为的 CITC 和内部一致性信度分析。

由表 4-13 可以看出，所有测量条款的 CITC 值均大于 0.6，且删除任何一个条款均不能提高 α 值，因此，无须删除任何条款，各条款内部一致性信度较高，符合研究需要。

表4-13　公共服务行为的 CITC 和内部一致性信度

测量条款	CITC	删除项后 Cronbach's α	Cronbach's α
X41	0.715	0.890	α=0.904
X42	0.833	0.876	
X43	0.665	0.895	
X44	0.711	0.891	
X45	0.704	0.891	
X46	0.627	0.900	
X47	0.754	0.886	

（5）检测政府行为量表的探索性因子分析。

在对政府行为量表中经济调节行为、社会管理行为、市场监管行为与公共服务行为测量量表的净化后，将剩余的 21 项条款进行因子分析，以判断是否存在其他测量条款，是否需要调整。结果显示，各条款因子间并无交叉，对政府行为样本的充分性与分布检验发现，KMO 测试值为 0.850，Bartlett 球形检验卡方值为 1348.152，显著性概率为 0.000，如表4-14 所示，表示适合进行因子分析，通过主成分分析法，发现共有 4 个因子特征值大于 1，如图4-5 所示，被 4 个因子解释的方差累计比为 76.4%，超过 50%，且各项条款的因子负载均大于 0.5。因此，可以认为 4 个因子分别代表本书研究的经济调节行为、社会管理行为、市场监管行为、公共服务行为，与前文研究假设中政府行为的测度相吻合。

表4-14　检验政府行为量表的因子分析

测量条款	因子1	因子2	因子3	因子4
X11				0.831
X12				0.891
X13				0.826
X15				0.517
X16				0.742
X21	0.779			
X22	0.816			
X23	0.785			

续表

测量条款	因子1	因子2	因子3	因子4
X24	0.832			
X25	0.763			
X26	0.756			
X32		0.837		
X33		0.749		
X34		0.856		
X41			0.707	
X42			0.808	
X43			0.607	
X44			0.727	
X45			0.719	
X46			0.735	
X47			0.764	
KMO 取样适切性量数				0.850
巴特利特球形度检验			近似卡方	1348.152
			自由度	210
			显著性	0.000

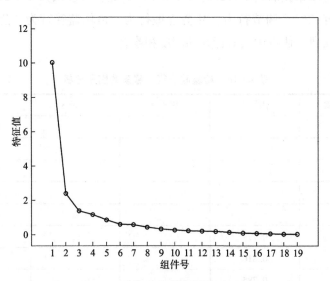

图 4-5 外源变量因子提取碎石图

2. 产业发展效应量表的信度与因子检验

（1）产业增长效应量表的 CITC 和内部一致性信度分析。

由表 4-15 可得，产业增长效应量表中所有测量条款的 CITC 值均大于 0.6，且删除任何一个条款均不能提高 α 值，且 α 值为 0.873，大于 0.7，因此，无须删除任何条款，各条款内部一致性信度较高，符合研究要求。

表 4-15　产业增长效应量表的 CITC 和内部一致性信度

测量条款	CITC	删除项后 Cronbach's α	Cronbach's α
Y11	0.713	0.843	
Y12	0.615	0.867	
Y13	0.724	0.841	α = 0.873
Y14	0.725	0.841	
Y15	0.730	0.839	

（2）产业结构效应量表的 CITC 和内部一致性信度分析。

由表 4-16 可得，产业结构效应量表中题项 Y211 呈现负值，与其他题项具有不一致性，删除后其他测量条款的 CITC 值均大于 0.5，且删除任何一个条款均不能提高 α 值，且 α 值为 0.896，大于 0.7，因此，无须再删除任何条款，各条款内部一致性信度较高，符合研究需要。

（3）产业安全效应量表的 CITC 和内部一致性信度分析。

由表 4-17 可得，测量条款 Y31 的 CITC 绝对值小于 0.5，且删除后总体 α 值由 0.79 上升至 0.89，因此符合删除条件，删除后，其他各条款的 CITC 绝对值与 α 值均大于 0.7，符合研究要求。

表 4-16　产业结构效应量表的 CITC 和内部一致性信度

测量条款	CITC1	CITC2	删除项后 Cronbach's α	Cronbach's α
Y21	0.611	0.627	0.887	
Y22	0.604	0.624	0.888	
Y23	0.570	0.565	0.891	$\alpha_1 = 0.870$
Y24	0.696	0.694	0.883	$\alpha_2 = 0.896$
Y25	0.588	0.616	0.888	

测量条款	CITC1	CITC2	删除项后 Cronbach's α	Cronbach's α
Y26	0.790	0.810	0.876	
Y27	0.636	0.628	0.887	
Y28	0.624	0.607	0.889	$\alpha_1 = 0.870$
Y29	0.645	0.660	0.885	$\alpha_2 = 0.896$
Y210	0.611	0.616	0.888	
Y211	−0.026	删除	—	

表4-17　产业安全行为量表的 CITC 和内部一致性信度

测量条款	CITC1	CITC2	删除项后 Cronbach's α	Cronbach's α
Y31	0.005	删除	—	
Y32	0.760	0.760	0.859	
Y33	0.777	0.777	0.853	$\alpha_1 = 0.790$
Y34	0.711	0.711	0.878	$\alpha_2 = 0.891$
Y35	0.792	0.792	0.847	

（4）检测产业发展效应量表的探索性因子分析。

在对产业发展效应量表中产业增长、产业结构、产业均衡与产业安全等效应测量量表的净化后，将剩余的 18 项条款进行因子分析，以判断是否存在其他测量条款，是否需要调整。结果显示，各条款因子间并无交叉，对产业发展效应样本的充分性与分布检验发现，KMO 测试值为 0.856，Bartlett 球形检验卡方值为 1029.449，显著性概率为 0.000，如表 4-18 所示，表示适合进行因子分析，通过主成分分析法，发现共有 3 个因子特征值大于 1，如图 4-6 所示，被 3 个因子解释的方差累计比为 68.5%，超过 50%，且各项条款的因子负载均大于 0.5。因此，可以认为 3 个因子分别代表本书研究的产业增长效应、产业结构效应、产业安全效应，与前文研究假设测度相吻合。

表 4-18　检测产业效应量表的探索性因子分析

测量条款	因子 1	因子 2	因子 3
Y11	0.692		
Y12	0.655		
Y13	0.779		
Y14	0.774		
Y15	0.760		
Y21		0.735	
Y22		0.709	
Y23		0.633	
Y24		0.734	
Y25		0.675	
Y26		0.779	
Y27		0.687	
Y28		0.628	
Y29		0.723	
Y210		0.680	
Y32			0.782
Y33			0.781
Y34			0.754
Y35			0.760
KMO 取样适切性量数			0.856
巴特利特球形度检验		近似卡方	1029.449
		自由度	171
		显著性	0.000

　　综上，共剔除了 X14（赛事错时举办）、X31（政策导向）、Y211（新建场馆）、Y31（企业购买保险）4 项条款，得到最终测量量表。

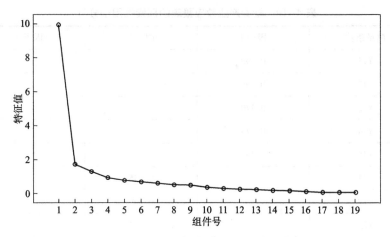

图 4-6　内生变量因子提取碎石图

第三节　大样本调查与假设检验

为了提高样本质量，保证样本的代表性，本次问卷发放采用了立意抽样法。问卷发放以线上为主、线下为辅，由于调查对象较为集中，一方面采取会议发放，在一些行业协会的年会、体育产业、休闲类会议中进行问卷的发放；另一方面通过相关群及具有与这些企业有交际的朋友、老师等进行问卷的发放；另外实地走访了北京、山东、福建等地的相关企业，面对面交流并进行了问卷的发放，整体上本书研究属于一种立意抽样。由于前期在中国篮协实习及进行了《中国青少年篮球运动规划（2020—2035年）》的编制、调研工作，使得调研对象以篮球相关赛事运营企业为基础。调研中发现相关企业几乎均是综合性企业，一般具有运动员培训、场馆经营、赛事运营等业务，赛事运营仅是其中一项业务，因此，问卷填写人要求中层领导及以上，赛事项目相关负责人，以保证问卷的数量与质量。

一、数据收集

综合前人研究结合自身资源、精力、能力等情况采用立意抽样法，调查时间为 2020 年 9—12 月，共发放问卷 273 份，远超国内外相关研究应用较多的，娜娜莉·伯斯坦（Nunnally Berstein）所建议的样本量应至少为测量题项的 5 倍。[1] 样本主要分布在北京、河南、河北、山东、福建、陕西、安徽、吉林、广东、江苏、上海、浙江、新疆、四川、重庆、贵州等 20 个省（区、市），涉及 44 个地级市，具体情况如表 4-19 所示。其中，以北京与河南居多，主要是由于在北京中国篮协实习与做课题之际接触较多的俱乐部及相关公司，加上中国篮协 CYF 副部长、中国篮协青委会主任 SXB、北京市篮协副秘书长 XZW、中国大学生体育协会 ZJJ、HJM、HJ 以及世界休闲协会执行主席 LXR 及导师等大力支持；而河南省则得到了省体育局体育产业负责人、河南信阳篮协主席等支持使得问卷较为大规模的发放与回收成为可能。由于政府部门或协会等接触的企业大多是运营相对较好的企业，本人与同学、朋友等对北京市、河南省、吉林省、福建省、山东省等一些中小型企业进行了实地走访与问卷调查，问卷发放的面更广，反映的情况更为科学与客观。对回收的数据进行了初步筛选，筛选标准有四个：一是，量表的第一个题目，设置了"是否愿意提供真实信息"，对于回答"否"者，给予删除；二是，回答时间异常者给予删除，如少于 60 秒或超过 1000 秒等，结合所填数据给予删除；三是，数据一致者，即所填数据都是一个，如全部填"1"或"5"者，给予删除；四是，总分过高或过低者等，因此，在问卷中对分数过高与过低者，结合数据给予删除。最终有效问卷 239 份，有效率为 87.5%，有效率较高符合研究需要，具体情况下文分析。

表 4-19　问卷发放数量及对应的各省市分布情况

省份	城市	问卷数量
安徽	合肥、六安	3
北京	北京	55

---

❶ NUNNALLY J,BERNSTEIN I. Psychometric theory[M]. New York：McGraw-Hill,1994.

续表

省份	城市	问卷数量
福建	福州、南平、厦门	29
广东	广州、东莞、江门、深圳	14
贵州	贵阳	14
河北	石家庄、邢台	6
河南	郑州、驻马店、漯河、安阳、信阳、南阳、洛阳、开封、濮阳、平顶山	80
湖北	武汉	2
湖南	长沙	2
吉林	长春、吉林	12
江苏	南京、苏州	4
山东	济南、济宁、德州	15
江西	九江、南昌	3
陕西	西安	2
上海	上海	4
四川	绵阳、成都	3
新疆	克孜勒苏	10
云南	昆明	1
浙江	杭州、宁波、温州	12
重庆	重庆	2
总计		273

二、数据描述

（一）调研企业的规模、性质与属地分布情况

由表4-20可知，调查样本企业的规模以中小企业为主，大型企业（300人以上）仅占调查总数的10.46%，这也比较符合我国体育竞赛表演产业相关企业的整体数量比例情况。国有及具有国有背景企业占到调查总数的21.75%。一线、二线城市样本企业的数量基本相当，三线城市企业的数量较多，占到总数的44.77%。

表 4-20 调研企业基本情况描述

A1 规模	频率	占比/%	A2 性质	频率	占比/%	A3 属地	频率	占比/%
100~300	31	12.97	国有	52	21.75	二线城市	64	26.78
100 以下	183	76.57	非国有	187	78.25	三线及以下	107	44.77
300 以上	25	10.46				一线城市	68	28.45

(二) 大样本描述性分析

依据前文小样本分析中采用的峰度与偏度值，即偏度绝对值小于 2，峰度绝对值小于 10，标本基本上符合正态分布，可以进行结构方程模型构建与分析。由表 4-21 所示，样本的偏度与峰度绝对值均小于 2，表明大样本数据是符合正态分布的，可以进行下一步分析。

表 4-21 大样本描述性分析

描述统计									
	个案数统计	最小值统计	最大值统计	平均值统计	标准差统计	偏度		峰度	
						统计	标准误差	统计	标准误差
X11	239	1	7	3.06	1.690	0.459	0.157	-0.667	0.314
X12	239	1	7	2.96	1.638	0.373	0.157	-0.757	0.314
X13	239	1	7	3.35	1.688	0.325	0.157	-0.656	0.314
X15	239	1	7	3.94	1.598	-0.140	0.157	-0.553	0.314
X16	239	1	7	3.82	1.666	-0.037	0.157	-0.709	0.314
X21	239	1	7	3.90	1.648	-0.121	0.157	-0.689	0.314
X22	239	1	7	3.99	1.632	-0.092	0.157	-0.600	0.314
X23	239	1	7	4.54	1.474	-0.249	0.157	-0.292	0.314
X24	239	1	7	4.69	1.514	-0.291	0.157	-0.346	0.314
X25	239	1	7	4.08	1.551	0.023	0.157	-0.326	0.314
X26	239	1	7	5.22	1.468	-0.599	0.157	-0.287	0.314
X32	239	1	7	4.85	1.547	-0.336	0.157	-0.653	0.314
X33	239	1	7	4.19	1.595	-0.093	0.157	-0.546	0.314
X34	239	1	7	4.04	1.637	0.019	0.157	-0.680	0.314
X41	239	1	7	4.21	1.646	-0.224	0.157	-0.700	0.314

续表

	个案数统计	最小值统计	最大值统计	平均值统计	标准差统计	偏度		峰度	
						统计	标准误差	统计	标准误差
X42	239	1	7	4.08	1.615	-0.256	0.157	-0.678	0.314
X43	239	1	7	3.95	1.482	0.111	0.157	-0.374	0.314
X44	239	1	7	3.43	1.521	0.176	0.157	-0.702	0.314
X45	239	1	7	4.48	1.727	-0.242	0.157	-0.754	0.314
X46	239	1	7	4.43	1.465	-0.219	0.157	-0.247	0.314
X47	239	1	7	3.93	1.469	0.116	0.157	-0.656	0.314
Y11	239	1	7	4.69	1.377	-0.325	0.157	-0.176	0.314
Y12	239	1	7	4.96	1.414	-0.501	0.157	-0.026	0.314
Y13	239	1	7	4.69	1.454	-0.457	0.157	-0.112	0.314
Y14	239	1	7	4.69	1.330	-0.290	0.157	-0.312	0.314
Y15	239	1	7	4.60	1.343	-0.432	0.157	-0.104	0.314
Y21	239	1	7	3.84	1.698	0.137	0.157	-0.888	0.314
Y22	239	1	7	4.71	1.494	-0.419	0.157	-0.162	0.314
Y23	239	1	7	4.79	1.363	-0.321	0.157	-0.296	0.314
Y24	239	1	7	4.35	1.622	-0.337	0.157	-0.604	0.314
Y25	239	2	7	5.01	1.221	-0.066	0.157	-0.791	0.314
Y26	239	1	7	4.94	1.290	-0.380	0.157	-0.120	0.314
Y27	239	1	7	4.96	1.390	-0.342	0.157	-0.529	0.314
Y28	239	1	7	4.76	1.353	-0.279	0.157	-0.258	0.314
Y29	239	2	7	5.05	1.196	-0.178	0.157	-0.685	0.314
Y210	239	1	7	4.85	1.269	-0.191	0.157	-0.325	0.314
Y32	239	1	7	4.43	1.445	-0.161	0.157	-0.607	0.314
Y33	239	1	7	4.77	1.456	-0.450	0.157	-0.089	0.314
Y34	239	1	7	4.51	1.375	-0.290	0.157	-0.296	0.314
Y35	239	1	7	4.64	1.413	-0.298	0.157	-0.244	0.314
有效个案数（成列）	239								

三、量表的信度与效度

（一）内部一致性信度分析

参照小样本分析方法，本书研究大样本信度检验仍使用 CITC 分析法与 α 信度系数法净化测量条款。一般而言，当 CITC 小于 0.5 时，通常可以删除该题项，也有学者以 0.3 为删除标准，本书研究的大样本中以 0.3 为净化标准，结合删除后 α 值的变化确定是否删除。

1. 政府行为测度的 CITC 和内部一致性信度分析

参照小样本中当 CITC 小于 0.3，α 值小于 0.7，α 值的值是否增大等标准，对政府行为量表进行了检验。统计发现各测量条款的 CITC 值均大于 0.3，α 值均在 0.8 以上，且删除任何测量条款后 α 值均不会增大，即没有满足删除要求的题项，具体数据如表 4-22 所示。说明测量的各条款具有较高的内部一致性，测量量表符合信度要求。

表 4-22 政府行为量表的内部一致性信分析

政府行为	测量条款	CITC	删除项后 Cronbach's α	Cronbach's α
经济调节	X11	0.737	0.816	$\alpha = 0.860$
	X12	0.761	0.810	
	X13	0.656	0.837	
	X15	0.628	0.844	
	X16	0.612	0.848	
社会管理	X21	0.495	0.828	$\alpha = 0.831$
	X22	0.606	0.804	
	X23	0.741	0.777	
	X24	0.669	0.791	
	X25	0.618	0.801	
	X26	0.507	0.823	
市场监管	X32	0.638	0.826	$\alpha = 0.835$
	X33	0.778	0.688	
	X34	0.677	0.790	

续表

政府行为	测量条款	CITC	删除项后 Cronbach's α	Cronbach's α
公共服务	X41	0.487	0.845	α=0.848
	X42	0.712	0.810	
	X43	0.566	0.832	
	X44	0.512	0.840	
	X45	0.652	0.820	
	X46	0.595	0.828	
	X47	0.734	0.808	

2. 产业发展测度的 CITC 和内部一致性信度分析

参照小样本中 CITC 与信度系数 α 值分析，产业结构测度中删除了测量条款 Y21、Y24，删除后 α 值由 0.880 上升为 0.903，符合删除要求；产业安全测度中删除了 Y35，删除后 α 值由 0.776 上升为 0.807，符合删除要求。删除后各条款 CITC 值均在 0.3 以上，且 α 值均在 0.8 以上，说明测量条款具有较高的内部一致性，测量量表符合信度要求，具体如表 4-23 所示。

表 4-23 产业发展量表的内部一致性信度

产业发展	测量条款	CITC	删除项后 Cronbach's α	Cronbach's α
产业增长	Y11	0.735	0.888	α=0.904
	Y12	0.758	0.883	
	Y13	0.744	0.887	
	Y14	0.766	0.882	
	Y15	0.800	0.875	
产业结构	Y22	0.578	0.902	α=0.903
	Y23	0.693	0.890	
	Y25	0.772	0.884	
	Y26	0.643	0.894	
	Y27	0.733	0.886	
	Y28	0.658	0.893	
	Y29	0.792	0.882	
	Y210	0.705	0.889	

续表

产业发展	测量条款	CITC	删除项后 Cronbach's α	Cronbach's α
产业安全	Y32	0.630	0.762	α=0.807
	Y33	0.673	0.716	
	Y34	0.663	0.729	

（二）收敛效度分析

为进一步验证所制定的变量是否适合用结构方程模型分析，研究进行了收敛效度分析。收敛效度是指"测量相同潜在特质的题项或测验会落在同一个因素构面上，且题项或测验间所测得的测量值之间具有高度的相关性"。[1] 具备良好的收敛效度要满足以下标准：第一，"一般要求各潜变量测量题项的因子载荷超过 0.5，并达到统计显著性水平"；[2] 福特·麦卡伦·泰特（Ford McCallum & Tait）建议"标准化因子负载不低于 0.4"；[3] "第二，测量模型具有良好的适配度；第三，平均变异数抽取量（Average Variance Extracted，AVE）大于 0.5"。[4]

依据前人研究，本章采用确定性因子分析法（CFA）进行检验。结构方程建模提供了多种适配指标，为使量表适配性更强，依据波伦（Bollen）的建议采取多种且性质稳定的指数报告多项测量结果，本研究主要采用卡方指数（χ^2）、平均平方残差的平方根（RMR）、近似误差的均方根（RMSEA）、良好拟合指数（GFI）、调整拟合指数（AGFI）、规范拟合指数（NFI）、比较拟合指数（CFI）等指标来检验所制量表的适配性。其中，"为减少样本规模对拟合检验的影响，多数研究采用 χ^2/df 指标，对于其取值一般认为小于 2 效果最佳，但小于 5 也可接受"。[5] 本书以不超过 5 作为标准。

[1]　朱振亚.新市民城乡黏合催化作用及其触动机制研究[M].北京:光明日报出版社,2019:189.

[2]　马庆国.管理统计[M].北京:科学出版社,2002:42-320.

[3]　杨志蓉.团队快速信任、互动行为与团队创造力研究[D].杭州:浙江大学,2006.

[4]　FORNELL C, LARCKER D. Evaluating structural equation models with unobservable variables andmeasurement error[J].Journal of Marketing Research,1981:39-50.

[5]　侯杰泰,温忠麟,成子娟.结构方程模型及其应用[M].北京:教育科学出版社,2004:156.

"平均平方残差的平方根（RMR）和近似误差的均方根（RMSEA）一般认为小于 0.1 表示好的拟合，小于 0.05 则是非常好的拟合，小于 0.01 则是出色的拟合"。❶ 良好拟合指数（GFI）、调整拟合指数（AGFI）❷、规范拟合指数（NFI）、比较拟合指数（CFI）等一般在 0~1，数值越大表示拟合越好，一本要求达到 0.9 以上表示拟合较好。❸

依据以上分析，本研究将最佳适配度指标范围及其建议值归纳如表 4-24 所示。

表 4-24　最佳适配度指标范围及其建议值

指标	数值范围	建议值
χ^2/df	0 以上	小于 5，小于 2 更佳
RMR	0 以上	小于 0.10，小于 0.05 更佳
RMSEA	0 以上	小于 0.10，小于 0.05 更佳
GFI	0~1，可能出现负值	大于 0.9
AGFI	0~1，可能出现负值	大于 0.9
NFI	0~1	大于 0.9
CFI	0~1	大于 0.9

指标来源：依据史江涛的博士毕业论文《员工关系、沟通对其知识共享与知识整合作用的机制研究》，修改制定。

1. 经济调节行为的收敛效度分析

由表 4-25 可知，经济调节行为确定性因子分析的拟合效果非常理想，各指标均超过建议值，绝对拟合指数 χ^2/df = 0.983、GFI = 0.997、AGFI = 0.976、RMSEA = 0.000 均优于建议值；相对拟合指数 NFI = 0.997，RFI = 0.986，CFI = 0.999 均优于建议值，表明模型是有效的。各显变量对经济调节行为的标准化因子负载分别为 0.81、0.97、0.75、0.59、0.47，均大于 0.4 且 AVE 值为 0.56 高于 0.5，表现出较好的收敛效度。

❶　STEIGER J H. Structure model evaluation and modification：An interval estimation approach[J]. Multivariate Behavioral Research，1990(25)：173-180.

❷　BAGOZZI R P，YI Y. On the evaluation of structural equation models[J]. Journal of the Academy of Marketing Science，1988，16(1)：74-94.

❸　黄芳铭. 结构方程模式：理论与应用[M]. 北京：中国税务出版社，2005：111-263.

表4-25 经济调节行为的确定性因子分析

	测量条款	标准化因子负载	S. E.	C. R.	AVE
经济调节	X11	0.81	—	—	0.546
	X12	0.97	0.068	13.505	
	X13	0.75	0.079	8.673	
	X15	0.59	0.070	8.240	
	X16	0.47	0.074	15.623	

拟合优度指标值：$\chi^2/df = 0.983$，RMR = 0.035，GFI = 0.997，AGFI = 0.976，NFI = 0.997，RFI = 0.986，CFI = 0.999，RMSEA = 0.000

2. 社会管理行为的收敛效度分析

由表4-26可知，社会管理行为确定性因子分析的拟合效果非常理想，各指标均超过建议值，绝对拟合指数 $\chi^2/df = 1.406$、GFI = 0.993、AGFI = 0.965、RMSEA = 0.041 均优于建议值；相对拟合指数 NFI = 0.992，RFI = 0.972，CFI = 0.998 均优于建议值，表明模型是有效的。各显变量对经济调节行为的标准化因子负载分别为 0.50、0.95、0.79、0.64，均大于 0.4，且 AVE 值为 0.5，表现出较好的收敛效度。

表4-26 社会管理行为的确定性因子分析

	测量条款	标准化因子负载	S. E.	C. R.	AVE
社会管理	X22	0.50	—	—	0.50
	X23	0.95	0.221	7.760	
	X24	0.79	0.188	7.813	
	X25	0.64	0.153	7.892	
	X26	0.56	0.155	6.485	

拟合优度指标值：$\chi^2/df = 1.406$，RMR = 0.039，GFI = 0.993，AGFI = 0.965，NFI = 0.992，RFI = 0.972，CFI = 0.998，RMSEA = 0.041

3. 市场监管行为的收敛效度分析

由于前期探索性因子分析使得一些不合理条款被删除，市场监管行为的测量题项仅有3个，无法进行拟合优度的检测，但各显变量对经济调节行为的标准化因子负载分别为 0.70、0.94、0.75 均大于 0.7，且 AVE 值为

0.645，如表 4-27 所示，表现出较好的收敛效度。

表 4-27　市场监管行为的确定性因子分析

	测量条款	标准化因子负载	S. E.	C. R.	AVE
市场监管	X32	0.70	—	—	0.645
	X33	0.94	0.130	10.621	
	X34	0.75	0.106	10.702	

4. 公共服务行为的收敛效度分析

在检验中发现 X41、X44 的标准化因子负载较低，且 AVE 值低于 0.5，故将此题项删除。删除后由表 4-28 可知，公共服务行为确定性因子分析的拟合效果非常理想，各指标均超过建议值，绝对拟合指数 $\chi^2/\mathrm{df} = 2.716$、GFI = 0.987、AGFI = 0.933、RMSEA = 0.085 均优于建议值；相对拟合指数 NFI = 0.983，RFI = 0.945，CFI = 0.989 均优于建议值，表明模型是有效的。各显变量对经济调节行为的标准化因子负载分别为 0.640、0.614、0.787、0.673、0.850，均大于 0.4，且 AVE 值为 0.515，表现出较好的收敛效度。

表 4-28　公共服务行为的确定性因子分析

	测量条款	标准化因子负载	S. E.	C. R.	AVE
公共服务	X42	0.640	—	—	
	X43	0.614	0.121	7.287	
	X45	0.787	0.168	7.841	0.515
	X46	0.673	0.133	7.171	
	X47	0.850	0.117	10.336	

拟合优度指标值：$\chi^2/\mathrm{df} = 2.716$，RMR = 0.059，GFI = 0.987，AGFI = 0.933，NFI = 0.983，RFI = 0.945，CFI = 0.989，RMSEA = 0.085

5. 产业增长的收敛效度分析

由表 4-29 可知，产业增长的确定性因子分析的拟合效果非常理想，各指标均超过建议值，绝对拟合指数 $\chi^2/\mathrm{df} = 1.178$、GFI = 0.994、AGFI = 0.971、RMSEA = 0.027 均优于建议值；相对拟合指数 NFI = 0.995，RFI = 0.984，CFI = 0.999 均优于建议值，表明模型是有效的。各显变量对经济调节行为的标准化因子负载分别为 0.78、0.79、0.81、0.84、0.88，均大于

0.7，且 AVE 值为 0.56，表现出较好的收敛效度。

表 4-29　产业增长的确定性因子分析

测量条款		标准化因子负载	S. E.	C. R.	AVE
产业增长	Y11	0.78	——	——	0.56
	Y12	0.79	0.078	13.204	
	Y13	0.81	0.086	12.614	
	Y14	0.84	0.078	13.263	
	Y15	0.88	0.078	14.025	

拟合优度指标值：$\chi^2/\mathrm{df}=1.178$，RMR = 0.024，GFI = 0.994，AGFI = 0.971，NFI = 0.995，RFI = 0.984，CFI = 0.999，RMSEA = 0.027

6. 产业的结构收敛效度分析

由表 4-30 可知，产业结构的确定性因子分析的拟合效果较为理想，各指标均超过建议值，绝对拟合指数 $\chi^2/\mathrm{df}=$ 2.086、GFI = 0.968、AGFI = 0.929、RMSEA = 0.068 均优于建议值；相对拟合指数 NFI = 0.969，RFI = 0.946，CFI = 0.984 均优于建议值，表明模型是有效的。各显变量对经济调节行为的标准化因子负载分别为 0.572、0.703、0.856、0.653、0.791、0.694、0.879、0.739，均大于 0.4，且 AVE 值为 0.55，表现出较好的收敛效度。

表 4-30　产业结构的确定性因子分析

测量条款		标准化因子负载	S. E.	C. R.	AVE
产业结构	Y22	0.572	——	——	0.55
	Y23	0.703	0.115	9.727	
	Y25	0.856	0.129	9.453	
	Y26	0.653	0.123	8.003	
	Y27	0.791	0.142	9.087	
	Y28	0.694	0.131	8.375	
	Y29	0.879	0.128	9.617	
	Y210	0.739	0.127	8.624	

拟合优度指标值：$\chi^2/\mathrm{df}=2.086$，RMR = 0.047，GFI = 0.968，AGFI = 0.929，NFI = 0.969，RFI = 0.946，CFI = 0.984，RMSEA = 0.068

7. 产业安全的收敛效度分析

通过探索性因子分析使得一些测量题项被删除，产业安全的测量题项仅剩 3 个，无法进行拟合优度的检测，但各显变量对经济调节行为的标准化因子负载分别为 0.72、0.80、0.78 均大于 0.7，且 AVE 值为 0.59，具体如表 4-31 所示，表现出较好的收敛效度。

表 4-31　产业安全的确定性因子分析

	测量条款	标准化因子负载	S. E.	C. R.	AVE
产业安全	Y32	0.72	—	—	
	Y33	0.80	0.114	9.747	0.59
	Y34	0.78	0.105	9.735	

（三）区别效度分析

区别效度（discriminant validity）也称区分效度，一般指构面所代表的潜在特质与其他构面所代表的潜在特质间相关度低或具有显著性差异。根据吴明隆等人的研究，一般在 Amos 操作中，采用单群组生成两个模型，即未限制模型（潜在构念间的共变关系不加以限制）和限制模型（潜在构念间共变关系限制为 1，潜在构念间的共变参数为固定值），来求两个构面或面向间的区别效度。通过"对两个模型的卡方值差异进行比较，若是卡方值差异量愈大且达到显著水平（$p<0.05$），表示两个模型间有显著的不同，未限制模型的卡方值愈小则表示潜在特质（因素构面）间相关性愈低，其区别效度就愈高；反之，未限制模型的卡方值愈大则表示潜在特质（因素构面）间相关性愈高，其区别效度愈低；卡方值差异量检验结果，若是限制模型与非限制模型之间卡方值差异量达到 0.05 显著水平，表示潜在构念间具有高的区别效度"。❶

1. "经济调节行为—社会管理行为"构念的区别效度

"经济调节行为—社会管理行为"（T-G）构念的区别效度的假设模型图如图 4-7 所示，两个构念间的共变参数标签命名为 C。

❶ 吴明隆. 结构方程模型——AMOS 的操作与应用[M]. 重庆：重庆大学出版社，2010:467.

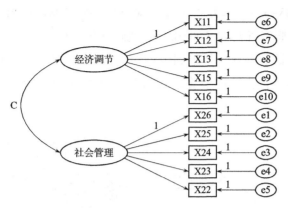

图 4-7　T-G 构念的区别效度的假设模型图

　　未限制模型中未界定任何参数条件（如表 4-32 所示），限制模型则界定参数限制条件为"C=1"，表示限制两个潜在变量间的相关系数为 1。通过运算，两个模型均可收敛识别，标准化估计值模型图如图 4-8、4-9 所示。

表 4-32　T-G Assuming model 未限制模型

Model	DF	CMIN	P	NFI Delta-1	IFI Delta-2	RFI rho-1	TLI rho2
限制模型	1	9.250	0.002	0.006	0.007	-0.002	-0.002

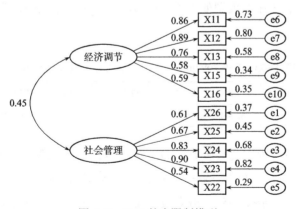

图 4-8　T-G 的未限制模型

　　"经济调节行为—社会管理行为"潜在构面的未限制模型自由度为 34，卡方值为 377.298（$P=0.000<0.05$），限制模型的自由度为 35，卡方值为 386.547（$P=0.000<0.05$），嵌套模型比较摘要表显示：两个模型的自由度

差异为 1 （=35-34），卡方差异值=386.547-377.298=9.258，卡方值差异量显著检验的概率值 P=0.000<0.05，达到显著性水平，表示未限制模型与限制模型具有显著差异，与限制模型相比未限制模型的卡方值显著较小，表示"经济调节行为—社会管理行为"两个潜在构面间具有较好的区别效度。

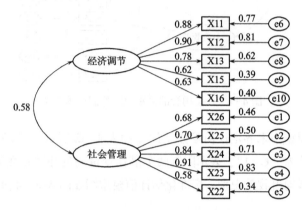

图 4-9　T-G 的限制模型

2. "经济调节行为—公共服务行为"构念的区别效度

"经济调节行为—公共服务行为"（T-F）两个潜在构念的模型运算后，均可收敛辨识，未限制模型如表 4-33 所示。标准化估计值模型图如图 4-10、4-11 所示。

表 4-33　T-F Assuming model 未限制模型 to be correct

Model	DF	CMIN	P	NFI Delta-1	IFI Delta-2	RFI rho-1	TLI rho2
限制模型	1	3.444	0.063	0.003	0.003	-0.005	-0.005

"经济调节行为—公共服务行为"潜在构面的未限制模型自由度为 34，卡方值为 293.416（P=0.000<0.05），限制模型的自由度为 35，卡方值为 296.860（P=0.000<0.05），嵌套模型比较摘要表显示：两个模型的自由度差异为 1 （=35-34），卡方差异值=296.860-293.416=6.444，卡方值差异量显著检验的概率值 P=0.003<0.05，达到显著性水平，表示未限制模型与限制模型具有显著差异，与限制模型相比未限制模型的卡方值显著较小，表示"经济调节行为—公共服务行为"两个潜在构面间区别效度较佳。

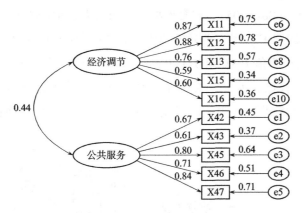

图 4-10　T-F 的未限制模型

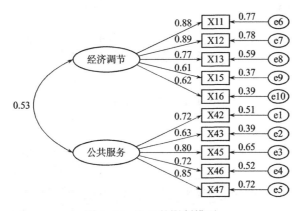

图 4-11　T-F 的限制模型

3. "经济调节行为—市场监管行为"构念的区别效度

"经济调节行为—市场监管行为"（T-J）两个潜在构念的模型运算后，未限制模型如表 4-34 所示均可收敛辨识。标准化估计值模型图如图 4-12、4-13 所示。

表 4-34　T-J Assuming model 未限制模型 to be correct

Model	DF	CMIN	P	NFI Delta-1	IFI Delta-2	RFI rho-1	TLI rho2
限制模型	1	12. 194	0. 000	0. 012	0. 012	0. 003	0. 003

"经济调节行为—市场监管行为"潜在构面的未限制模型自由度为 19，卡方值为 189. 401（$P=0.000<0.05$），限制模型的自由度为 20，卡方值为

201.595（P=0.000<0.05），嵌套模型比较摘要表显示：两个模型的自由度差异为1（=20-19），卡方差异值201.595-189.401=12.194，卡方值差异量显著检验的概率值P=0.000<0.05，达到显著性水平，表示未限制模型与限制模型具有显著差异，与限制模型相比未限制模型的卡方值显著较小，表示"经济调节行为—市场监管行为"两个潜在构面间区别效度较佳。

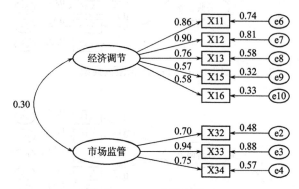

图4-12　T-J未限制模型

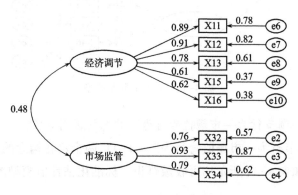

图4-13　T-J限制模型

4. "社会管理行为—市场监管行为"构念的区别效度

"社会管理行为—市场监管行为"（G-J）两个潜在构念的模型运算后，未限制模型如表4-35所示，均可收敛辨识。标准化估计值模型图如图4-14、4-15所示。

表4-35　G-J Assuming model 未限制模型 to be correct

Model	DF	CMIN	P	NFI Delta-1	IFI Delta-2	RFI rho-1	TLI rho2
限制模型	1	12.057	0.001	0.013	0.013	0.010	0.011

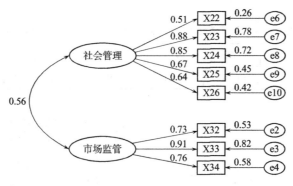

图4-14　G-J 未限制模型

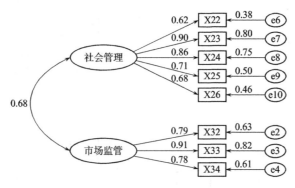

图4-15　G-J 限制模型

"社会管理行为—市场监管行为"潜在构面的未限制模型自由度为19，卡方值为97.920（$P=0.000<0.05$），限制模型的自由度为20，卡方值为109.977（$P=0.000<0.05$），嵌套模型比较摘要表显示：两个模型的自由度差异为1（$=20-19$），卡方差异值 $109.977-97.920=12.057$，卡方值差异量显著检验的概率值 $P=0.000<0.05$，达到显著性水平，表示未限制模型与限制模型具有显著差异，与限制模型相比未限制模型的卡方值显著较小，表示"社会管理行为—市场监管行为"两个潜在构面间区别效度较佳。

5. "社会管理行为—公共服务行为"构念的区别效度

"社会管理行为—公共服务行为"（G-F）两个潜在构念的模型运算后，未限制模型如表4-36所示，均可收敛辨识。标准化估计值模型图如图4-16、4-17所示。

表4-36　G-F Assuming model 未限制模型 to be correct

Model	DF	CMIN	P	NFI Delta-1	IFI Delta-2	RFI rho-1	TLI rho2
限制模型	1	10.982	0.001	0.009	0.010	0.007	0.007

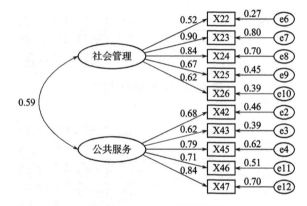

图 4-16　G-F 未限制模型

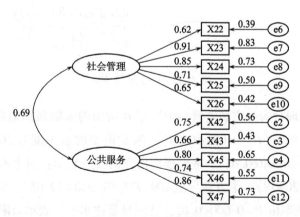

图 4-17　G-F 限制模型

"社会管理行为—公共服务行为"潜在构面的未限制模型自由度为34，卡方值为152.193（$P=0.000<0.05$），限制模型的自由度为35，卡方值为

163.175（P=0.000<0.05），嵌套模型比较摘要表显示：两个模型的自由度差异为1（=35-34），卡方差异值163.175-152.19=10.985，卡方值差异量显著检验的概率值P=0.001<0.05，达到显著性水平，表示未限制模型与限制模型具有显著差异，与限制模型相比未限制模型的卡方值显著较小，表示"社会管理行为-公共服务行为"两个潜在构面间区别效度较佳。

6. "市场监管行为—公共服务行为"构念的区别效度

"市场监管行为—公共服务行为"（J-F）两个潜在构念的模型运算后，未限制模型如表4-37所示均可收敛辨识。标准化估计值模型图如图4-18、4-19所示。

表4-37 J-F Assuming model 未限制模型 to be correct

Model	DF	CMIN	P	NFI Delta-1	IFI Delta-2	RFI rho-1	TLI rho2
限制模型	1	5.743	0.017	0.006	0.006	0.000	0.000

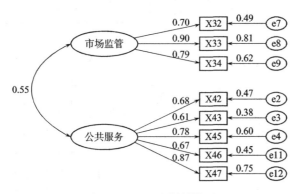

图4-18 J-F 未限制模型

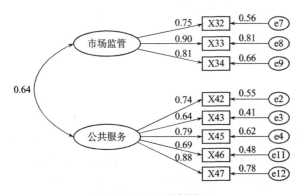

图4-19 J-F 限制模型

"市场监管行为—公共服务行为"潜在构面的未限制模型自由度为 19，卡方值为 115.223（$P=0.000<0.05$），限制模型的自由度为 20，卡方值为 120.966（$P=0.000<0.05$），嵌套模型比较摘要表显示：两个模型的自由度差异为 1（$=20-19$），卡方差异值 $120.966-115.223=5.743$，卡方值差异量显著检验的概率值 $P=0.017<0.05$，达到显著性水平，表示未限制模型与限制模型具有显著差异，与限制模型相比未限制模型的卡方值显著较小，表示"市场监管行为—公共服务行为"两个潜在构面间区别效度较佳。

7. "产业增长—产业结构"概念的区别效度

"产业增长—产业结构"（Z-S）两个潜在构念的模型运算后，未限制模型如表 4-38 所示均可收敛辨识。标准化估计值模型图如图 4-20、4-21 所示。

表 4-38　Z-S Assuming model 未限制模型 to be coreect

Model	DF	CMIN	P	NFI Delta-1	IFI Delta-2	RFI rho-1	TLI rho2
限制模型	1	18.325	0.000	0.004	0.005	0.004	0.004

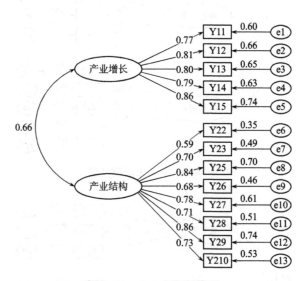

图 4-20　Z-S 未限制模型

"产业增长—产业结构"潜在构面的未限制模型自由度为 129，卡方值为 530.538（$P=0.000<0.05$），限制模型的自由度为 130，卡方值为 548.863（$P=0.000<0.05$），嵌套模型比较摘要表显示：两个模型的自由度

差异为 1，卡方差异值 548.863−530.538＝18.325，卡方值差异量显著检验的概率值 $P=0.000<0.05$，达到显著性水平，表示未限制模型与限制模型具有显著差异，与限制模型相比未限制模型的卡方值显著较小，表示"产业增长—产业结构"两个潜在构面间区别效度较佳。

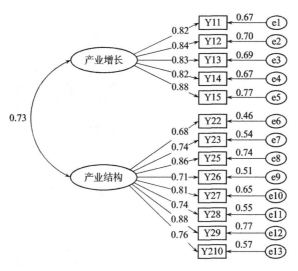

图 4-21 Z-S 限制模型

8."产业增长—产业安全"构念的区别效度

"产业增长—产业结构"（Z-A）两个潜在构念的模型运算后，未限制模型如表 3-39 所示，均可收敛辨识。标准化估计值模型图如图 4-22、4-23 所示。

表 4-39 Z-A Assuming model 未限制模型 to be correct

Model	DF	CMIN	P	NFI Delta-1	IFI Delta-2	RFI rho-1	TLI rho2
限制模型	1	10.327	0.001	0.005	0.005	0.004	0.005

"产业增长—产业安全"潜在构面的未限制模型自由度为 39，卡方值为 131.121（$P=0.000<0.05$），限制模型的自由度为 40，卡方值 141.448（$P=0.000<0.05$），嵌套模型比较摘要表显示：两个模型的自由度差异为 1，卡方差异值 141.448−131.121＝18.325，卡方值差异量显著检验的概率值 $P=0.000<0.05$，达到显著性水平，表示未限制模型与限制模型具有显著差异，与限制模型相比未限制模型的卡方值显著较小，表示"产业增长—产

业结构"两个潜在构面间区别效度较佳。

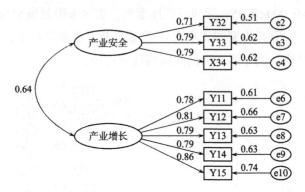

图 4-22　Z-A 未限制模型

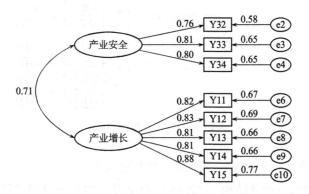

图 4-23　Z-A 限制模型

9. "产业安全—产业结构"构念的区别效度

"产业安全—产业结构"（A-S）两个潜在构念的模型运算后，未限制模型如表 4-40 所示，均可收敛辨识。标准化估计值模型图如图 4-24、4-25 所示。

表 4-40　A-S Assuming model 未限制模型 to be correct

Model	DF	CMIN	P	NFI Delta-1	IFI Delta-2	RFI rho-1	TLI rho2
限制模型	1	8.483	0.004	0.003	0.003	0.001	0.001

"产业安全—产业结构"潜在构面的未限制模型自由度为 87，卡方值为 422.981（$P=0.000<0.05$），限制模型的自由度为 88，卡方值为 431.464

（$P=0.000<0.05$），嵌套模型比较摘要表显示：两个模型的自由度差异为1，卡方差异值 $431.464-422.981=8.483$，卡方值差异量显著检验的概率值 $P=0.004<0.05$，达到显著性水平，表示未限制模型与限制模型具有显著差异，与限制模型相比未限制模型的卡方值显著较小，表示"产业安全—产业结构"两个潜在构面间区别效度较佳。

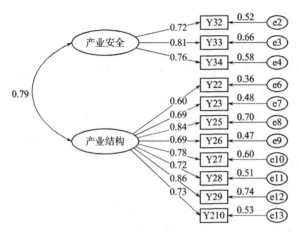

图 4-24 A-S 未限制模型

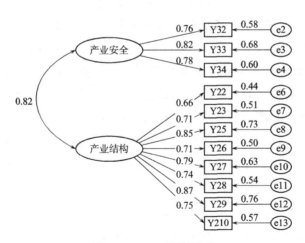

图 4-25 A-S 限制模型

（四）内容效度分析

本书研究的量表主要在前人研究的基础上借鉴修改而成，且前期进行了专家问卷内容评价及小样本测试，并针对研究特点，结合中国体育竞赛表演产业发展的实际，结合专家与企业负责人等访谈对一些词句进行了针对性修改，以更能符合相关企业负责人及赛事业务负责人的认知与理解情况。综上，可以认为本书的量表具有较好的内容效度。

四、整体结构方程模型与假设检验

（一）控制变量的影响分析

除解释变量外尚有一些控制变量（企业的规模、性质、属地等）可能对被解释变量产生影响，本书研究的控制变量主要指企业的规模、性质与属地。其中，企业性质分为国企或国有背景企业及非国有企业两类，企业规模与企业属地均有 3 个分类，根据控制变量分类，企业性质采用独立样本T 检验，企业规模、企业属地采用单因素方差进行分析。"单因素方差分析根据是否为齐性采用不同分析方法，方差齐性则采用 LSD 法对均值进行两两比较，非齐性则采用 Tamhane 法对均值做两两比较"。❶ 为更好地呈现结果，借鉴前人研究，本书仅将显著性差异的均值列出。

1. 企业的性质对外源与内生变量的影响分析

按照企业的性质不同将企业分为国企与非国企两类，通过独立样本 T 检验进行分析，判断企业性质对外源与内生变量的影响是否存在显著差异。由表4-41 可知，在置信度为 0.05 的情况下，企业性质对政府经济调节行为的影响具有显著性差异，对政府的社会管理、市场监管、公共服务行为没有显著性影响；对产业的增长、结构与安全也没有显著性影响。这一结果与访谈结果相一致，国企或国有背景的企业在反映政府经济调节方面的问题时在态度、认知等方面明显不同于非国有企业。非国有企业更多的是抱怨政府一些优惠政策等难以申请到、申请到也难以盈利等方面问题；国有企业则更多的是享受了政府给予的优惠政策，但也造成资源一定程度的垄断，因此，国企对政府经济调节行为的认可方面较高，相应的得分也就明显高于非国有企业。

---

❶ 马庆国. 管理统计［M］. 北京：科学出版社，2002：216.

表4-41　企业的性质对外源与内生量的影响（独立样本 T 检验）

变量名	性质	个案数	平均值	方差齐性检验		均值差异检验	
				Sig.	是否齐性	Sig.	是否显著
经济调节	国有	52	4.2962	0.230	否	0	是
	非国有	187	3.1850				
社会管理	国有	52	4.7038	0.585	是	0.164	否
	非国有	187	4.4471				
市场监管	国有	52	4.4487	0.557	是	0.612	否
	非国有	187	4.3387				
公共服务	国有	52	4.3000	0.963	是	0.402	否
	非国有	187	4.1390				
产业增长	国有	52	4.7231	0.404	是	0.991	否
	非国有	187	4.7251				
产业结构	国有	52	4.8197	0.491	是	0.621	否
	非国有	187	4.8991				
产业安全	国有	52	4.5897	0.404	是	0.897	否
	非国有	187	4.5651				

注：方差齐性检验的显著性水平为 0.05。

2. 企业的规模对外源与内生变量的影响分析

根据企业人数将企业规模分为 3 类，100 人及以下，100~300 人，300 及以上，由于分组为 3，采用单因素方差分析方法进行分析，判断企业规模对外源与内生变量的影响是否具有显著性差异。由表4-42可知，企业规模对社会管理、市场监管、公共服务、产业增长、产业结构、产业安全的影响均没有显著性差异，但对经济调节的影响存在显著性差异（$F=5.978$，$P=0.003$）。

表4-42　企业规模对外源与内生变量影响分析（单因素方差分析）

变量名	平方和	自由度	方差齐性检验		均值差异检验	
			Sig.	是否齐性	Sig.	是否显著
经济调节	419.189	238	0.174	是	0.003	5.978
社会管理	329.268	238	0.223	是	0.753	0.284

变量名	平方和	自由度	方差齐性检验		均值差异检验	
			Sig.	是否齐性	Sig.	是否显著
市场监管	454.128	238	0.712	是	0.088	2.459
公共服务	355.639	238	0.040	否	0.544	0.611
产业增长	329.604	238	0.559	是	0.614	0.489
产业结构	248.505	238	0.050	是	0.057	2.891
产业安全	349.009	238	0.934	是	0.181	1.720

注：方差齐性检验的显著性水平为 0.05。

　　根据方差是否为齐性，选择不同的分析方法，由表 4-43 可知，经济调节行为的方差为齐性，故采用 LSD 法对均值进行两两比较分析。由表 4-43 可知，企业规模在"100 人及以下"与"300 人及以上"在政府经济调节行为上具有显著性差异，300 人及以上企业认为政府经济调节行为明显优于 100 人及以下的企业。通过调研与访谈，认为主要原因有以下几个方面：第一，为获得更大的效益与效果，政府相关经济政策具有向大型企业及具有潜力企业倾斜的倾向，导致政府对大企业的相关优惠政策较多；第二，大企业一般综合竞争力大，在政府购买公共服务等竞标中获胜概率大，因此，对政府经济调控行为认可度高；第三，我国体育竞赛表演产业相关的大型企业以国有企业居多，结合企业性质分析，也可得出大型国有企业对政府经济调节行为的认可度更高，而非国有的中小企业对政府经济调节行为认可度较低。

表 4-43　针对企业规模的多重比较分析（LSD）

因变量	(I) 规模	(J) 规模	平均值差值 (I-J)	标准误差	显著性	95% 置信区间	
						下限	上限
经济调节	100 人以下	300 人及以上	-0.85478*	0.27724	0.002	-1.4010	-0.3086

注：* 代表 $P<0.05$。

3. 企业的属地对外源与内生变量的影响分析

　　根据企业所在城市，将企业属地分为一线城市、二线城市与三线及以下城市 3 类。由于组数为 3，故采用单因素方差分析方法进行分析，判断企业属地对外源与内生变量的影响是否具有显著性差异。由表 4-44 可知，企业属地对经济调节、社会管理、公共服务、产业增长、产业结构、产业安全的影响均没有显著性差异，但对市场监管的影响存在显著性差异（$F=5.482$，$P=0.005$）。

表4-44　企业属地对外源与内生变量影响

变量名	平方和	自由度	方差齐性检验		均值差异检验	
			Sig.	是否齐性	Sig.	是否显著
经济调节	419.189	238	0.005	否	0.600	0.511
社会管理	329.268	238	0.480	是	0.243	1.422
市场监管	454.128	238	0.958	是	0.005	5.482
公共服务	355.639	238	0.163	是	0.150	1.910
产业增长	329.604	238	0.882	是	0.398	0.924
产业结构	248.505	238	0.323	是	0.797	0.228
产业安全	349.009	238	0.562	是	0.935	0.067

根据方差是否为齐性，选择不同的分析方法，由表4-44可知，市场监管行为的方差为齐性，故采用LSD法对均值进行两两比较分析。由表4-45可知，一线城市企业与三线及以下城市企业在政府市场监管行为上具有显著性差异，三线及以下企业认为政府市场监管行为明显优于一线城市的企业。通过调研与访谈，认为产生这种现象的主要原因可能是以下两个方面：一方面，一线城市相关企业更多，竞争力更大，市场监管难度更大，导致一线城市企业认为政府市场监管能力差；另一方面，三线及以下城市相关企业较为集中，甚至互相之间交往紧密，政府的市场监管行为处于一种相对较弱的状态，而企业间形成了互相监督，因此，对政府市场监管行为更为认可。

表4-45　针对企业属地的多重比较分析（LSD）

因变量	（I）规模	（J）规模	平均值差值（I-J）	标准误差	显著性	95%置信区间	
						下限	上限
市场监管	一线城市	三线及以下	-0.68495*	0.21030	0.001	-1.0993	-0.2706

注：*代表 $P<0.05$。

（二）模型运行结果分析与讨论

为进一步分析政府行为对体育竞赛表演产业发展的影响效应，本书采用结构方程模型进行假设验证，并通过对不显著路径、不适合的测量条款等的删除，得到最佳解释模型。

1. 政府经济调节行为对产业发展的影响模型与分析

由图4-26与表4-46政府经济调节行为对产业发展影响的整体模型验证结果显示，初始模型的自由度为181，卡方值为645.277，显著性概率 $P=0.000<0.05$，拒绝虚无假设，各项拟合优度指标均未达到建议值，表示假设数据与样本数据间无法契合。为使模型能够适配，在不违反 SEM 基本假定及不与相关理论相矛盾的情况下，尝试进行模型的修正，删除不显著路径，及依据 Modification Indices（M. I.）中提供的修正指数进行修正。

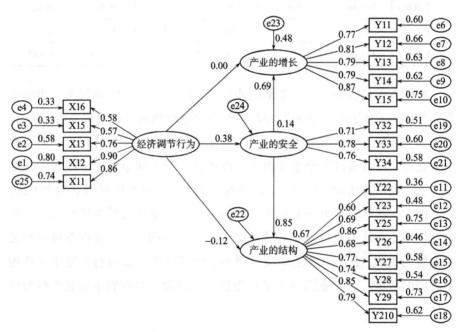

图4-26 经济调节行为对产业发展影响的初始模型（M1）

表4-46 经济调节对产业发展的影响分析

假设回归路径	标准化路径系数	显著性	是否支持假设
产业的安全←经济调节行为	0.380	***	是
产业的增长←经济调节行为	0.002	0.971	否

续表

假设回归路径	标准化路径系数	显著性	是否支持假设
产业的结构←经济调节行为	−0.118	0.038	否

拟合优度指标值：$\chi^2/df = 3.565$，RMR $= 0.087$，GFI $= 0.813$，NFI $= 0.819$，IFI $= 0.863$，CFI $= 0.862$，RMSEA $= 0.104$

注：***代表 $P<0.001$，**代表 $P<0.01$，*代表 $P<0.05$，下同。

依据政府的经济调节行为对产业增长的标准化路径为 0.002，显著性为 0.971>0.05，首先考虑删除该路径，得到模型 M2，相关拟合优度指标得到较大改善，但仍未达到建议要求。继而，对因子负载较低的测量条款 X15 进行删除，得到模型 M3，各指标有所改善，但仍未达到较好的拟合度。此时，模型中 Y22 因子负载较低，遂将其删除得到模型 M4，各拟合指标基本符合要求。但查看 Modification Indices 发现 Y25 与 Y210 之间相连，能够有效改善模型，进而将两者相连，得到模型 M5，各项指标均优于建议值，数据拟合较好。但此时经济调节行为对产业结构路径标准化系数变为−0.01，显著性 0.757>0.05，为使模型更具解释力与简约，将其删除得到模型 M6，各项指标拟合指标均优于建议值，表示模型与数据拟合较好，最终模型图如图 4-27 所示，模型修正过程如表 4-47 所示。

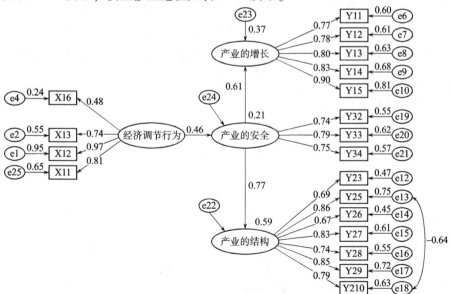

图 4-27　经济调节行为对产业发展影响的修正模型（M6）

表4-47　经济调节对产业发展的影响模型修正

模型	CMIN/DF	GFI	NFI	IFI	CFI	RMSEA
M1	3.565	0.813	0.819	0.863	0.863	0.104
M2	2.771	0.857	0.865	0.909	0.908	0.086
M3	2.475	0.896	0.904	0.925	0.924	0.079
M4	2.453	0.899	0.901	0.933	0.932	0.078
M5	1.920	0.900	0.914	0.957	0.956	0.062
M6	1.917	0.907	0.917	0.957	0.957	0.064

结合以上分析不难发现政府经济调节行为仅对产业安全产生了积极正向影响，即假设H1c得到验证。政府经济调节行为并不能直接正向影响产业的结构与产业的增长，但由图4-30也可看出，政府经济调节行为可以通过对产业安全的影响来间接影响产业增长与产业结构。由此，验证了我国政府现阶段体育竞赛表演产业发展中经济调节行为的逻辑，即政府直接进行资金的投入、财税优惠政策的提供等并没有促进体育竞赛表演产业自身的增长及产业自身结构的优化，而是为带动区域或城市整体经济的增长服务。结合问卷中各测量条款的平均分值，"政府金融优惠易获得"平均得分为3.32、"政府扶持资金易获得"平均得分为3.18、"政府税收优惠易获得"得分为3.56，量表为李克特7级打分，均低于平均4分，表明政府相关优惠财税政策等经济调节手段总体得分较低。再结合访谈的相关国有背景企业与非国有企业的负责人也得到相似的结论，政府的相关优惠政策、资助等经济调节行为最大的获利者是国有背景的企业，而且这些企业一般在本区域处于垄断地位，自身运营或创新动力不足，导致一些资源浪费，如XM市LQ集团，赛事运营一直处于不瘟不火的状态，而访谈中一些私营企业（如WJ）则认为难以分一杯羹。私营企业负责人普遍反映政府扶持资金、鼓励性资金等难以获得，WJ企业负责人OBZ直言："一方面，政府鼓励性资金、资助等一般为事后补贴，导致前期运营需要企业先行垫付，对于企业来说是一种负担，如若经营不善则会导致资金链断裂，加之政府补贴的效率较低，数额较少，一般难以弥补前期的投入，这种情况下企业难以盈利，也就难以生存，而国企则相当于国家买单，可以在负债的情况下运转，而私企很难；另一方面，一些公开招标的赛事，要么是政府内部直

接指定（主要是一些国有背景企业），要么申请费用比政府给予的费用还高，要么申请后政府对价格、服务、运营等方面的干预导致企业难以盈利，还不如省 200 元的标书费（政府招标项目，一般需要一定的费用，各地有所不同）"。另外，在调查中发现，一些国有企业，场馆、设施等硬件资源较为丰富，能够享受政府给予的水、电、暖等优惠政策，但资源浪费现象严重，如某企业场馆内采用中央空调，即使场馆处于闲置状态空调也会一直开放，这是由于管理办公室的空调与场馆是同一线路，这种优惠政策的获得显然会造成不公平竞争，更是一种资源的浪费。由政府经济调节行为对体育竞赛表演产业结构影响不显著也可得出，产业内部结构的优化升级主体仍是企业，政府仅起到导向性与辅助性等作用。综上，本书为政府的经济调节行为的调整提供了方向与思路，即减少直接的资助与优惠财税政策的提供，加强有利于赛事产业安全的相关投资与建设，不断优化国企或行业协会的作用，使其起到"承上启下"的作用，将政府简政放权后的权力进一步下放，资源进一步下放。政府以促进产业安全的经济调节行为来间接促进赛事产业的增长与结构的不断优化。

2. 政府社会管理行为对产业发展的影响模型与分析

由图 4-28 与表 4-48 可知，政府社会管理行为对产业发展影响的整体模型验证结果显示，初始模型的自由度为 173，卡方值为 480.414，显著性概率 $P=0.118>0.05$，接受虚无假设，但各项拟合优度指标部分达到建议值，表示假设数据与样本数据间契合度还不够高。为使模型更为适配，在不违反 SEM 基本假定及不与理论相矛盾的情况下，尝试进行模型的修正，删除不显著路径，及依据 Modification Indices（M. I.）中提供的修正指数进行修正。

表 4-48　社会管理行为对产业发展的影响路径分析

假设回归路径	标准化路径系数	显著性	是否支持假设
产业的结构←社会管理行为	0.423	***	是
产业的增长←社会管理行为	0.335	***	是
产业的安全←社会管理行为	0.335	***	是

拟合优度指标值：$\chi^2/df=2.777$，RMR=0.081，GFI=0.849，NFI=0.861，IFI=0.907，CFI=0.906，RMSEA=0.086

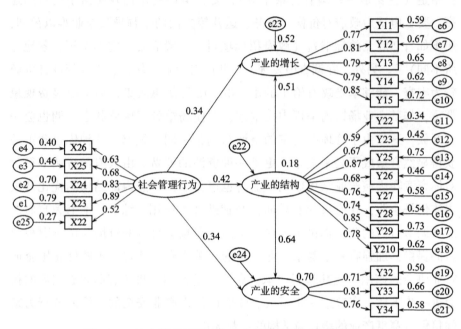

图4-28 社会管理行为对产业发展影响的初始模型（M1）

依据上文分析，进行社会管理行为对产业发展影响模型的修正，首先观察到X22的因子负载较低，结合测量题项为"政府政务了解情况"，企业一般通过各种途径了解与本企业发展直接相关的政务，政府政务的公开情况对产业发展有一定的指导、作用，但对企业发展或者产业发展来说相对价值较小，故首先考虑将其删除，看删除后的拟合情况，由表4-49可知，删除题项X22后得到的模型M2，整体拟合指标有所改善，但仍未达到理想的拟合。继而，查看 Modification Indices 中提供的修正数据，发现仍然是Y25与Y210之间相连能够有效改善模型拟合情况，得到模型M3，但模型中仍存在拟合指数不理想的情况，继而找寻 Modification Indices 中下一个更大值，发现X24与X26之间存在较大相关，继而相连形成模型M4。各项指标均优于建议值，表明，模型拟合较好，修正后的模型M4如图4-29所示，模型修正过程如表4-49所示。

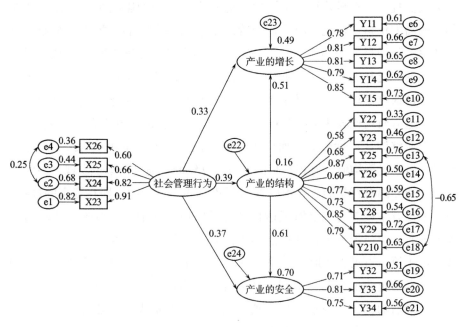

图 4-29 社会管理行为对产业发展影响的修正模型（M4）

表 4-49 社会管理对产业发展的影响模型修正

模型	CMIN/DF	GFI	NFI	IFI	CFI	RMSEA
M1	2.777	0.849	0.861	0.907	0.906	0.086
M2	2.787	0.861	0.872	0.914	0.913	0.087
M3	2.218	0.890	0.902	0.944	0.943	0.072
M4	2.045	0.900	0.911	0.952	0.952	0.067

由以上分析可得政府社会管理行为对产业的增长、结构、安全均产生了正向积极效应，假设 H2a、H2b、H2c 均得到了验证。结合测量题项及访谈，发现政府对赛事或体育文化氛围、舆论氛围等的营造，对居民支持与参与体育赛事产生了积极影响，符合本模型验证的结果，相关题项得分较高，其中，文化氛围均分为 4.49、舆论氛围得分为 4.61、社会环境安全得分为 5.14，也反映企业对政府社会管理行为的认可。由图 4-29 可知，政府社会管理行为可以对产业的增长、结构、安全产生直接积极影响，也可通过对体育竞赛表演产业结构的影响间接影响产业的增长与安全，其他路径

系数较低且不具有显著性。本书中政府对产业结构的影响主要指促进产业结构的高度化与合理化，政府社会管理水平的提高能够有效提高企业运营的效率、降低赛事举办成本、提高赛事举办质量、促进不同类型与不同项目赛事的广泛开展及相关企业的不断增多、区域均衡发展等。通过对相关企业的访谈也发现，无论私企还是国企对政府在体育文化氛围、舆论氛围等的营造方面均比较认可，但对一些赛事相关政务的公开上存在较大分歧，国有企业整体认可度较高。而民主协商方面，根据测量题项 X26，得分为 4.15，虽高出平均值，但相对其他方面得分较低。通过访谈也发现，一些规模较小或非国有背景的企业难以参与到政府的决策过程，即在赛事的选择、举办上没有主动参与或能够表达自己意见的途径或地方。对于一些较为大型的国有企业访谈发现，即使能够提出自己的意见，但赛事是否举办仍是政府说了算。可见，政府在赛事选择与举办上的过度干预或独断专行限制了一些私营企业的参与，不利于社会各类资本的进入与支持。综上，有理由认为政府的社会管理水平越高越有利于体育竞赛表演产业的发展，无论是国有还是非国有企业对政府在体育竞赛表演产业发展中的社会管理行为认可度较高，政府社会管理行为对产业的增长、结构、安全既产生了直接积极影响，又可通过对产业结构的影响间接影响产业的增长与安全，产业的高质量、可持续发展离不开政府积极有效的社会管理行为。由此，体育竞赛表演产业发展中政府行为优化的着力点应在社会管理行为的进一步完善，主要在进一步加强体育竞赛表演相关文化、舆论氛围营造，以及民主协商机制建设等方面。

3. 政府市场监管行为对产业发展的影响模型与分析

依据理论分析及数据拟合，政府市场监管行为对产业发展影响的初始模型如图 4-30 所示，路径分析结果如表 4-50 所示。结果显示，初始模型的自由度为 143，卡方值为 533.089，显著性概率 $P = 0.000 < 0.05$，拒绝虚无假设，拟合优度指标也未达到建议值，表示假设与样本数据间不契合。为使模型适配，在不违反 SEM 基本假定及不与理论相矛盾的情况下，尝试进行模型的修正，删除不显著路径，及依据 Modification Indices（M. I.）中提供的修正指数进行修正。

依据上文分析，对模型进行修正，首先考虑删除不显著的路径，由表 4-50 可知，市场监管行为与产业的增长、结构两条路径均不显著，因此，删除路径看模型的拟合情况，由于市场监管与产业结构之间的路径系数仅为 0.007，进行删除得到模型 M2，然后，删除市场监管与产业增长之间的路径得到模型 M3。由模型 M3 发现各拟合指标均有所提高，但还未达到理想的模型。继而查看 Modification Indices，发现是 Y25 与 Y210 之间相连能够有效改善模型拟合情况，随即得到模型 M4。但模型拟合情况仍不理想，发现 Y22 标准化因子负载较低，考虑给予删除，得到模型 M5。发现各拟合指标均达到建议值以内，表明模型拟合度较好，修正后的模型 M5 如图 4-31 所示，修正过程如表 4-51 所示。

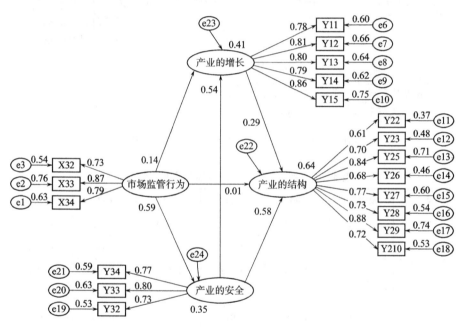

图 4-30　市场监管行为对产业发展影响的初始模型（M1）

表 4-50　市场监管行为对产业发展的影响路径分析

假设回归路径	标准化路径系数	显著性	是否支持假设
产业的安全←市场监管行为	0.592	***	是
产业的增长←市场监管行为	0.141	0.091	否
产业的结构←市场监管行为	0.007	0.915	否

拟合优度指标值：$\chi^2/df = 3.728$，RMR $= 0.131$，GFI $= 0.837$，NFI $= 0.833$，IFI $= 0.872$，CFI $= 0.871$，RMSEA $= 0.107$。

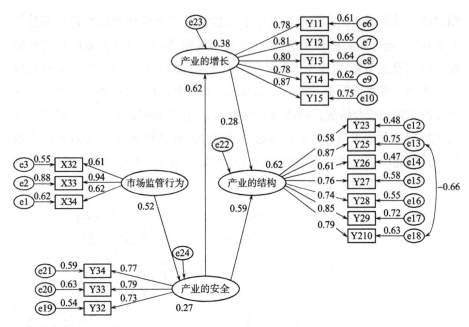

图 4-31　市场监管行为对产业发展影响的修正模型（M5）

表 4-51　社会管理对产业发展的影响模型修正

模型	CMIN/DF	GFI	NFI	IFI	CFI	RMSEA
M1	3.728	0.837	0.833	0.872	0.871	0.107
M2	3.417	0.846	0.848	0.888	0.887	0.101
M3	3.216	0.859	0.862	0.902	0.901	0.095
M4	2.804	0.870	0.879	0.919	0.918	0.087
M5	2.304	0.900	0.910	0.947	0.946	0.074

　　由图 4-31 可知，政府的市场监管行为直接正向影响了产业的安全发展，假设 H3c 得到了验证，市场监管对产业的增长、产业的结构并没有产生直接正向影响，假设 H3a、H3b 均没有得到验证，但可以看出市场监管行为通过影响产业的安全正向影响了产业的增长与产业的结构，而且产业的增长又正向影响了产业结构。结合测量题项与访谈发现，现阶段企业对政府监管行为比较认可，尤其在相关法律、法规保障赛事市场公平竞争、规范有序方面得分均达到 4.5 分左右，整体上看政府监管行为促进了产业的安全发展。但访谈中也发现，政府监管行为也有缺失，如访谈北京市"OD 俱

乐部"负责人 LCM，政府允许厂房改建成篮球馆，并签订相关协议，至少使用 5 年，但运营不到 2 年，政府突然收回，并以影响城市形象为由给予拆除，虽然企业获得了一定的补偿，但整体上造成资源的浪费，也反映了政府部门之间监管的不协调性，城建部门与体育相关部门间没有形成良性监管，导致政府公信力下降，也造成企业品牌等无形资产的损失。依据前文相关研究也可得出，政府相关行政部门间需要"多规合一"，尤其，城市建设规划与体育场馆、设施等建设规划，只有这样才能避免资源的浪费，提高政府公信。"福建省 HXLA 研学交流中心"作为半政府性质的企业，其负责人 GRZ 也谈到一些赛事资源只是政府对口给予提供。综上，整体上看政府监管行为得到企业认可，对产业的安全发展具有直接积极正向影响作用，对产业结构与增长没有产生直接正向影响，但产生了间接正向影响。由此，政府监管行为的优化应以营造公平竞争的市场环境、健全相关监管制度、对全过程及全部市场主体进行监管，杜绝特权。

4. 政府公共服务行为对产业发展的影响模型与分析

依据理论分析及数据拟合，政府市场监管行为对产业发展影响的初始模型如图 4-32 所示，路径分析结果如表 4-52 所示。结果显示，初始模型的自由度为 163，卡方值为 600.859，显著性概率 $P = 0.000 < 0.05$，拒绝虚无假设，拟合优度指标也未达到建议值，表示假设与样本数据间不契合。为使模型适配，在不违反 SEM 基本假定及不与理论相矛盾的情况下，尝试进行模型的修正，删除不显著路径，及依据 Modification Indices（M. I.）中提供的修正指数进行修正。

表 4-52　公共服务行为对产业发展的影响路径分析

假设回归路径	标准化路径系数	显著性	是否支持假设
产业的增长←公共服务行为	0.543	***	是
产业的结构←公共服务行为	0.093	0.195	否
产业的安全←公共服务行为	0.389	***	是

拟合优度指标值：$\chi^2/df = 3.686$，RMR = 0.135，GFI = 0.814，NFI = 0.821，IFI = 0.863，CFI = 0.861，RMSEA = 0.106

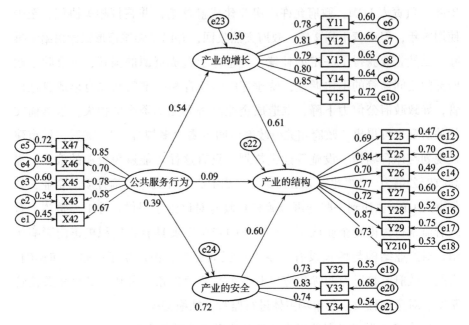

图 4-32　公共服务行为对产业发展影响的初始模型（M1）

依据上文分析，对模型进行修正，首先考虑删除不显著的路径，由表4-52 可知，公共服务行为与产业的结构之间路径系数仅为 0.193，且不显著，因此，删除路径看模型的拟合情况，删除后得到模型 M2，拟合指标虽有改善，但仍不理想。继而查看 Modification Indices，发现是 Y25 与 Y210 之间相连能够有效改善模型拟合情况，随即得到模型 M3。但模型拟合情况仍不理想，发现 X46 标准化因子负载较低，考虑给予删除，得到模型 M4。发现各拟合指标部分达到建议值，为使模型拟合更好继续查看 Modification Indices，发现基本达到建议值以内，表明模型拟合度较好，修正后的模型 M5 如图 4-33 所示，模型修正过程如表 4-53 所示。

表 4-53　社会管理对产业发展的影响模型修正

模型	CMIN/DF	GFI	NFI	IFI	CFI	RMSEA
M1	3.686	0.814	0.821	0.863	0.861	0.106
M2	3.429	0.826	0.834	0.877	0.875	0.101
M3	2.997	0.842	0.859	0.902	0.901	0.091

续表

模型	CMIN/DF	GFI	NFI	IFI	CFI	RMSEA
M4	2.721	0.860	0.876	0.918	0.917	0.085
M5	2.153	0.895	0.908	0.949	0.948	0.070

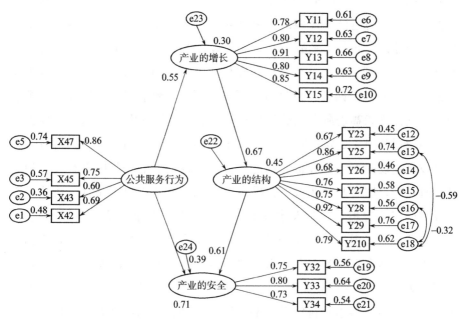

图 4-33 公共服务行为对产业发展影响的修正模型（M5）

由图 4-33 可知，政府公共服务行为对产业的增长与产业的安全产生了直接正向影响，对产业结构影响不显著，即假设 H4a 与 H4c 得到验证，而 H4b 未得到验证。也可得出政府公共行为能够通过影响产业增长而间接正向影响产业结构。政府公共服务行为与产业增长之间的路径系数高达 0.55，也充分说明政府公共服务行为越优化越有利于产业增长。政府公共服务行为与产业安全之间的路径相关系数为 0.39，也处于较高的水平，说明政府公共服务行为越优化越有利于产业的安全发展。结合题项与访谈，发现政府公共服务相关得分均在 4 分左右，也就是说企业对政府公共服务行为的认可一般，尤其在政府对产业科研投入方面，均分仅为 3.4。结合调研与访谈，也印证了政府在科研方面投入的缺失。对相关企业的访谈中发现，相关企业感受不到政府的科研创新方面的投入，与科研所、高校等科研机构的结合并不紧密。对 SH 市体育局局长 SYG 的访谈中也得知，政府注意到高校与相关企业需要合作，但并没有找到相应的切入点或突破口，现阶段只是相关高校学生到企业去实习。由于科研的正外部性与公共性，如果政府不加大相关科研投入仅靠企业是很难有所发展的。但 SH 市注重体育基础场地设施建设，为建设体育强市，2020 年，按照能够接待国际级赛事的甲类场馆标准建设，兼顾"平战结合"布局设计的"省百大项目"市民健身中心（滑冰馆）项目施工；市奥林匹克体育公园项目、市滑雪场项目等也作为市体育事业"十四五"发展重点任务，可见，政府对场馆硬件设施等建设是发展体育竞赛表演产业的重要选择。然而，问卷中 X42 基础场地设施建设情况得分为 4.2 分，虽高于平均值，但认可度并不高，这主要是因为，场地设施建设并不是所有企业都能获益，获益最大的仍是国有企业，但整体体育竞赛表演产业发展水平的提高也为私企发展提供了条件。访谈中企业反映最多的为相关专业人才较难获得与赛事信息服务平台建设不完善，尤其私营企业（俱乐部）希望政府或行业协会等能够构建完善的赛事信息服务平台。结合问卷 X43 人才需求情况得分为 3.8 与 X47 赛事信息平台建设得分为 3.9，也说明企业对政府在人才培养及信息平台建设方面认可度较低。"ZH 体育"赛事项目负责人 YC 认为："私营俱乐部（企业）组织的赛事，其他俱乐部一般不认可，也不会参与，需要行业协会发挥桥梁与纽带作用，构建本区域的俱乐部联盟，进而定期进行联盟内部的比赛，这样既能锻炼技能，又能提高参与这项运动的积极性，如果体育局或行业协会能够将一些运动员等级考核等权利通过一定方式下放，或制定专门的青少年儿童的运动员等级考核，或许更有利于孩子与家长的认可与参与。现阶段赛事市场前景较好，但缺乏相应的人才，一些企业迅速发展起来，但发展起来后缺乏管理经验接着又进行收缩，导致一些企业反应较慢则被淘汰，也就是被不理性的扩张而拖垮。"由此，可以看出政府公共服务的提供方面除了硬件的场馆、基础设施等方面供给，在相关人才培养、科研投入及赛事公共服务平台建设方面也应进一步加强，以满足赛事产业高质量、可持续发展要求。这些也是进一步优化政府在公共服务努力的主要方面。

综上，本书的假设检验结果汇总，如表 4-54 所示。

表 4-54 假设检验结果汇总

编号	假设内容	检验结果
H1a	政府经济调节能力越强，产业增长效应越明显，反之，则越差。	不支持
H1b	政府经济调节能力越强，产业结构效应越明显，反之，则越差。	不支持
H1c	政府经济调节能力越强，产业安全效应越明显，反之，则越差。	支持
H2a	政府社会管理行为越好，产业增长效应越明显，反之，则越差。	支持
H2b	政府社会管理行为越好，产业结构效应越明显，反之，则越差。	支持
H2c	政府社会管理行为越好，产业结构效应越明显，反之，则越差。	支持
H3a	政府市场监管行为越完善，产业增长效应越明显，反之，则越差。	不支持
H3b	政府市场监管行为越完善，产业结构效应越明显，反之，则越差。	不支持
H3c	政府市场监管行为越完善，产业安全效应越明显，反之，则越差。	支持
H4a	政府公共服务越完善，产业增长效应越明显，反之，则越差。	支持
H4b	政府公共服务越完善，产业结构效应越明显，反之，则越差。	不支持
H4c	政府公共服务越完善，产业安全效应越明显，反之，则越差。	支持

第四节　本章小结

　　本章首先在前人研究的基础上构建了政府行为对体育竞赛表演产业发展影响效应的理论模型，即政府的经济调节行为、社会管理行为、市场监管行为与公共服务行为对体育竞赛表演产业的增长、结构、安全等发展影响的理论模型。其次，提出了本书的假设并编制了政府行为对产业发展影响效应的量表，并通过专家对问卷结构与内容效度的评价、小样本分析等对问卷的信效度进行了检验，对测量条款进行了净化，进而得到最终测量量表。再次，进行了大样本调查与假设检验，在对测量条款的内部一致性、收敛效度、区别效度、内容效度等分析的基础上通过结构方程模型检验了假设。最后，结果显示：①企业的性质、规模对政府经济调节行为的影响具有显著性差异，其中，国有企业对政府经济调节行为的认可度较高；企业规模在"100 人及以下"与"300 人及以上"在政府经济调节行为上具有显著性差异，300 人及以上企业认为政府经济调节行为明显优于 100 人及以下的企业，这符合现阶段政府经济调节行为的倾向；从企业的属地看，一线城市企业与三线及以下城市企业在政府市场监管行为上具有显著性差异，三线及以下企业认为政府市场监管行为明显优于一线城市的企业，这可能主要是由于一线城市相关企业较多，竞争较为激烈，导致政府监管行为相对失衡；②政府经济调节行为仅对产业安全产生了积极正向影响，即假设 H1c 得到验证；政府经济调节行为并不能直接正向影响产业结构与产业增长，但可以通过对产业安全的影响来间接影响产业增长与产业结构；③政府社会管理行为对产业的增长、结构、安全均产生了正向积极效应，假设 H2a、H2b、H2c 均得到了验证。因此，政府的社会管理水平越高越有利于体育竞赛表演产业的发展，无论是国有还是非国有企业对政府在体育竞赛表演产业发展中的社会管理行为认可度较高，政府社会管理行为对产业的增长、结构、安全既产生了直接积极影响，又可通过对产业结构的影响间接影响产业的增长与安全；④政府的市场监管行为直接正向影响了产业的安全发展，假设 H3c 得到了验证，市场监管对产业的增长与产业的结构并没有产生直接正向影响，假设 H3a、H3b 均没有得到验证，但得出市场监管行为通过影响产业的安全正向影响了产业的增长与产业的结构，而且产业的增长又正向影响了产业结构；⑤政府公共服务行为对产业的增长与产业的安全产生了直接正向影响，对产业结构影响不显著，即假设 H4a 与 H4c 得到验证，而假设 H4b 未得到验证，同时得出政府公共服务行为能够通过影响产业增长而间接正向影响产业结构。文中结合各题项得分及相关访谈进行了结果的探讨，为政府行为优化提供了思路与依据，即为下一章政府行为优化奠定了一定基础。

第 五 章

我国体育竞赛表演产业发展中
政府行为的优化路径

体育竞赛表演产业发展中政府行为的优化是本书研究的落脚点。从体育竞赛表演产业发展中政府行为的历史与现实逻辑来看，政府行为具有"双重逻辑"与"双重效应"，即政府既有促进经济产业发展的动力，又有满足自身发展的动力逻辑；既对产业产生与发展具有积极的促进效应，又对产业进一步市场化、产业化发展形成阻碍，具有消极效应。从政府行为对产业发展的影响效应看，政府的经济调节行为具有较强倾向性，国有或具有国有背景企业及规模较大企业获益较大，认可度较高，私营中小企业认可度较低，而这一部分企业恰恰是社会资本盘活的重点。政府的社会管理行为能够直接正向影响产业的增长、结构与安全发展，政府社会管理水平的提高能够对产业发展起到直接积极的正向作用，其中，体育赛事文化、舆论氛围营造及民主协商机制的完善最为重要。政府的市场监管行为对产业的安全具有直接正向影响，并能通过对产业的安全影响正向影响产业的结构与增长，由此，政府的监管行为应致力于维护市场的公平竞争与良性运行，保障产业的安全发展。政府的公共服务行为对产业的增长与安全具有直接正向作用，但对产业结构影响不显著，其中，政府科研创新投入与人才培养方面得分较低。因此，由政府行为对体育竞赛表演产业发展的影响效应看，政府行为优化应以促进产业结构的高度化、合理化为突破口，经济调节行为以保障产业安全为边界，以盘活社会资本为核心；社会管理行为以营造赛事文化、舆论氛围等为核心；市场监管行为以保障市场良性运行为重点；公共服务行为以加大科研创新投入与人才培养等为根本。综上，无论从体育竞赛表演产业发展中政府行为的历史与现实逻辑，还是从政府行为对产业发展的影响效应来看，政府在体育竞赛表演产业发展中发挥着重要的积极与消极作用，政府行为既有合理、有效的方面，又存在"越位""错位""失位""不到位"等问题。如何更好地发挥政府作用，促进市场在资源配置中起决定性作用，营造公平竞争良性运行的市场秩序、保障体育竞赛表演产业健康、持续、高质量发展，仍需针对性地优化政府行为。鉴于以上分析，本章以构建"政府有为""市场有效""企业有利"的体育竞赛表演市场为目标，对政府的经济调节、市场监管、社会管理、公共服务等行为进行针对性优化。其中，政府有为就是政府要在尊重企业、尊重市场差异的基础上，做企业想做而做不了的事；市场有效主要指市场能够在资源配置中逐渐起决定性作用，形成具有差异性企业的市场；企业有利，就是企业能够自主造血，从体育竞赛表演产业发展中获得利润，而不仅仅是获得政府的补贴或奖励等。

第一节　政府经济调节行为优化

由政府经济调节行为的效应可知，政府经济调节行为以保障产业的安全为边界。也就是说，只要体育竞赛表演产业的市场发展在安全的范围内，政府经济调节行为包括财税优惠政策、引导性资金、鼓励性资金、财政补贴等并不能直接促进产业的增长与产业结构的合理化与高度化发展。政府经济调节行为应致力于消除赛事资源垄断、优惠政策供给不公平，在此基础上加强市场主体培育激活社会资本，提高市场活力。

一、优化赛事资源配置方式

让"市场在资源配置中起决定性作用"的社会主义市场经济要求下，体育竞赛表演产业的高质量、可持续发展也必然要求政府不断简政放权，逐渐让市场成为赛事资源配置的主体。一是，减少政府对赛事资源的直接供给。采用政府赛事规划与企业赛事上报相结合的方式，逐渐形成以企业申报为主，政府规划为辅的格局。对于政府规划的赛事以公开招标、委托第三方或建立企业、半企业性质的赛事运营综合服务公司或平台等方式选择最适合的企业，充分发挥赛事的经济与社会价值的同时，有利于举办企业文化的塑造及进一步发展。对于企业上报的赛事，尤其一些企业依据市场需求而举办的具有特色与潜力的赛事，政府做好备案，并给予针对性的指导与支持，杜绝设租、寻租，以及对定价、命名等市场主体合法行为的干预。二是，深化相关国有背景的企业与组织改革。赛事运营相关国有背景的企业或组织，一般不涉及国家核心机密等，因此，可以进行混合所有制改革，即让私营企业以股东或会员等形式加入，并参与赛事资源的配置，进而提高企业的竞争力，提高赛事资源配置的效率。国有背景相关企业和组织的混合所有制改革有利于消除对赛事资源的"二次垄断"与分配不公。尤其一些赛事举办中，并不是所有的业务国有背景的企业均能承担，对于超出自身业务范围及承受能力的，应通过公开竞标的形式，让具有相关业务的企业承担相关的业务，帮助企业更好地成长，进而共享赛事审批权取消后的政策优惠，形成私营企业与国有企业的良性互动，共促产业高质量、可持续发展。三是，加强中介组织的培育。中介组织的发展与完善是国外赛事市场化发展程度较高国家与地区最重要的经验。现阶段，我国体育竞赛表演市场发展中应运而生了一种新组织——"政企公关"组织，即作为政府与企业间的桥梁，为企业争取政府相关优惠政策，为政府推荐相关企业，承担相应的赛事业务的组织。这可以说是一种过渡性的"中国式中介组织"，但这类机构更多的是由具有政府背景的一些组织或个人组建，如果缺乏规范，则会出现寻租、设租、受贿、行贿等问题。我国政府在赛事产业相关政策宣传、执行中仍存在一些"痛点""堵点"，而政企公关组织恰好能够有效疏通这些地方，起到"活血化瘀""舒筋活络"的作用。依据这一现象，政府部门应更加主动，并不是"一刀切"地全盘否定，而是通过对这些组织的评估，加强对这些组织的监管，避免一些暗箱操作、设租寻租等违法现象，使这种组织公开、透明地进行政企公关，以促进这类组织真正成为赛事产业发展中的中介组织，成为产业发展的"润滑剂"。因此，在我国体育竞赛表演产业发展中相关中介组织不发达的情况下，加强对"政企公关"组织的监管，保障其公平公开进行资源配置，进而推动其逐渐成为体育竞赛表演产业真正的中介组织，是提高资源配置效率的捷径。

二、优惠政策供给过程优化

政府提供的财税等优惠政策是政府经济调节行为的核心，但研究发现优惠政策更多是倾向于国企及大型企业，虽然这种政策倾向性具有一定合理性，但从效果看，并没有促进产业的直接增长，甚至对一些社会资本产生了挤出效应，即对产业的市场化发展产生了阻碍。因此，有必要对优惠政策供给的全过程进行优化。一是，提高优惠政策供给的精准性。精准施策才会实现资源的最优化配置，精准施策的前提则是全面调研与评估。一方面，需要政府相关部门以委托第三方的形式，如高校、科研机构等，深入体育竞赛表演产业相关企业进行全面的调研与访谈，真正了解企业所需，解决企业切实遇到的瓶颈与问题，针对性地制定相关优惠政策，而不应一味借鉴、生搬硬套别的产业政策，甚至"拍脑门"，想当然地制定政策；一方面，需完善对企业的评估机制。访谈中一些私营企业总是谈到"获得政府优惠政策需要具有一定的资质"，也就是符合一定的条件，但这些条件的科学性、合理性、适用性等并没有真正去验证，导致这些优惠即使是具有发展潜力的私营企业，也难以获得。因此，完善评估机制，不仅以企业的背景、规模、注册资金等硬性指标来衡量，要针对企业提供服务的质量、成本及影响等情况综合评价。尤其是对一些提供"新""精""特""新"服务的企业，更是要针对性地给予政策支持。二是，破除优惠政策供给后的限制性。尤其是，在一些政府购买服务中，有些企业虽然通过公平竞争获得了赛事的举办权，政府承诺给予财税、资金等优惠或补贴，但通常会有许多对企业市场行为的束缚与限制条件。如对企业提供产品与服务的质量、定价、命名等直接经营活动的过度干预，导致企业难以获利，也就难以健康、持续发展。由此，政府应减少优惠政策供给后的限制条件与附加条件，突出企业的主体地位与责任，帮助企业更好地宣传。变政府事后资助为事前资助，评估赛事举办带来的社会与经济效应，合理进行转移支付，使企业能够实现资金的顺利周转。三是，注重优惠政策供给的延续性。尤其，在精品赛事或品牌赛事的培育方面。精品与品牌赛事的培育是一个长期的过程，应根据区域品牌赛事的发育程度进行针对性的政策供给，逐渐退出区域品牌赛事的微观运营，实现品牌赛事的市场化发展。而对于政府倡导的废弃厂房改造等政策，需要与当地城建、环境规划等部门进行协调与配合，杜绝出现刚改造完成，受其他影响而强制性拆除等资源浪费现象。

三、加强赛事市场主体培育

由体育竞赛表演产业发展中政府行为的效应看，政府对体育竞赛表演产业结构的合理化、高度化发展影响较差，也就是说市场主体是体育竞赛表演产业结构升级的主体，是产业高质量、可持续发展的核心，政府应着力于市场主体的培育，以更好地发挥市场在资源配置中的决定性作用。而问卷中"政府培育市场主体积极性"测量条款的平均得分仅为 3.9 分，也可看出企业对政府培育市场主体行为的认可度并不高。由政府行为的微观动力逻辑看，政府更倾向于引进赛事而获得短期效应，对市场主体培育的积极性与持续性较差。因此，加强对市场主体能力的培育是政府经济行为优化的着力点之一。一是，加强政府对市场主体能力培育的持续性与连续性。由于受政府主要官员晋升需求，政府官员任期短，调动性强，导致政府官员更倾向于"短""平""快"的项目，而优质赛事或品牌赛事的培育是一个连续的、长期的过程，这也就导致政府培育赛事市场主体的积极性较差。因此，仍需结合政府官员的考核机制改革，推动政府赛事市场主体培育的积极性与主动性。对政府赛事主体培育给予客观、公正的评价，并加大对市场主体培育较好政府的奖励与鼓励，加大宣传力度，以此，来表明政府对赛事市场主体培育的决心与倾向性。相关部门针对性地跟踪赛事市场主体培育，防止换届后对前期工作的全盘否定，而重新进行培育，导致资源的浪费。有条件的城市或地方政府，可以将体育竞赛表演产业作为主导产业来打造，使其成为政府税收及当地居民收入的主要来源，这样也就形成了稳固的利益共同体。政府、企业、居民等行为主体均可从产业发展中获益，如此也就形成促进产业及赛事举办可持续发展的合力。而体育竞赛表演产业的发展不能仅靠政府的推动，也不能完全由市场自由发展与自主发展，政府要将显性的利益或经济增长追求与隐性的"自我提升""自我晋升"等政绩需求结合起来，通过利益导向来引导各方之间的合作。政府对于品牌赛事、特色赛事的培育，不仅要注重经济与政治目标，更要注重民生目标，使相关利益者之间达到和谐发展的状态，进而提高管理的效率。二是，培育产业链，带动本土品牌产业的宣传与发展，形成生态链。由世界体育名城的发展历史可知，利用赛事形成产业链，带动民族品牌产业的发展是其体育产业或体育竞赛表演产业持续发展的主要原因。如 1964 年东京奥运会，被誉为日本的高光时刻，不仅使日本树立了信心，更重要的是将日本的精工、富士胶卷、日本彩电等民族产业、民族品牌推向世界，带动整个日本经济产业的快速发展；而 1988 年汉城奥运会韩国则将三星、汽车等民族品牌企业推向了世界。这也启示，城市（地方）政府在赛事的选择与培育中应结合本土的品牌产业发展及自身资源禀赋，让赛事成为城市的标志或符号。政府应注重赛事产业链、生态链的培育，形成赛事、培训、教育一体化发展的局面。即通过赛事的培育，教育部门结合赛事进行相关技术技能的培训，使其具备一定的运动技术技能，进而产生消费与培训需求，形成生活方式，进而参与赛事，形成赛事消费的群体，进而形成一条完整的"教育—培训—赛事—教育"的生态链，带动整个区域经济社会的健康持续发展。

综上，政府经济调节行为的优化应以转变政府职能、改革国有企业及加强中介组织的培育等方式优化资源配置为核心；以提高政府优惠政策的精准性、破除政策的限制性及注重政策的延续性等优化政府优惠政策供给为抓手，以培育市场主体为着力点，达到盘活社会资本，吸引更多社会力量进入的目标。

第二节　政府社会管理行为优化

政府社会管理行为对产业的增长、结构、安全均具有积极正向影响，因此，优化政府社会管理行为是促进产业高质量、可持续发展的重中之重。研究发现，无论国有企业还是非国有企业对政府在体育赛事文化与舆论氛围营造方面认可度较高，且认为区域体育赛事文化与舆论氛围对企业发展至关重要。而对赛事选择与举办中民主协商机制建设认可度普遍较低，这也是导致供需错位，体育竞赛表演市场化发展受阻的重要原因之一。因此，本书从健全民主协商机制、营造舆论与文化氛围等方面探讨了政府社会管理行为的优化。

一、健全多元民主协商机制

无论从体育竞赛表演产业发展中政府行为的历史逻辑，还是现实逻辑，以及产生的效果看，政府自上而下的政策供给与赛事供给，是导致政府行为对产业发展影响效果不理想的关键。而这种自上而下的供给显然具有独断性，与真正的市场需求之间存在较大差异，与人民的期望也存在一定差异。因此，健全民主协商机制，赛事的选择与举办以"老百姓答不答应，满不满意"为出发点与落脚点，才会满足消费者需求、满足人民期望，符合社会整体利益。一是，赛事选择与举办以当地居民利益诉求为核心，自下而上满足各主体的利益诉求。赛事的选择与举办应综合衡量各相关主体的利益，但必须把当地居民利益放在首位或核心位置。这既符合赛事选择与本地资源禀赋、文化氛围等相吻合的逻辑，又是以人民为中心发展的要求。如大型赛事属于稀缺资源，每举办一次会有很长时间的间隔，并且很难持续获得此类赛事的举办，如果举办后场馆设施等经营不善，则会造成资源浪费。因此，在选择与举办前政府部门或城市社区工作人员应做好民意调查，征得本地居民的支持与关注。在居民支持的基础上政府与承办企业、项目协会、科研机构等共同商定相关细节，如举办所用场馆、基础设施、公共服务等方面，如何以最小代价获得更大效果，详细制定赛事举办后相关场馆、设施的经营与利用规则，真正做到惠民，赛事成果与人民共享。二是，树立合作共赢的工作理念，形成"上下共欲"的体育竞赛表演产业发展氛围与模式。即实现政府官员、行业协会、人民大众与市场主体等利益的一体化发展。在政绩考核中，上级政府部门依据当地居民的反馈，来评定城市、社区各项工作及政府工作人员的绩效等，尤其收集一些"朋友圈""抖音"等与居民生活息息相关的网络平台中对赛事举办的舆论情况，进而真正了解居民对赛事举办的认可程度及赛事的受欢迎程度。在赛事选择与举办中，政府部门多与企业、市民代表等进行沟通，定期或不定期深入到相关企业与居民中进行调研与访谈，真正了解本区域企业及居民的真实需求，针对性地解决企业发展的瓶颈问题，为企业与居民创造良好的社区与城市形象等服务。充分发挥企业与居民的主动性，吸纳企业与居民的合理意见，以此，深化政府为民服务的观念与理念，提高政府公信力。

这也有利于形成政府、行业协会、企业、居民等利益共同体，上下共欲，为社区与城市发展服务。体育竞赛表演产业发展中的多元民主协商机制如图 5-1 所示。

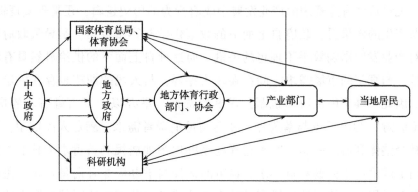

图 5-1 体育竞赛表演产业发展中多元民主协商的组织机制

二、营造赛事文化与舆论氛围

良好的文化与舆论氛围是产业健康、持续发展的前提。加强对体育健身、娱乐等文化、舆论氛围的营造有利于提高人们对赛事的认识、认可，有利于相关社会资本进入本产业。一是，加强相关文化氛围营造，弥补现阶段体育竞赛表演产业发展中投资与消费的不足。政府相关部门应结合本地实际，以招标、公私合营等形式加大对基础设施、体育场馆及设施建设，扩大体育参与人口，刺激体育消费，让居民逐渐形成参与体育运动，观看体育比赛的意识与习惯。如现阶段某些省、市发放的"体育消费券"，有利于居民养成体育消费的意识与习惯，养成良好的生活方式等。体育竞赛表演或大型体育赛事本身就是一种经济、文化现象。体育竞赛表演中的文化因素、文化价值的体现等方面，是体育竞赛表演产业特色化发展与可持续发展的关键。赛事举办本身就是一种文化展示、宣传、教育、传播的过程，深入挖掘体育赛事的文化价值，是文化自信建设的重要组成部分。因此，体育竞赛表演产业发展中政府行为的优化应借赛事塑造文化、创造文化、传承文化、宣扬文化。通过体育赛事引导与培育全社会健康的生活方式、强烈的爱国精神、积极的竞争精神、团队合作精神等，不断丰富人们的精神文化生活。在赛事开幕式与闭幕式与本土文化相结合的基础上,深入挖掘体育运动或体育竞赛表演自身的文化价值,尤其其中蕴含的拼搏精神、公平竞争精神、团队协作精神的挖掘。对于篮球、足球等一些世界性或西方开展较好的项目,要取其精华、去其糟粕,宣扬积极阳光、健康的生活方式。总之,政府通过体育赛事塑造文化、创造文化、传承文化、宣传文化,引领社会文化发展的方向与潮流,进而不断提高全民族的文化素质,为我国经济、社会发展提供精神动力与智力支持服务。二是,加强相关舆论引导,形成良好的体育竞赛表演产业发展的舆论氛围。尤其,赛事选择与举办对区域经济社会发展影响的传播与宣传,赛事产业发展对区域经济及社会发展影响的宣传,当然,也需要结合区域经济、社会、文化等客观资源禀赋。在此基础上激发居民积极参与及支持赛事举办的意识,进而能够积极主动为赛事的选择与举办提供一些意见与建议。良好的舆论氛围下,必然产生较大需求,由此,积极引导相关社会资本积极进入,进而促进体育竞赛表演产业的进一步市场化发展,发挥市场对赛事资源配置的主导、主体作用。三是,加强对本区域中小企业的引导与支持。中小企业是我国体育竞赛表演产业的重要组成部分,是国家经济发展的活力所在,是未来经济竞争力的重要源泉,中小企业还是制度扩散、技术创新、知识扩散的重要载体,但中小企业的发展更依赖外部环境。[1] 体育文化与舆论氛围的营造还需结合本地相关中小企业的发展,使其逐渐成为本地特色的体育竞赛表演产业相关产业链或产业群,这样才会减少一些重复建设、简单模仿等脱离本地实际的做法。

综上,促进体育竞赛表演产业的发展,应着力提高本地社会管理水平,以满足广大人民的根本利益为出发点,在保持本地良好发展秩序、和谐稳定的前提下,加强基础设施与体育场馆设施等硬件建设,不断完善民主协商机制、营造良好的赛事文化与舆论氛围,激发基层大众参与的积极性及符合中小企业特色发展的需要,以此,由下至上与由上至下相结合推动体育竞赛表演产业的发展。

---

❶　任维德.地方政府竞争视野下的区域发展研究[M].呼和浩特:内蒙古大学出版社,2011:269.

第三节　政府市场监管行为优化

市场监管行为以法律法规制定、畅通监管反馈渠道为着力点。政府监管行为对产业安全产生直接积极影响，间接对产业增长与产业结构产生积极影响，为消除企业的后顾之忧，政府应通过法律法规制定，规范企业的经营行为，为一些想做事、做好事的企业提供公平公正、安全有序的经营环境，进而吸引更多相关企业的进驻。

一、建立健全相关制度

制度既是政府履行职责的依据，亦是政府行为的约束，是减少政府设租寻租，过度垄断等越位、错位、失位、不到位等问题的重要保障。习近平总书记指出加强权力运行的制约与监督，把权力关进制度的笼子，形成不敢腐的惩戒机制、不能腐的防范机制、不易腐的保障机制。因此，制度的建设与完善是政府行为优化的关键。一是，强化预算约束与公开机制，使体育赛事举办中政府相关收支在阳光下运行。"阳光"是最好的防腐剂，数据是最新式的反腐利器，完善大数据监督和技术反腐体系，通过数据公开、透明地建立反腐防火墙，将权力锁进"数据铁笼"已经成为反腐败最重要的手段。● 政府支持赛事举办中的公共收支，必须全部纳入预算管理，杜绝"账外账"。中央与地方各行政部门等动用的所有财政资金，除涉密信息外均需公开本部门的预算决算。这也是体育竞赛表演产业相关收支统计制度化的要求，为体育竞赛表演相关产业发展政策制定与赛事评估等提供依据。预算约束与公开制度有利于上级政府、企业、社会等共同监督，政府行为不断优化，减少不必要的开支与浪费，进而减少直至杜绝寻租行为的发生。

● 崔海潮,陈龙.政府与市场关系重构的逻辑理路[J].延安大学学报(社会科学版),2018,40(6):84-89.

二是，健全监管与反馈机制，畅通民意表达的渠道。如图 5-1 所示，政府行为的优化应畅通居民（消费者）、企业、地方政府、项目协会等之间反馈渠道，健全自下而上的监督机制，使得消费者、居民、企业等权益得到保障。在赛事运营相关企业申办、备案、组织运营赛事中，政府与企业直接沟通，精减政府中层管理人员，实现"外去中间商，内除隔热墙"，以企业的反馈与监督来"倒逼"政府行为的优化与改善。政府部门公开进行招标，杜绝政府既是运动员，又是裁判员的弊端，找寻第三方，畅通市场主体与公众的监督与反馈渠道，对于相关举报证实的及时严肃处理。对于监管反馈及时做出公开、客观、具体可操作的回应，而不应是如"开会讨论后回应"这样程序化的回应。三是，成立专门的体育竞赛表演产业相关法律、法规、政策等研制、调研、宣传小组。一方面，为市场公平竞争、稳定有序提供制度保障；另一方面，帮助赛事企业干成事、干好事，充分释放社会力量，提高赛事市场活力，为企业消除后顾之忧。继续深化"黑名单"等监管措施，杜绝价格乱定、乱调侵犯消费者权益等行为。对于企业的合理定价不干预、对于企业的服务质量给出底线或红线，而不需要、也不应该制定所谓的标准来进行限制。定期针对相关企业进行政策的解读与宣传，并了解企业真正的困境与所需，进一步完善政策，调整服务。四是，健全风险评估机制，减少信息不对称造成的"逆向选择"与"道德风险"。在赛事综合服务平台或公司建立的基础上，着力培养第三方平台与中介机构，使赛事信息能够得到更好的评估与公开，为企业、个人等办赛提供相关信息，减少不确定因素，增强企业与市场主体信心，激活赛事市场。

二、监管的全程化与全员化

制度的制定与执行的合法化、合理化及有效化需要全方位的监督与管理，监管缺失，再好的制度也难以有效执行。体育竞赛表演产业发展中政府行为的优化，既需要对政府选择、支持赛事举办全过程的监管，又需要对政府、企业、社会大众等参与主体的全员监管；既需要自上而下的监督体系的完善，又需要自下而上的监督体系的协调与配合。监督的原则以法律为准绳，即"法无授权不可为，法无禁止不干预"。❶ 一是，完善赛事选择与举办全过程监督。在赛事选择上，选择契合城市资源特性的赛事。按照赛事委员会要求科学配置区域体育场馆的数量、分布，既能满足全民健身需求，又能满足体育竞赛表演等赛事的举办需求。赛事是否契合城市发展需求与资源禀赋需要通过民主协商决定，这也就要求形成常态化、便利化的民主协商机制，由政府、企业、科研部门、大众等共同判断赛事举办与城市发展是否契合，是否有利于不能区域资源禀赋的发挥及特色的推广，并将赛事举办与城市发展规划相结合，融入城市的全面发展之中。在承办企业的选择上，明确企业选择的标准，在企业自愿承办的基础上，依据公开、公正、公平竞争的原则，进行对企业的评估与甄别，形成政府对企业、企业对企业、企业对政府、大众对企业、大众对政府等的监督与制约，通过电话回访、菜单监督等方式，实现上下同欲，甄别出有潜力的企业承办赛事，进而形成企业发展、城市政府发展、城市经济社会发展等合作共赢的局面。在赛事资源的下放方面，加强对国有企业及行业协会的监督，防止资源的"二次垄断"。这种情况的出现，一方面是由我国的国情决定的，我国较为优质的赛事资源大多仍掌握在政府手中，这些赛事资源的下放还没有一种有效的方式面向全社会进行，为节约时间成本、程序成本、提高效率等，只能将资源下放到较为大型的国有企业与行业协会中，这些部门一般具有政府背景，也是政府扶持的重点对象。一方面是由政府下放后监管缺失导致，国企及行业协会并没有及时通过招标或以购买公共服务等方式进行下放，导致资源浪费或赛事举办效果较差，形成对资源的再次垄断，私营企业获利有限，其参与积极性也就难以激发。由此，加强对国企及行业协会赛事资源利用效果的评估，促使其更为公平公正地将赛事资源下放，这是盘活社会资本的重要手段。赛事举办中，继续深化"黑名单"等监管措施，杜绝价格乱定、乱调等侵犯消费者权益等行为发生，但不直接干预企业的运营。赛事举办后，加强对赛事遗产的监管，避免场馆的闲置。二是，完善全员监督，健全民主协商与反馈机制。由前文的图5-1可知，一方面需要中央政府、地方政府、体育协会、国家体育总局、地方体育行政部门及体育协会、产业部门企业与当地居民等形成的多元主体协商机制，

❶ 季燕霞.政治经济学[M].北京:首都经济贸易大学出版社,2014:202.

由政府部门牵头进行协调与配合，形成长效机制，进而对赛事选择进行科学评估与论证，为赛事选择、赛事产业政策制定等提供智力支持，激发多元主体参与的积极性；另一方面，政府行为的优化需畅通居民（消费者）、企业、地方政府、项目协会等之间反馈渠道，健全自下而上的监督机制，使得消费者、居民、企业等权益得到保障。这需要政府进行信息化建设，通过网络平台、"微问政"等方式，及时收集各主体的反馈信息，进而形成与制定具有针对性的问题的解决方案与行动方案，这样才能真正满足一线的需求，实现真正关注服务对象的需求。

综上，政府职能的有效发挥需要制度为行为准则，制度的有效执行需完善的监管体系作保障，因此，体育竞赛表演产业发展中建立健全相关制度与监管全程化与全员化是政府行为优化的关键，也是政府行为优化的保障。

第四节　政府公共服务行为优化

政府公共服务行为对体育竞赛表演产业的增长与安全发展具有积极正向作用，因此，依据现阶段产业发展中政府公共服务行为的不足进行优化，是促进产业高质量、可持续发展的重要方面。结合体育竞赛表演产业发展中政府行为的历史与现实逻辑，以及效应分析，本书提出强化为民服务理念、完善创新支持的方式、公共服务内容的创新、相关所需人才培养的创新等为主的政府公共服务行为优化路径。

一、强化为民服务的理念

理念是行为的先导，是人的行为的思想基础，而行为是人的理念的动态外在表现，因此，政府行为优化应以理念的转变为出发点，这样才能从根本上优化政府行为。当前，我国体育竞赛表演产业正处于转型关键期，政府通过简政放权、管办分离、审批权下放等方式正由"前台"走向"后台"，市场在资源配置中的决定性作用逐渐凸显。因此，有必要进一步强化政府为民服务的理念。一是，将为民服务的理念"内化于心，外化于行"。政府官员应深入实际真正了解服务对象的所求、所需，创造性地开展相关工作，如充分利用互联网，深化"微问政"，建立网上社区工作群、企业工作群等，将每一个政府官员、工作人员变成一个网络节点，节点连接企业主体与人民大众，实现政府官员与工作人员直接服务市场主体与人民大众，并接受市场主体与人民大众的监督，进而反馈赛事的选择、举办、评估等情况，为政府选择、支持赛事举办等提供依据。政府与企业、居民等直接沟通，精减政府中层管理人员，实现"外去中间商，内除隔热墙"，以提高为民服务的针对性、效率及质量。二是，满足广大人民的根本利益诉求。为民服务，是为公民服务，而不是为顾客服务。因此，政府服务应以公平公正为原则，没有先后原则，关注全体公民的公共利益。政府行为的优化必须以满足广大人民根本利益为根本出发点与落脚点。体育竞赛表演产业本身具有巨大的正外部效应，国内外体育竞赛表演产业的实践也表明，发挥赛事的催化剂或杠杆作用。以进行城市营销、城市重塑或改造等进而提高城市知名度、形象及社会资本积累等，进而提高社会福利，是城市政府支持赛事举办的合法性与合理性的最好解释。中国共产党的宗旨是全心全意为人民服务，以人民为中心的发展是以广大人民的根本利益为出发点与落脚点。聚焦体育竞赛表演产业，需深入了解消费者的消费观念与价值诉求。体育竞赛表演属于非物质性消费，是一种精神层面的消费，是建立在一定物质文化基础之上的消费，消费观念的形成更是以经济发展水平为基础，以人们可支配的收入为基本前提，受人民生活水平与质量发展的不均衡影响，体育竞赛表演产业消费呈现消费的多层级、多样化等特征，也就表现为不同的消费诉求。依据人们的便宜诉求、便捷诉求、时尚诉求、高档诉求、快乐诉求及幸福诉求等需要提供针对性的赛事产品。这也就要求政府赛事规划、赛事选择与举办以不同区域、不同城市消费水平等进行区分，"深描"各区域体育竞赛表演消费的特征，深挖体育消费者的不同诉求，有针对性地满足不同层次、不同类型的消费诉求，挖掘市场的消费潜能。最大化满足人民的根本利益，就是最大化满足人们的不同诉求，如图5-2所示。

体育竞赛表演产业发展中政府行为一直将社会效益放在首位，也是对满足广大人民根本利益的集中体现。为更加有利于体育竞赛表演产业发展，又能最大限度地满足人民的根本利益，政府应致力于体育竞赛表演产业宏观供给的调控，以消费者需求来引导、指导体育竞赛供给，以保证有效供应。现阶段，马拉松赛事的井喷，供不应求，体现了对人们参与体育赛事的预判不足，导致有效供给不足。加之，马拉松赛事的参与门槛逐渐降低，使更为多人参与，虽然参与目的各不相同，但参与积极性较高，也是目前国内赛事中受众最大的群体。因此，政府应在赛事的指导、服务与协调方面，通过大数据监测马拉松赛事的实际需求，以设置不同类别、不同场次的比赛，满足广大人民参与的需求，刺激消费及自身效用的最大化。只有赛事举办与广大人民的根本利益相结合，体育竞赛表演产业才会健康、持续、高质量地发展。

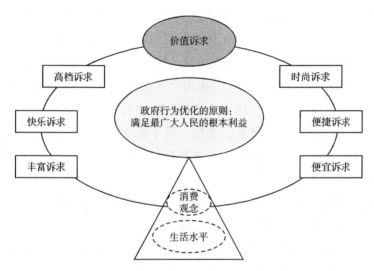

图 5-2　最广大人民根本利益原则下的价值诉求

二、完善创新支持的方式

体育竞赛表演产业作为新兴产业，新科技应用越来越广泛，也越来越重要，从运动员的选材、训练的监测、可穿戴装备研制、动作仿真模拟分析，到赛事的宣传、包装、转播等均离不开科技的进步与发展。尤其 5G 时代的到来，为赛事消费者提供了更新的观赛体验，必然促进体育竞赛表演产业生产力的提高与发展。习近平总书记指出，"创新是引领发展的第一动力，是建设现代化经济体系的战略支撑""抓创新就是抓发展"。因此，政府应致力于引导、投资相关新技术的科研与应用，致力于提高整体产业生产效率及增强相关企业的核心竞争力。一是，政府公共服务方式创新。减少直接资助或财政补贴，通过鼓励、奖励性政策激发市场主体创新的积极性、主动性，杜绝设租、寻租等行为。加强基础类科研创新供给，由于基础类科研创新，具有公共产品的属性，政府是创新的主体，政府能够通过政策制定、资金扶持等措施弥补市场失灵。如对国外体育名城对赛事企业创新的鼓励机制的学习与本土化研究、体育竞赛表演产业发展一般规律的研究。对于企业的创新应加强予以鼓励和宣传。加强长期、综合、普惠性政策的供给，为企业创新营造良好的创新环境基础，进而提高整个产业体系的创新水平。在创新驱动或引领经济社会发展的背景下，政府应致力于顶层设计的创新，建立与完善有利于创新的制度环境，为产业生产效率的提高指引方向、提供智力、财力支持等。在"互联网+"时代，政府将服务大厅建在智能手机及网络平台上，实现"智慧型政府""服务型政府""阳光型政府"的建设。二是，确立企业创新的核心地位。企业是市场创新的主体，是产业发展的活力所在，支持、引导企业进行技术创新，协调企业与科研机构之间的联系与合作，形成紧密的合作机制，进而提高创新的转化率。营造企业创新的氛围与环境，支持企业组建各种形式的战略联盟，针对关键领域或核心技术形成自主知识产权。三是，充分挖掘消费大数据，支持企业创新。在互联网时代，加强对体育竞赛表演消费的统计，"深描"我国体育竞赛表演消费人群的身心特征及消费特征，成为企业创新、提供"新""专""精""特"等赛事产品或服务的依据，充分激发国内体育赛事消费人群的消费潜能。如上海申花支持虹口足球场开放内场回馈球迷的举动，为体育竞赛表演市场创造了一个"供给创造需求"的经典案例。申花球迷与消费者充分认识到这款"产品"的稀缺性，创造了"8000元踢一次的虹口场场爆满"的景象。❶ 这正是深入挖掘球迷心理、消费者心理后的产物，需要政府部门做好引导、支持与监督，并给予鼓励与支持，提升此类创新的宣传效应，激发体育竞赛表演市场的活力。

---

❶ 周丰寸.8000元踢一次的虹口场场爆满,会是专业场馆的运营新方向吗？[EB/OL].（2020-8-22）［2021-5-8］.http://www.lanxiongsports.com/posts/view/id/19623.html

三、公共服务的专业化与精准化

"市场在资源配置中起决定性作用，更好地发挥政府作用"的社会主义市场经济条件下，更好地发挥政府的作用，即更好地提高政府为人民服务的本领，因此，体育竞赛表演产业发展中政府行为优化的落脚点是凸显政府的服务性，提高政府公共服务能力。我国体育竞赛表演产业处于产业生命周期的初级阶段，产业发展不成熟，仍需政府提供专门性、具体化的指导、引导与服务，以促进产业的健康、持续发展，有效发挥后发优势，实现赶超。一是，专业化、个性化服务提供。尊重企业的个体差异，注重企业的个性化需求，避免"一刀切"政策或行为。培育政府相关官员的"微观体感"，即具有参与实际赛事操作的经验及企业运营、管理相关经验，能够有效评估、预测将要面临的问题或困难，能够提供针对性的专门化服务，进而提高政府行为效率，增强政府公信力。政府服务能力的提升也就是解决问题能力的提升，依据习近平总书记在 2020 年 10 月 10 日，秋季学期中央党校（国家行政学院）中青年干部培训班开班式上的讲话，要求青年干部要"提高政治能力、调查研究能力、科学决策能力、改革攻坚能力、应急处突能力、群众工作能力、抓落实能力"❶。这 7 种能力，也是体育竞赛表演产业发展中政府行为优化的真正内涵，这些能力的获得需要在实践通过不断总结、不断学习来不断提升。二是，服务态度、方式、方法等不断改善。在"民本位"理念下，放下姿态，在全面调查体育竞赛表演产业发展中企业、个人等市场主体真正困难与需求的基础上，主动为市场主体排忧解难，耐心解释各类政策文件，将中央与地方政府相关精神等准确传达给市场主体，使其了解相关的优惠政策，进而为市场主体创新、创业等提供支持。在服务方式、方法上不断创新，鼓励各地建设高效的赛事综合服务平台，提供赛前评估预算、选择、协调、指导等服务，赛中优质公共物品与服务，保障赛事顺利进行，赛后对赛事影响等进行评估，为赛后遗产等问题解决出谋划策。打造一支素质精良、作风优良的赛事政务服务队伍，

---

❶ 王鹏.开班第一课,总书记讲授这个题目别有深意［EB/OL］.（2020-10-11）［2021-6-9］.http://www.xinhuanet.com/politics/2020-10/11/c_1126592463.htm

为培育壮大体育竞赛表演市场，释放市场活力，营造良好市场秩序。减少直接资助或财政补贴，通过鼓励、奖励性政策激发市场主体创新的积极性、主动性，杜绝设租、寻租等行为。三是，服务内容具体化、公开化，制定详细的赛事服务清单，公开赛事相关信息，为企业选择适合自身的赛事服务。为提高赛事举办的质量与效率等，政府可有偿提供一些专业性或中介性服务，服务费用各地市依据本地物价进行适当调整。对于私人办赛政府提供的公共物品与服务，政府应通过转移支付等形式让居民、大众等共享赛事的成果。为激发市场主体创新的积极性，政府加大基础科研投入，加大对市场主体创新支持力度与奖励力度。总之，以提高企业盈利能力，激发企业进一步投资、赞助、持续举办赛事的动力为宗旨，这样体育竞赛表演市场才会真正激活，体育竞赛表演产业才会实现跨越式发展，以更好地发挥其外部性、带动性、辐射性等效应，带动国民经济社会发展。访谈中发现，信息不对称是企业不敢或不会进行投资的主要原因之一，尤其一些私营企业，必须以获利为前提，否则企业难以生存。而现阶段，一些赛事资源的信息获得渠道非常有限，企业无法有效评估赛事的质量，也就难以对赛事进行投资。尤其，一些企业反映国企具有"吃偏食""开小灶"的情况，虽然从国家政府或国有企业的角度考虑，具有一定合理性，政府会选择信得过、关系好的企业，以保证服务质量，可以节约时间成本、程序成本、提高效率等，但也会导致过度干预，压缩私营企业生存空间，使得社会资本难以有效盘活。由此，政府部门应转变控制者、监管者和提供者的职能，成为赛事举办的催化剂、召集人和协调人，反过来帮助企业共同完成赛事的举办，进而共同塑造或营销城市社区，形成良性运转、合作共赢的发展局面。

四、人才培养的科学化与有效化

研究发现，一些企业负责人认为"管理人才缺失是企业倒闭的主要原因，赛事市场还是不错的"，也就是说，赛事市场本身可以盈利，但由于企业管理不善及不合理的扩张导致企业做大后管理缺失，使得企业难以维持健康发展而倒闭。相关管理人才的缺失导致外行领导内行也是相关企业认为发展中最大的困难，因此，为相关部门培养、提供相关人才是政府公共服务行为优化的重要路径之一。一是，加强政府相关管理人才的选拔与培育。相关政府部门人才选拔不能仅以学历、知识等作为考核指标，更为重要的是注重实践能力、决策能力、监管能力、服务能力、服务意愿的培养。政府相关部门人才招聘仅是"入口"，进入后依据分工仍需进行专门的业务培训，而不是像块"砖"，"哪地方需要就往哪地方搬"，要使人才更精、更专，减少直至杜绝外行领导或指挥内行现象。打造一支素质精良、作风优良的赛事政务服务与管理队伍，为培育壮大体育竞赛表演市场，释放市场活力，营造良好市场秩序等服务。二是，形成政府、项目协会、学校、企业、科研机构一体化专业人才培养模式。企业所需专业人才、管理人才等培养，需依据企业需要，政府、高校、科研机构、行业协会等精心设计相关教育与培训内容，注重人才培养的专业性与实用性，形成政府、项目协会、学校、企业、科研机构一体化专业人才培养模式，如图5-3所示。政府、协会、学校、企业等依据产业发展的现实需要，委托科研机构进行系统化、专业化人才培养的设计，进而形成"政企""校企""协企""协校"等定制化、一体化培养机制，以提高人才的专业性与实用性。对于一些特殊人才，如赛事所需志愿者的培养以社区、学校为依托，做好注册与定期培训，以保证赛事所需的数量与质量等。人才培养的一体化中，政府始终处于主导地位，应成为政府、企业、科研机构、高校等的协调配合与专业化、专门性培养的协调者、指导者、引导者、监管者等。

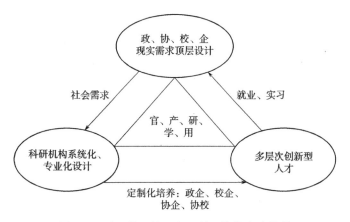

图5-3 政、协、校、企、研一体化人才培养

综上，政府在体育竞赛表演产业发展中的行为应有"进"、有"退"，在公共物品、服务、制度等提供、提高服务效率与质量、维护市场秩序与环境上等应更进一步；在赛事经营、赛事资源配置等方面要更退一步，充分发挥市场机制的决定性作用，遵循市场及产业发展规律等。在深化供给侧结构性改革背景下，逐渐形成政府行为优化的常态化与动态化机制，以遵循市场规律为基础，以产业高质量发展为目标，以政府经济调节、社会管理、市场监管、公共服务等行为优化为抓手，提高体育竞赛表演产业发展中政府行为的效率与服务质量，实现市场资源配置效率最优化及营造公平有序的市场环境。

第章

结论与展望

第一节　结　论

澄清我国体育竞赛表演产业发展中政府行为的逻辑及效应，针对性地进行政府行为的优化是体育竞赛表演产业健康、持续、高质量发展的重要保障。通过以上研究，得出以下结论。

一、中国体育竞赛表演产业的内涵辨析

中国体育竞赛表演产业是以市场化运营体育竞赛与体育表演活动为核心，提供体育竞赛表演与服务的组织或企业的集合。其中，体育竞赛表演活动涵盖职业、非职业类体育赛事活动，是一种泛体育赛事体系，不同于职业体育赛事体系，政府对赛事资源的支配能力较强，市场化运作有限。

二、中国体育竞赛表演产业发展中政府行为的历史逻辑

从政府行为变迁与产业发展互动的视角，中国体育竞赛表演产业发展中政府行为变迁的历程包括"政府经营、企业赞助"的产业萌芽期、"政府主导、培育市场"的产业形成期、"政府主导，监管市场"的产业快速发展期、"政府支持，市场主导"的产业高质量发展探索期四个阶段。中国体育竞赛表演产业发展中政府行为的历史逻辑，是政府主导、引导下体育竞赛表演产业化、市场化发展的过程，表现为引进市场、培育市场、弥补"市

场失灵"、纠正"政府失灵"的政府改革与重塑的过程。

三、中国体育竞赛表演产业发展中政府行为的现实逻辑

体育竞赛表演产业发展中政府行为的现实逻辑就是产业发展中政府作用的客观规律性，主要指依据现实需要而采取的一系列政府行为的诱导因素。现阶段体育竞赛表演产业所处产业生命周期阶段与市场特征是政府行为的重要性与边界。体育竞赛表演产业的发展满足了宏观国家政府发展、中观地方政府竞争及微观政府自身利益等需要，构成政府行为的动力。

四、中国体育竞赛表演产业发展中政府行为的效应

中国体育竞赛表演产业发展中政府行为的效应指政府行为对产业发展影响的效应。企业的性质、规模对政府经济调节行为的影响具有显著性差异；政府经济调节行为仅对产业安全产生了积极正向影响，但可以通过对产业安全的影响来间接正向影响产业增长与产业结构；政府社会管理行为对产业的增长、结构、安全均产生了正向积极影响；政府的市场监管行为直接正向影响了产业的安全发展，并通过影响产业的安全间接正向影响了产业的增长与产业的结构；政府公共服务行为对产业的增长与产业的安全产生了直接正向影响，并能通过影响产业增长而间接正向影响产业结构。

五、中国体育竞赛表演产业发展中政府行为的优化

经济调节行为以优化赛事资源配置方式、优化优惠政策供给过程、加强市场主体培养为核心；社会管理行为以健全多元民主协商机制与营造赛事舆论与文化氛围为着力点；市场监管行为以建立健全相关制度、监管的全程化与全员化为抓手；政府公共服务行为以强化为民服务理念、完善创新支持方式、公共服务专业化、精准化及人才培养科学化、有效化等为根本路径。

第二节　展　望

体育竞赛表演产业符合了新发展理念要求，即体育竞赛表演产业的发展体现了共享发展的要求，让更多的人因赛事举办而获益；体育竞赛表演产业是绿色产业，符合绿色发展的要求；体育竞赛表演产业竞争激烈，与科技创新结合密切，创新发展是可持续发展的保证；体育竞赛表演产业立足于吸引外资、吸引游客等流动资源，必然是开放的产业；体育竞赛表演产业的多产业、多部门关联性必然要求协调发展，不仅各部门之间协调，各产业、经济主体之间也要协调发展。体育竞赛表演产业是我国现阶段重点培育与发展的产业之一，如何在"市场在资源配置中起决定性作用，更好发挥政府作用"的社会主义市场经济环境中更好地生存与发展，离不开政府的有效作为。本书从整体上论述了产业发展中政府行为的逻辑、效应等，但对具体的政府、具体赛事举办以及不同的历史阶段、产业发展阶段，政府行为的逻辑、效应等也会与时俱进地发展变化。未来研究仍应关注以下方面。

（1）政府相关保护性、鼓励性政策，何时撤除，能够最有效的释放市场与社会力量的活力，更有利于产业的进一步市场化发展，也就是如何把握政府退出的节奏，与市场发育的节奏，使政府与市场作用真正有机结合。

（2）未来研究应致力于我国不同层级、不同类型政府之间政府行为的表现与行为逻辑的比较研究，这样才能更加有利于体育竞赛表演产业在我国各区域实现均衡发展，满足人们多种、多层次需求，进而完善我国政府作用相关理论。

（3）在国内国外双循环及促进社会经济高质量发展的背景下，如何激发我国体育竞赛表演消费者的潜力，是我国体育竞赛表演产业高度化、合理化发展必须解决好的问题。政府应在大数据下深挖体育竞赛表演产业消费者的特征，减少一些"面子工程""政绩工程"，以满足消费者真正需求为依据，实现赛事的有效供给。根据社会市场观念，如图6-1所示，政府支持符合社会、消费者与企业共同利益的竞赛表演产品的生产。

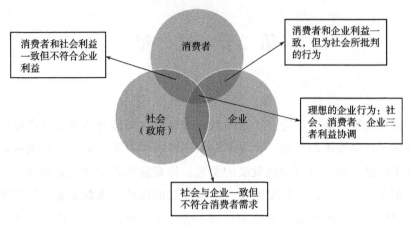

图 6-1　社会市场观念示意图

（4）未来研究应更加注重客观性、实证性。随着对体育竞赛表演产业内涵与外延的认识不断加深，相关统计也会不断完善，在相关数据基础上，采用一些定量化的研究方法来进一步验证或探索我国体育竞赛表演产业发展中政府行为的逻辑与效应等，进而，能够更为直观地为政府行为优化提供借鉴与参考。

（5）深入调查各地政府在体育竞赛表演产业发展中行为的情况，针对开展较好的进行经验的介绍与宣传。提高赛事质量、突出赛事特色，进而提高赛事在网上、电视等新媒体等方面的曝光率、收视率等，是体育竞赛表演产业高质量发展的关键。这也督促政府加快对赛事转播权市场的进一步规范、放权与开发，切实提高赛事质量，得到国内外体育赛事消费者的认可，为赛事产业自身可持续发展作出贡献。但从历史发展来看，2001 年北京成功申办奥运会，体育竞赛表演产业进入快速发展期，虽然经历了2003 年的"非典"，导致体育竞赛表演产业发展受到严重影响，但整体上看并没有改变体育竞赛表演产业快速发展的势头。

附　录

附录一

政府行为对中国体育竞赛表演产业发展影响效应专家评价问卷

尊敬的专家：

　　您好，我是福建师范大学体育科学学院博士研究生，现进行"政府行为对体育竞赛表演产业发展影响效应"的研究。在文献资料与专家访谈基础上，政府行为主要从经济调控、社会保障、市场监管、公共服务四个维度进行测度，产业发展以产业增长效应、产业结构效应、产业安全效应三个维度来测度，均制定了测度指标。为使指标更为适切，能够客观反映二者之间的关系，以及提高拟合度，制定本专家问卷，希望您对维度指标及各维度内的指标进行赋值，对需要补充或删除的指标提出宝贵意见，感谢您的指导、帮助与支持，愿您工作顺利，幸福安康！

学生：×××

导师：×××

福建师范大学体育科学学院

2020 年 6 月

　　填写说明：本问卷第四部分与第六部分需要您给予赋值评价与提出宝

贵意见，所有赋值利用李科特7级打分法，1分代表完全不同意，7分代表完全同意，同意程度从1到7逐渐增强；表中的"意见"主要指您认为需增加或删除的维度或指标。

一、研究目的

依据"行为—效应"逻辑，探讨体育竞赛表演产业发展中政府行为的效应，主要通过政府行为与对产业发展产生影响的效果关系来反映。

二、研究对象

研究对象为政府行为对体育竞赛表演产业发展影响的效应，以相关企业为调查对象。

三、关键变量说明

附表1　变量与说明

变量	测量维度	内涵
政府行为	经济调控	主要指为促进产业经济增长而制定的金融、财税政策、直接资金支持、赛事产业规划、市场主体培育等
	社会保障	主要指保障企业发展的社会环境打造，包括政府政务公开、赛事信息平台、社会治安、文化氛围、舆论氛围、民主协商机制等
	市场监督	指维护市场公平、公正，有序竞争、产权安全等的保证措施，包括相关引导政策、法律、法规、制度等
	公共服务	指保障赛事产业发展，消除外部性、公共产品属性带来的市场失灵而进行的基础设施、公共服务等
产业发展效应	增长效应	主要指产业发展要素的增长，如企业规模、投入、赛事举办数量、盈利等
	结构效应	指资源配置、产业间的协调、生产要素有效组合、技术与管理水平等不断提高、赛事举办地、赛事类型、赛事项目、场馆建设等变化
	安全效应	指产业发展的内外环境的安全保障

控制变量：不论是政府行为的四个方面还是体育竞赛表演产业发展的四个效应，都可能在一定程度上受到企业规模、企业产权性质及企业所在地的影响。一般对于存在显著性影响的要素，在建模过程中需以控制变量的形成纳入，以提高模型的科学性与普适性；而不现主的要素，则可忽略，这样可以精减模型，防止模型拟合度差，进而增加修改的复杂性。企业规模（A1）、企业产权（A2）、企业所在地（A3）就是这样一些要素，问卷中对应题项为第 5 题、第 6 题与第 7 题。

四、评定内容

主要针对外源变量、内生变量、调节变量与控制变量等进行评定，主要针对测量维度、测量题项指标进行赋值，利用李科特 7 级打分法，**1 分代表完全不同意，7 分代表完全同意，同意程度从 1 到 7 逐渐增强**；表中的"意见"主要指您认为还需增加的**维度或指标**。评定表如表 1、表 2、表 3 所示。

表 1　外源变量评价

外源变量	测量维度	赋值	测量题项	赋值
政府行为（X）	经济调控（X1）		税收优惠政策提供（X11）	
			金融优惠政策提供（X12）	
			赛事规划制定（X13）	
			市场主体培育（X14）	
			相关财政补贴（X15）	
			相关资助提供（X16）	
			您的意见：	
	社会保障（X2）		政府政策信息获得难度（X21）	
			政府政务公开透明度（X22）	
			文化氛围营造（X23）	
			舆论氛围营造（X24）	
			公共安全稳定性（X25）	
			民主协商机制建设（X26）	
			您的意见：	

外源变量	测量维度	赋值	测量题项	赋值
政府行为 （X）	市场监督 （X3）		产业引导政策制定（X31）	
			法律、法规建设（X32）	
			市场准入机制建设（X33）	
			您的意见：	
	公共服务 （X4）		政府效率（X41）	
			R&D投入（X42）	
			基础设施建设（X43）	
			志愿者建设（X44）	
			人才培养（X45）	
			赛事信息平台建设（X46）	
			您的意见：	
维度指标意见：				

附表2　内生变量评价

外源变量	测量维度	赋值	测量题项	赋值
产业发展 效应（Y）	增长效应 Y1		近3年企业规模变大（Y11）	
			近3年赛事数量增多（Y12）	
			近3年企业相关消费者增多（Y13）	
			近3年企业生产总量变大（Y14）	
			近3年企业投资加大（Y15）	
			您的意见：	
	结构效应 Y2		近3年赛事举办成本逐渐降低（Y21）	
			近3年新科技应用逐渐增加（Y22）	
			近3年赛事举办质量逐渐提高（Y23）	
			近3年科研投入占比逐渐提高（Y24）	
			近3年赛事举办效率逐渐提高（Y25）	
			近3年企业员工素质逐渐提高（Y26）	
			近3年二线、三线城市赛事举办增多（Y27）	
			近3年不同项目赛事增多（Y28）	

续表

外源变量	测量维度	赋值	测量题项	赋值
产业发展效应（Y）	结构效应 Y2		近 3 年不同类型赛事增多（Y29）	
			近 3 年产业相关制度增多（Y210）	
			近 3 年体育场馆建设增多（Y211）	
			您的意见：	
	安全效应 Y3		近 3 年赛事举办安保成本逐渐提高（Y31）	
			近 3 年企业投融资环境逐渐改善（Y32）	
			近 3 年赛事市场更加公平、公正（Y33）	
			近 3 年企业间竞争逐渐规范有序（Y34）	
			近 3 年企业所处市场诚信环境逐渐改善（Y35）	
			您的意见：	
维度指标意见：				

注："近 3 年"指 2017—2019 年，对企业负责人访谈中认为现阶段相关企业存活 2 年以上，且连续 2 年能盈利的企业就是好企业，其他研究中一般选择 5 年，结合笔者导师意见及专家意见，本书选择了"近 3 年"。

表 3　控制变量评价

控制变量	测量维度	赋值	测量题项	赋值
公司属性变量 A	企业规模 A1		企业人数：100 人及以下；100～300 人；300 人及以上	
			您的意见：	
	企业产权 A2		国有或国有控股；三资企业；民营企业	
			您的意见：	
	企业所在地 A3		一线城市；二线城市；三线及以下城市	
			您的意见：	
维度指标意见：				

五、初始问卷设计

问卷填写人及公司基本信息

1. 您在该公司的工作年限：

   □3 年及以下　　　　□3~5 年　　　　□5 年及以上

2. 您是否愿意配合提供真实信息：

   □是　　　　□否

3. 公司总人数：

   □100 人及以下　　　　□100~300 人　　　　□300 人及以上

4. 公司产权：

   □国有或国有控股　　　　□三资企业　　　　□民营企业

5. 公司所在城市属于：

   □一线城市　　　　□二线城市　　　　□三线及以下城市

6. 公司成立年限：

   □3 年及以下　　　　□3~5 年　　　　□5 年及以上

政府行为测度

7. 政府金融优惠易获得。

   不同意 ●1　2　3　4　5　6　7　　　　●同意

8. 政府扶持基金较易获得。

   不同意 ●1　2　3　4　5　6　7　　　　●同意

9. 政府税收优惠较易获得。

   不同意 ●1　2　3　4　5　6　7　　　　●同意

10. 政府对赛事规划较好。

    不同意 ●1　2　3　4　5　6　7　　　　●同意

11. 政府培育市场主体积极。

    不同意 ●1　2　3　4　5　6　7　　　　●同意

12. 政府颁布的各项相关政策易获得。

    不同意 ●1　2　3　4　5　6　7　　　　●同意

13. 政府相关政务易了解。

　　不同意 •1　2　3　4　5　6　7　　　　　　　•同意

14. 本产业发展的文化氛围较好。

　　不同意 •1　2　3　4　5　6　7　　　　　　　•同意

15. 本产业发展舆论氛围良好。

　　不同意 •1　2　3　4　5　6　7　　　　　　　•同意

16. 赛事选择与举办由民主协商决定。

　　不同意 •1　2　3　4　5　6　7　　　　　　　•同意

17. 本产业置于安全的社会环境。

　　不同意 •1　2　3　4　5　6　7　　　　　　　•同意

18. 本产业发展受政府政策导向作用大。

　　不同意 •1　2　3　4　5　6　7　　　　　　　•同意

19. 本产业受较为完善的法律保护。

　　不同意 •1　2　3　4　5　6　7　　　　　　　•同意

20. 本产业有健全的市场准入机制。

　　不同意 •1　2　3　4　5　6　7　　　　　　　•同意

21. 本产业知识产权保护机制健全。

　　不同意 •1　2　3　4　5　6　7　　　　　　　•同意

22. 本产业发展得益于高效率政府。

　　不同意 •1　2　3　4　5　6　7　　　　　　　•同意

23. 本产业发展的基础设施较为完善。

　　不同意 •1　2　3　4　5　6　7　　　　　　　•同意

24. 本产业发展的人才较易获得。

　　不同意 •1　2　3　4　5　6　7　　　　　　　•同意

25. 政府在 R & D 方面投入较多。

　　不同意 •1　2　3　4　5　6　7　　　　　　　•同意

26. 赛事志愿者较易获得。

　　不同意 •1　2　3　4　5　6　7　　　　　　　•同意

27. 赛事信息服务平台建设完善。

　　不同意 •1　2　3　4　5　6　7　　　　　　　•同意

赛事产业发展测度

28. 近3年企业规模逐渐扩大。

不同意 ●1 2 3 4 5 6 7   ●同意

29. 近3年企业赛事举办数量增多。

不同意 ●1 2 3 4 5 6 7   ●同意

30. 近3年企业消费者数量逐渐增加。

不同意 ●1 2 3 4 5 6 7   ●同意

31. 近3年企业生产总量持续增加。

不同意 ●1 2 3 4 5 6 7   ●同意

32. 近3年企业投资逐年增加。

不同意 ●1 2 3 4 5 6 7   ●同意

33. 近3年赛事举办成本逐渐下降。

不同意 ●1 2 3 4 5 6 7   ●同意

34. 近3年企业新技术应用逐渐增多。

不同意 ●1 2 3 4 5 6 7   ●同意

35. 近3年企业赛事举办的质量不断提高。

不同意 ●1 2 3 4 5 6 7   ●同意

36. 近3年企业科研投入占比不断提高。

不同意 ●1 2 3 4 5 6 7   ●同意

37. 近3年企业赛事举办的效率不断提高。

不同意 ●1 2 3 4 5 6 7   ●同意

38. 近3年企业员工素质逐渐提高。

不同意 ●1 2 3 4 5 6 7   ●同意

39. 近3年二、三线城市赛事举办数量增多。

不同意 ●1 2 3 4 5 6 7   ●同意

40. 近3年赛事项目逐渐增多。

不同意 ●1 2 3 4 5 6 7   ●同意

41. 近3年赛事类型不断增多。

不同意 ●1 2 3 4 5 6 7   ●同意

42. 近3年新建赛事场馆较多。

不同意 ●1 2 3 4 5 6 7   ●同意

43. 近3年产业制度不断增多。

　　不同意 ●1　2　3　4　5　6　7　　　　　　　●同意

44. 近3年企业安保成本逐渐下降。

　　不同意 ●1　2　3　4　5　6　7　　　　　　　●同意

45. 近3年企业投融资环境逐渐改善。

　　不同意 ●1　2　3　4　5　6　7　　　　　　　●同意

46. 近3年赛事市场更为公平公正。

　　不同意 ●1　2　3　4　5　6　7　　　　　　　●同意

47. 近3年企业间竞争逐渐规范有序。

　　不同意 ●1　2　3　4　5　6　7　　　　　　　●同意

48. 近3年企业所处市场诚信环境逐渐改善。

　　不同意 ●1　2　3　4　5　6　7　　　　　　　●同意

六、问卷整体结构与内容评价

问卷评价	赋值
问卷整体结构评价	
问卷整体内容评价	

本问卷到此结束，感谢您的宝贵意见与赋值！

附录二

政府行为对中国体育竞赛表演产业发展影响效应企业问卷

尊敬的企业领导：

　　您好，我是福建师范大学体育科学学院博士研究生×××，现进行"体育竞赛表演产业发展中政府行为的逻辑与效应"研究。为深入探讨体育竞赛表演产业发展中政府行为的效应，制定了本问卷。在文献资料与专家访谈基础上，制定了产业发展中政府行为及效应的测度指标，形成了初始问卷。问卷共3个部分，第一部分是您及所在公司的基本信息，请在相应位置画上"√"，后三部分需要您在相应的分数上画上"√"，1分代表完全不同意，7分代表完全同意，同意程度从1到7逐渐增强。本研究仅限于学术研究，并保证一切信息保密，如有疑问可与作者联系。感谢您的指导、帮助与支持，愿您工作顺利，幸福安康！

学生：×××

导师：×××

福建师范大学体育科学学院

2020年6月

　　填表说明：请在您认为符合实际情况的相应位置画上"√"，其中，"1"表示完全不同意，"2"表示不同意，"3"表示有点不同意，"4"表示不确定，"5"表示有点同意，"6"表示同意，"7"表示完全同意。本研究中"近三年"指"2017年、2018年与2019年"。

一、问卷填写人及公司基本信息

1. 您是否愿意配合提供真实信息：

　　□是　　　　　　　　　□否

2. 公司总人数：

　　□100 人及以下　　　　□100~300 人　　　　　□300 人及以上

3. 公司产权：

　　□国有或国有控股　　　□非国有（私人、合资等）

4. 公司所在城市属于：

　　□一线城市　　　　　　□二线城市　　　　　　□三线及以下城市

5. 公司成立年限：

　　□3 年及以下　　　　　□3~5 年　　　　　　　□5 年及以上

二、政府行为测度

6. 政府金融优惠易获得。

　　不同意 ●1　2　3　4　5　6　7　　　　　　●同意

7. 政府扶持基金较易获得。

　　不同意 ●1　2　3　4　5　6　7　　　　　　●同意

8. 政府税收优惠较易获得。

　　不同意 ●1　2　3　4　5　6　7　　　　　　●同意

9. 政府对赛事规划较好。

　　不同意 ●1　2　3　4　5　6　7　　　　　　●同意

10. 政府培育市场主体积极。

　　不同意 ●1　2　3　4　5　6　7　　　　　　●同意

11. 政府颁布的各项相关政策易获得。

　　不同意 ●1　2　3　4　5　6　7　　　　　　●同意

12. 政府相关政务易了解。

　　不同意 ●1　2　3　4　5　6　7　　　　　　●同意

13. 本产业发展的文化氛围较好。

不同意●1 2 3 4 5 6 7 ●同意

14. 本产业发展舆论氛围良好。

不同意●1 2 3 4 5 6 7 ●同意

15. 赛事选择与举办由民主协商决定。

不同意●1 2 3 4 5 6 7 ●同意

16. 本产业置于安全的社会环境。

不同意●1 2 3 4 5 6 7 ●同意

17. 本产业受较为完善的法律保护。

不同意●1 2 3 4 5 6 7 ●同意

18. 本产业有健全的市场准入机制。

不同意●1 2 3 4 5 6 7 ●同意

19. 本产业知识产权保护机制健全。

不同意●1 2 3 4 5 6 7 ●同意

20. 本产业发展得益于高效率政府。

不同意●1 2 3 4 5 6 7 ●同意

21. 本产业发展的基础设施较为完善。

不同意●1 2 3 4 5 6 7 ●同意

22. 本产业发展的人才较易获得。

不同意●1 2 3 4 5 6 7 ●同意

23. 政府在R&D方面投入较多。

不同意●1 2 3 4 5 6 7 ●同意

24. 赛事相关志愿者较易获得。

不同意●1 2 3 4 5 6 7 ●同意

25. 赛事资源相关信息易获得。

不同意●1 2 3 4 5 6 7 ●同意

26. 赛事信息服务平台建设完善。

不同意●1 2 3 4 5 6 7 ●同意

三、赛事产业发展测度

27. 近3年赛事业务逐渐扩大。

不同意 •1 2 3 4 5 6 7　　　　　•同意

28. 近3年赛事举办数量不断增多。

不同意 •1 2 3 4 5 6 7　　　　　•同意

29. 近3年赛事消费者不断增多。

不同意 •1 2 3 4 5 6 7　　　　　•同意

30. 近3年赛事业务产值总量持续增加。

不同意 •1 2 3 4 5 6 7　　　　　•同意

31. 近3年企业赛事业务投资逐年增加。

不同意 •1 2 3 4 5 6 7　　　　　•同意

32. 近3年赛事举办成本逐渐下降。

不同意 •1 2 3 4 5 6 7　　　　　•同意

33. 近3年赛事举办中新技术应用逐渐增多。

不同意 •1 2 3 4 5 6 7　　　　　•同意

34. 近3年赛事举办质量不断提高。

不同意 •1 2 3 4 5 6 7　　　　　•同意

35. 近3年企业科研投入占比不断提高。

不同意 •1 2 3 4 5 6 7　　　　　•同意

36. 近3年企业管理水平不断提高。

不同意 •1 2 3 4 5 6 7　　　　　•同意

37. 近3年企业赛事举办效率不断提高。

不同意 •1 2 3 4 5 6 7　　　　　•同意

38. 近3年企业员工素质逐渐提高。

不同意 •1 2 3 4 5 6 7　　　　　•同意

39. 近3年二、三线城市赛事举办数量增多。

不同意 •1 2 3 4 5 6 7　　　　　•同意

40. 近3年本地区赛事相关企业增多。

不同意 •1 2 3 4 5 6 7　　　　　•同意

41. 近3年不同项目赛事举办逐渐增多。

    不同意●1　2　3　4　5　6　7　　　　　●同意

42. 近3年不同类型赛事举办不断增多。

    不同意●1　2　3　4　5　6　7　　　　　●同意

43. 近3年企业融资安全性逐渐提高。

    不同意●1　2　3　4　5　6　7　　　　　●同意

44. 近3年赛事市场更加公平、公正。

    不同意●1　2　3　4　5　6　7　　　　　●同意

45. 近3年企业竞争更为规范有序。

    不同意●1　2　3　4　5　6　7　　　　　●同意

46. 近3年企业所处市场诚信环境逐渐改善。

    不同意●1　2　3　4　5　6　7　　　　　●同意

问卷到此结束，感谢您的支持与配合，祝您工作顺利，万事如意！

附录三

访谈提纲

一、专家访谈提纲

1. 体育竞赛表演产业发展中政府行为主要有哪些？
2. 政府行为对体育竞赛表演产业产生的影响有哪些？
3. 政府为什么作用于体育竞赛表演产业？
4. 政府作用于体育竞赛表演产业存在哪些问题？
5. 体育竞赛表演产业发展中政府行为如何优化？

二、公务人员访谈提纲

1. 发展体育竞赛表演产业的目的、动机或意图？
2. 政府对体育竞赛表演产业提供哪些政策支持？（财税政策、引导资金等）
3. 赛事如何选择或申办，有无民主协商的过程？
4. 赛事组织与运营中政府有哪些行为？
5. 赛事举办后遗产如何处理（包括有形与无形遗产)？
6. 赛事资源配置情况如何，赛事项目、类型是否丰富？
7. 您认为发展体育竞赛表演产业的好处有哪些？
8. 您对发展体育竞赛表演产业有哪些建议或好的做法？

三、企业（赛事相关业务）负责人访谈提纲

1. 赛事资源获得的途径是什么？是否公开、公正、公平？

2. 赛事举办中政府提供哪些支持？（安保、医疗、交通、基础设施、税收、金融等方面）

3. 赛事运营中需要政府提供哪些服务？

4. 企业运营中政府干预的手段有哪些？是否合理？

5. 政府举办的较为大型的赛事是如何竞标的？

6. 政府会经常组织企业家、科研人员等进行赛事的选择与评估吗？

7. 政府优惠政策落实情况如何？

8. 政府与行业协会对赛事市场的监管如何？

9. 您认为政府应当从哪些方面优化行为，促进赛事产业发展？

参考文献

[1] 阿瑟·刘易斯.经济增长理论[M].上海:上海三联书店、上海人民出版社,1994.

[2] 科斯.R,阿尔钦.A,诺思.D.财产权利与制度创新——产权学派与新制度学派译文集[M].上海:上海三联书店,上海人民出版社,1994.

[3] 鲍明晓.体育市场——新的投资热点[M].北京:人民体育出版社,2004.

[4] 鲍明晓.财富体育论[M].北京:人民体育出版社,2012.

[5] 鲍明晓.体育市场:新的投资热点[M].北京:人民体育出版社,2004.

[6] 布朗,杰克逊.公共部门经济学[M].中国人民大学出版社,2000.

[7] 陈金华.应用伦理学引论[M].上海:复旦大学出版社,2015.

[8] 陈振明.政策科学:公共政策分析导论[M].北京:中国人民大学出版社,2003.

[9] 弗兰克·道宾.经济社会学[M].冯秋石,王星,译.上海:上海大学出版社,2008.

[10] 高正平.全视角观 PE 探索 PE 中国化之路[M].北京:中国金融出版社,2009.

[11] 葛乃旭,许洁.公共经济学[M].上海:同济大学出版社,2012.

[12] 郭小聪.政府经济学[M].第 4 版.北京:中国人民大学出版社,2014.

[13] 赫运涛,吕先志.基于公共服务的科技资源开放共享机制理论及实证研究[M].北京:科学技术文献出版社,2017.

[14] 侯杰泰,温忠麟,成子娟.结构方程模型及其应用[M].北京:教育科学出版社,2004.

[15] 黄芳铭.结构方程模式:理论与应用[M].北京:中国税务出版社,2005.

[16] 季燕霞.政府经济学[M].北京:首都经济贸易大学出版社,2014.

[17] 姜秀敏.行政管理学[M].第2版.大连:东北财经大学出版社,2015.

[18] 李明华.基于时序动作分析和确认的技术风险管理[M].北京:中国宇航出版社,2017.

[19] 林毅夫.新结构经济学[M].北京:北京大学出版社,2012.

[20] 卢纹岱.SPSS for windows 统计分析[M].北京:电子工业出版社,2002.

[21] 马庆国.管理统计[M].北京:科学出版社,2002.

[22] 任维德.地方政府竞争视野下的区域发展研究[M].呼和浩特:内蒙古大学出版社,2011.

[23] 荣泰生.企业研究方法[M].北京:中国税务出版社,2005.

[24] 宋胜洲,郑春梅,高鹤文.产业经济学原理[M].北京:清华大学出版社,2012.

[25] 苏东水.产业经济学[M].北京:高等教育出版社,2015.

[26] 孙柏瑛.社会管理新机制[M].北京:国家行政学院出版社,2015.

[27] 吴明隆.结构方程模型——AMOS 的操作与应用[M].重庆:重庆大学出版社,2010.

[28] 徐艳飞.地方政府经济行为模式与经济增长[M].北京:中国社会科学出版社,2019.

[29] 许敏雄.竞技体育强国之路[M].北京:光明日报出版社.2012.

[30] 《现代管理词典》编委会.现代管理词典[M].第3版.武汉大学出版社,2012.

[31] 杨铁黎.体育产业概论[M].北京:高等教育出版社,2010.

[32] 杨铁黎.中国体育职业化发展环境研究[M].北京:北京体育大学出版社,2016.

[33] 杨越."后奥运时代"中国体育产业发展战略研究[M].北京:经济管理出版社,2011.

[34] 姚颂平.大辞海(体育卷)[M].上海:上海辞书出版社,2008.

[35] 尹乐,苏杭.人力资源战略与规划[M].杭州:浙江工商大学出版社,2017.

[36] 曾国安.政府经济学[M].武汉:湖北人民出版社,2002.

[37] 张辉.中国经济增长的产业结构效应和驱动机制[M].北京:北京大学出版社,2013.

[38] 张林主编.体育产业概论[M].北京:高等教育出版社,2013.

[39] 张晓艳.商业银行管理[M].北京:中国金融出版社,2013.

[40] 张兴胜著.渐进改革与金融转轨[M].北京:中国金融出版社,2007.

[41] 钟天朗.体育服务业导论[M].上海:复旦大学出版社,2008.

[42] 朱振亚著,新市民城乡黏合催化作用及其触动机制研究[M].北京:光明日报出版社,2019.

[43] 安礼伟.新兴产业培育中地方政府的角色[J].农业经济研究,2013(1).

[44] 敖利志.陕西省体育竞赛表演产业的现状及对策研究[J].西北工业大学学报(社会科学版),2014,34(2).

[45] 曹庆荣,雷军蓉.城市发展与大型体育赛事的举办[J].西安体育学院学报,2010,27(4).

[46] 曹如中,付永萍.创意产业过程中政府角色定位研究[J].科技管理研究,2012(7).

[47] 曹武军,周马玲,薛朝改.政府规制对跨境电商产业发展的影响机理研究——基于演化博弈论和系统动力学视角[J].商业经济研究,2020(1).

[48] 陈洪涛.新兴产业发展中政府作用机制研究[D].杭州:浙江大学,2009.

[49] 陈后润.预见2019:《2019年中国体育俱乐部产业全景图谱》[EB/OL].(2019-9-29)[2021-10-15].https://ecoapp.qianzhan.com/detials/190726-f1a74ff2.html? uid=5163152.

[50] 陈林华,刘东锋.国际体育赛事举办与我国城市国际化:历程、经验与展望[J].体育科学,2019,39(11).

[51] 陈先运.产业经济发展中的政府行为效率——以中国旅游产业为例[J].文史哲,2004(2).

[52] 陈云开.竞赛表演产业及其市场构成[J].天津体育学院学报,2002,17(1).

[53] 陈云开.我国竞赛表演业市场行为的本质特征——市场行为的行政性及完善市场环境的构想[J].体育科学,2002(2).

[54] 程臻宇.中国地方政府竞争研究[M].济南:山东大学出版社,2011.

[55] 丛湖平.体育产业与其关联产业部门结构关联变动机制的研究[J].体育科学,2002(9).

[56] 党挺.国外体育竞赛表演市场发展分析及启示[J].体育文化导刊,2017(6).

[57] 邓文才,刘晓,桂海荣,等."体验经济"理念下我国体育竞赛表演业的培育与发展[J].沈阳体育学院学报,2008,27(5).

[58] 樊纲,张曙光.双轨过渡与"双轨调控"(上)——改革以来我国宏观经济波动特点研究[J].经济研究,1993(10).

[59] 樊纲.中国经济学 70 年:回顾与展望——庆祝新中国成立 70 周年笔谈(下)[J].经济研究,2019,54(10).

[60] 方达儿.欧美体育竞赛表演产业快速增长的经济动因及其启示[J].武汉体育学院学报,2006,40(12).

[61] 房晓勇.上海体育赛事产业核心竞争力的研究[D].上海:华东师范大学,2009.

[62] 冯剑.群众体育赛事从管理到治理:动力、逻辑与路径[J].西安体育学院学报,2018,35(3).

[63] 冯猛.基层政府与地方产业选择——基于四东县的调查[J].社会学研究,2014,29(2).

[64] 符平.市场体制与产业优势——农业产业化地区差异形成的社会学研究[J].社会学研究,2018,33(1).

[65] 傅强,朱浩.中央政府主导下的地方政府竞争机制——解释中国经济增长的制度视角[J].公共管理学报,2013,10(1).

[66] 高博.主导产业打造中的地方政府行动逻辑[D].武汉:华中师范大学,2018.

[67] 高立英,窦志信.政府行为对商贸流通产业发展影响机制分析——基于系统动力学的实证[J].商业经济研究,2019(13).

[68] 葛新军.发展广东竞技体育表演市场的思考[J].广州体育学院学报,2008(3).

[69] 葛云霞,李洪强,李增元."理解性吸收"政策与"理性偏好":当代农村社区建设实践的逻辑机理分析[J].甘肃行政学院学报,2014(6).

[70] 耿曙,林瑞华.地方治理模式与企业转型升级——以富士康为案例的考察[J].公共治理评论,2014(1).

[71] 顾列铭.F1赛车:中国不能承受之奢侈?[J].观察与思考,2007(2).

[72] 韩秉志.发挥好体育竞赛表演产业拉动作用[N/OL].(2018-12-26)[2021-10-15].http://kns.cnki.net/kns/detail/detail.aspx?FileName=JJRB201812260092&DbName=CCND2018.

[73] 韩永辉,黄亮雄,王贤彬.产业政策推动地方产业结构升级了吗?——基于发展型地方政府的理论解释与实证检验[J].经济研究,2017,52(8).

[74] 郝索.论我国旅游产业的市场化发展与政府行为[J].旅游学刊,2001,16(2):19-22.

[75] 何显明.市场化进程中的地方政府角色及其行为逻辑—基于地方政府自主性的视角[J].浙江大学学报(人文社会科学版),2007(6).

[76] 洪银兴,曹勇.经济体制转轨时期的地方政府功能[J].经济研究,1996(5).

[77] 洪银兴.市场化导向的政府和市场关系改革40年[J].政治经济学评论,2018(6).

[78] 胡安源,王凤荣,赵志恒.文化产业中政府角色定位分析[J].山东社会科学,2016(5).

[79] 黄纯纯,周业安.地方政府竞争理论的起源、发展及其局限[J].中国人民大学学报,2011(3).

[80] 黄海燕,马洁,高含颀.体育赛事政府资助模式研究——国内外其他国家和城市的经验及对上海的启示[J].体育科研,2011,32(3).

[81] 黄海燕,张林,李南筑.上海大型单项体育赛事运营中政府作用之研究[J].体育科学,2007,27(2).

[82] 黄丽.美国纽约大都市区的规划管制[J].世界地理研究,2000(3).

[83] 黄文华.中国地方政府竞争与经营城市[J].战略决策研究,2003,2(3).

[84] 霍德利,胡锐,毛旭艳.我国政府体育职能定位及实现路径[J].体育学刊,2018,25(4).

[85] 蒋德权,姜国华,陈冬华.地方官员晋升与经济效率:基于政绩考核观和官员异质性视角的实证考察[J].中国工业经济,2015(10).

[86] 蒋震.理解地方政府行为逻辑:基于经济发展阶段视角[J].宏观经济研究,2018(2).

[87] 雷亮.地方政府行为对区域品牌发展的影响因素及作用机理研究[D].兰州:兰州大学,2015.

[88] 李琛,李佐惠.广州市竞赛表演业可持续发展的人力资源体系研究[J].广州体育学院学报,2018,38(6).

[89] 李恩荆,张现成.论赛事举办中政府行为的失范与弱势群体的权益保障[J].西安体育学院学报,2014,31(3).

[90] 李敢.文化产业与地方政府行动逻辑变迁——基于 Z 省 H 市的调查[J].社会学研究,2017,32(4).

[91] 李涛.西藏文化产业发展中的政府行为研究[D].拉萨:西藏大学,2019.

[92] 李煜华,王月明.政府行为对战略性新兴产业技术创新联盟的激励效应研究[J].科技与管理,2014,16(2).

[93] 李子伦.产业结构升级与政府职能选择[D].北京:财政部财政科学研究所,2015.

[94] 梁丰,程均丽.地方政府行为、金融发展与产业结构升级——基于省际动态面板数据的实证分析[J].华东经济管理,2018,32(11).

[95] 林毅夫,刘志强.中国的财政分权与经济增长[J].北京大学学报(哲学社会科学版),2000(4).

[96] 刘怀伟.商务市场中顾客关系的持续机制研究[D].杭州:浙江大学,2003.

[97] 刘军强,鲁宇,李振.积极的惰性——基层政府产业结构调整的运作机制分析[J].社会学研究,2017,32(5).

[98] 刘铁光,张路路.体育赛事的权利配置及其法律选择——基于体育赛事产业发展的充分保障[J].体育科学,2016,36(2).

[99] 刘扬,韩允.产业发展过程中的政府与农民行为分析——以苏北 S 县 Y 镇花木产业发展为例[J].南京农业大学学报(社会科学版),2017,17(6).

[100] 刘志彪.中国改革开放的核心逻辑、精神和取向:为纪念改革开放 40 周年而作[J].东南学术,2018(4).

[101] 陆作生,周爱光.体育竞赛表演市场的法律规范[J].中国体育科技,2007,43(3).

[102] 骆雷.体育强国建设中我国竞赛表演业政策研究[D].上海:上海体育学院,2013.

[103] 马海霞.新疆林果业产业化中的地方政府行为分析[J].新疆师范大学学报(哲学社会科学版),2004(2):62-65.

[104] 马肇国,席亚健,薛浩,等.体育与城市文化品牌建设的互动效应和风险管理[J].北京体育大学学报,2018,41(12).

[105] 孟令刚,贾凤英.体育品牌赛事培育中地方政府角色研究[J].南京体育学院学报,2019,2(5).

[106] 孟令刚,李颖川,王家宏.北京市国际单项体育赛事政府资助的探索及实践[J].中国体育科技,2014,50(5).

[107] 孟令刚.北京市体育品牌赛事政府作用研究[D].苏州:苏州大学,2015.

[108] 倪星,王锐.从邀功到避责:基层政府官员行为变化研究[J].政治学研究,2017(2).

[109] 欧阳静.压力型体制与乡镇的策略主义逻辑[J].经济社会体制比较,2011(3).

[110] 曲鲁平.我国青少年体质健康促进模型构建与运动干预研究[M].北京:人民体育出版社,2021.

[111] 申玲,钱诚,任莹莹.基于结构方程模型的绿色建筑产业发展要素研究[J].统计与决策,2017(20).

[112] 史江涛.员工关系、沟通对其知识共享与知识整合作用的机制研究[D].杭州:浙江大学,2007.

[113] 史悦红,蒲毕文.我国大型体育赛事组织管理模式的研究——基于政府与市场关系视角[J].管理现代化,2018,38(6).

[114] 宋文月,任保平.政府治理对产业结构变迁的影响及区域差异[J].中国软科学,2020(7).

[115] 孙海云.政府在物流产业发展中的作用研究[D].济南:山东大学,2018.

[116] 孙盼盼,夏杰长.旅游产业中的地方政府行为:量化探索与空间效应——基于2001—2012年中国省际面板数据[J].经济管理,2017,39(6).

[117] 孙盼盼,夏杰长.地方政府的环境构建行为与旅游产业潜在增长——来自中国省际层面的实证认识[J].北京:财贸经济,2016(3).

[118] 孙志英.文化产业发展中的政府行为研究[J].河北学刊,2006(6).

[119] 谭艺,王广进,胡晓庆.西方国家对大型体育赛事与城市(国家)研究述评[J].体育与科学,2012,33(1).

[120] 汤鹏主.战略性新兴产业发展中的政府行为动力机制及其路径选择研究[J].湖北社会科学,2012(10).

[121] 唐睿,刘红芹.从锦标赛到二元竞争:中国地方政府行为变迁的逻辑——基于1998—2006年中国省级面板数据的实证研究[J].公共管理学报,2012,9(1).

[122] 陶然、苏福兵、陆曦等.经济增长能带来晋升么?——对晋升锦标赛理论的逻辑挑战与省级实证重估[J].管理世界,2010(12).

[123] 王广亮,辛本禄.供给侧结构性改革:政府与市场关系的重构[J].南京社会学,2016(11).

[124] 王国平.产业升级中的地方政府行为[J].华东师范大学学报(哲学社会科学版),2009(6).

[125] 王凯,陈明令.我国体育赛事的引致需求、现实问题与供给侧优化[J].北京体育大学学报,2018,41(9).

[126] 王凯.我国公共体育赛事的服务外包研究[J].体育学刊,2017,24(3).

[127] 王澜明.社会主义市场经济体制下的政府职能定位[J].中国行政管理,2005(1).

[128] 王谦,李天云,杜钰.大数据产业发展中的政府作用:关系模型、系统思考与政策建议[J].成都大学学报(社会科学版),2019(5).

[129] 王庆伟,杨铁黎.我国体育赛事向市场化运作过渡阶段的特征研究[J].天津体育学院学报,2006,21(2).

[130] 王涛,王健.论我国体育竞赛表演业政策的阶段划分、变化特征及其走向[J].体育文化导刊,2018(5).

[131] 王相华.数字文化产业中政府角色定位:欧美国家经验与中国对策[J].艺术百家,2020,36(1).

[132] 王亚坤,武传玺,彭响.新时代我国群众体育赛事发展困境及优化路径[J].体育文化导刊,2018(11).

[133] 王亚坤,武传玺.我国群众体育赛事服务外包研究[J].体育文化导刊,2018(8).

[134] 王勇.体育赛事规法:边界规则与政府干预[J].体育成人教育学刊,2016,32(4).

[135] 王玉柱.从市场机制决定性作用看创新发展的实现路径——兼论发展方式转变过程中政府与市场关系的重构[J].云南社会科学,2014(3).

[136] 温阳,谷天奕,孙海燕,等.江苏省体育产业引导资金发展历程研究[C].中国体育科学学会.第十一届全国体育科学大会论文摘要汇编.

[137] 吴宝升.我国商业性体育赛事行政审批制度变革——基于制度变迁视角[J].体育与科学,2018,39(4).

[138] 吴乔一康,冯晓.地方产业政策对当地产业集聚的影响[J].云南社会科学,2020(1).

[139] 吴湘玲.我国政府行为与主导产业发展问题探讨[J].武汉大学学报:人文科学版,1999(4).

[140] 习近平.不断开拓当代中国马克思主义政治经济学新境界[J].求是,2020(16).

[141] 习近平.关于全面建成小康社会补短板问题[J].求是,2020(11).

[142] 肖丽芳,李强.地方政府在发展体育竞赛表演产业中的作用及优化路径[J].济南大学学报(社会科学版),2019,29(6).

[143] 邢尊明,宋振镇.墨尔本大型体育赛事组织管理中的政府作用模式研究[J].天津体育学院学报,2011,26(3).

[144] 徐现祥,王贤彬,舒元.地方官员与经济增长:来自中国省长、省委书记交流的证据[J].经济研究,2007(9).

[145] 许秋花.政府在发展战略性新兴产业中的作用[J].当代经济,2013(11).

[146] 许为宾,吕星赢,周建,等.政府治理影响企业创新绩效的机制:市场效应与羊群效应[J].科技进步与对策,2018,35(18).

[147] 杨光,南尚杰,李松洋.我国群众体育赛事治理困境与优化策略[J].体育文化导刊,2019(8).

[148] 杨铁黎,唐晋军.对我国体育经济类研究成果的回顾与展望[J].中国体育科技,2007,43(5).

［149］ 杨志蓉.团队快速信任、互动行为与团队创造力研究［D］.杭州:浙江大学,2006.

［150］ 姚颂平,张林,鲍明晓,等.我国体育产业"十一五"规划研究报告［R］.2009.

［151］ 姚先国.浙江经济改革中的地方政府行为评析［J］.浙江社会科学,1999(3).

［152］ 易宇.文化产业发展中的政府行为研究——以娄底市为例［D］.湘潭:湘潭大学,2016.

［153］ 易剑东.论体育产业的发展逻辑［J］.体育学研究,2019,2(4).

［154］ 于永慧,王越平,程维峰.论体育赛事与城市发展［J］.体育学刊,2011,18(5).

［155］ 余守文.体育竞赛表演产业对城市竞争力的影响［D］.上海:复旦大学,2007.

［156］ 俞晓晶.产业发展中的政府因素及其效应研究［D］.上海:上海社会科学院,2013.

［157］ 曾方.技术创新中的政府行为——理论框架和实证分析［D］.上海:复旦大学,2003.

［158］ 曾龙.地方政府竞争、土地出让策略与城市生产率研究［D］.武汉:华中师范大学,2018.

［159］ 张兵.中国职业体育消费外流及其应对［J］.天津体育学院学报,2019,34(2).

［160］ 张军.分权与增长:中国的故事［J］.经济学,2007(1).

［161］ 张明莉.促进产业集群发展的地方政府行为研究［J］.河北学刊,2011(1).

［162］ 张楠,孙占峰.大型综合体育赛事中的政府职能研究［J］.广州体育学院学报,2013,33(6).

［163］ 张曙光.经济主体行为的比较分析［J］.当代经济科学,1988(6).

［164］ 张现成,商执娜,吴家琳,等.我国体育赛事产业化实践中的法律规制问题与对策［J］.北京体育大学学报,2018,41(6).

［165］ 张现成,周国龙,李成菊.大型国际体育赛事与城市营销融合的中国经验研究［J］.湖北师范大学学报(哲学社会科学版),2020,40(3).

[166] 张现成,周国龙,李倩,等.我国赛事产业规范治理的变迁、成效及困境探析[J].西安体育学院学报,2019,36(4).

[167] 张颖慧,徐凤萍.体育赛事与城市的相容性研究[J].上海体育学院学报,2011,35(1).

[168] 张永韬,刘波.我国体育产业政府引导资金健康发展对策研究[J].体育文化导刊,2019(6).

[169] 张勇.取消赛事审批权背景下政府职能转变的向度研究[J].广州体育学院学报,2016,36(3).

[170] 赵静,郝颖.政府干预、产权特征与企业投资绩效[J].科研管理,2014,35(5).

[171] 郑国.地方政府行为变迁与城市战略规划演进[J].城市规划,2017,41(4).

[172] 周彪,李燕燕.我国群众体育赛事发展困境及对策研究[J].湖北体育科技,2018,37(7).

[173] 周丰寸,2020.8000元踢一次的虹口场场爆满,会是专业场馆的运营新方向吗?[EB/OL].(2020-8-22)[2021-10-15].http://www.lanxiongsports.com/posts/view/id/19623.html.

[174] 周黎安."官场+市场"与中国增长故事[J].社会,2018(2).

[175] 周黎安.再论行政发包制:对评论人的回应[J].社会,2014(6).

[176] 周黎安.中国地方官员的晋升锦标赛模式研究[J].经济研究,2007(7).

[177] 周良君,周西宽.上海市体育竞赛表演业国际竞争力研究理论与方法[J].广州体育学院学报,2006,26(5).

[178] 周雪光."逆向软预算约束"一个政府行为的组织分析[J].中国社会科学,2005(2).

[179] 周雪光.基层政府间的"共谋现象"——一个政府行为的制度逻辑[J].社会学研究,2008(6).

[180] 周业安.地方政府竞争和经济增长[R].国家社会科学基金项目(04BJL019)研究报告,2008.

[181] 周业安.地方政府竞争与经济增长[J].中国人民大学学报,2003(1).

[182] 朱光华,魏凤春.就业、产业结构调整与所有制改革——一个财政压力周期变动下的基本框架[J].财经研究,2003(9).

[183] 朱洪军,张林.大型体育赛事与举办地政府责任、政府形象研究[J].沈阳体育学院学报,2013(5).

[184] BAADE R A,DYE R F. An analysis of economic rationale for public subsidation of sport stadiums[J]. The Annals of Regional Science,1988,22(2).

[185] BAADE R A,MATHESON V A. The quest for the cup:Assessing the economic impact of the World Cup[J]. Regional Studies,2004,38(4).

[186] BAADE R A,MATHESON V A. An assessment of the economic impact of the American Football Championship,the Super Bowl,on host communities[J]. Reflets et persepectives de la vie economique,2000,39(2-3).

[187] BAADE R A,MATHESON V A. Home run or wild pitch? Assessing the economic impact of major league Baseball's all star game[J]. Journal of Sports Economics,2001,2(4).

[188] BAGOZZI R P,YI Y. On the evaluation of structural equation models[J]. Journal of the Academy of Marketing Science,1988,16(1).

[189] BARRO R. On the Predictability of Tax-Rate Changes:Macroeconomic Policy[M]. Cambridge:Harvard University Press,2013.

[190] BOCK G W,ZMUD R W,KIM Y G,et al. Intention formation in the roles of extrinsic motivators[J]. social-psychological forces, and Quarterly, 2005,29(1).

[191] BRETON A. Competitive Governments:An Economic Theory of Politics and Public Finance[M]. Cambridge:Cambridge University Press,1996.

[192] CLARK K B. The interaction of design hierarchies and market concepts in technological evolution[J]. Research Policy,1985(14).

[193] CUTHILL M. The contribution of human and social capital to building community wellbeing:A research agenda relating to citizen participation in local governance in Australia[J]. Urban Policy and Research,2003(21).

[194] DONG Q,DUYSTERS G. Research on the Co-Branding and Match-Up of Mega-Sports Event and Host City[J]. The International Journal of the History of Sport,2015,32(8).

[195] FORNELL C,LARCKER D. Evaluating structural equation models with unobservable variables andmeasurement error[J]. Journal of Marketing Research,1981.

[196] GREEN B C. Leveraging subculture and identity to promote sport events [J]. Sport Management Review,2011(4).

[197] HARVEY D. From managerialism to entrepreneurialism:The transformation in urban governance in late capitalism[J]. Geografiska Annaler,1989 (71B).

[198] HOLGER P,HARRY A S. Attracting Major Sporting Events:The Role of Local Residents[J]. European Sport Management Quarterly,2006(6).

[199] HUDSON I. Theuseandmisuse ofeconomic impact analysis[J]. Journal of Sport and Social Issues,2001,25(1).

[200] HUMPHREYS B R. Should The Construction Of New Professional Sports Facilities Be Subsidized? [J]. Journal of Policy Analysis and Management,2019(38).

[201] JESSOP B. Liberalism,neoliberalism,and urban governance:A state-theoretical perspective[J]. Antipode,2002(34).

[202] JOHN A,STEWART B,MCDONALD B. Mixed Doubles:Political Hegemony,Urban Entrepreneurialism and the Australian Open Tennis Championships[J]. The International Journal of the History of Sport,2013,30(2).

[203] JORESKOG K C. Some contributions to maximum likelihood factor analysis[J]. Psychometrika,1967(32).

[204] GÁBOR K,KÁROLY T,RADICS Z. The Changing Role of Sports in Urban Development:A Case Study of Debrecen(Hungary)[J]. The International Journal of the History of Sport,2014,31(9).

[205] GÁBOR K,KÁROLY T,RADICS Z. The Changing Role of Sports in Urban Development:A Case Study of Debrecen(Hungary)[J]. The International Journal of the History of Sport,2014,31(9).

[206] MILLIKEN F J. Three types of perceived uncertainty about environment: State effect,and response uncertainty[J]. Academy of Management Review,1987(12).

[207] MISENER L,MASON D S. Fostering community development through sporting events strategies:An examination of urban regime perceptions[J]. Journal of Sport Management,2009,23(23).

[208] MISENER L, MASON D. Creating community networks. Can sporting e-vents offer meaningful sources of social capital? [J] Managing Leisure, 2006,11(1).

[209] MISENER L, MASON D S. Urban regimes and the sporting events agenda: A cross−national comparison of civic development strategies[J]. Journal of Sport Management,2008(22).

[210] NEUMANN M. Industrial policy and competition policy[J]. European Economic Review,1990,34(2-3).

[211] NUNNALLY J, BERNSTEIN I. Psychometric theory[M]. New York: McGraw−Hill,1994.

[212] Emery P R. "Bidding to host a maior sports event: Stra−tegic investment or complete lottery" in Chris Gratton, Ian Henry[M]. London, New York: Routledge,2001.

[213] PALMER J P. Bread and Circuses: The local benefits of sports and cultural businesses[M]. Ottawa, C. D: Howe Institute,2002.

[214] PECK J, TICKELL A. Neo−liberalising space. Antipode,2002(34).

[215] PUJADAS A X. Sport, Space and the Social Construction of the Modern City: The Urban Impact of Sports Involvement in Barcelona(1870—1923) [J]. The International Journal of the History of Sport,2012,29(14).

[216] PUTNAM R D. Bowling alone[M]. New York, NY: Simon & Schuster,2000.

[217] PUTNAM R D. Bowling alone: America's declining social capital[J]. Journal of Democracy,1995,6(1).

[218] QIAN Y, WEINGAST B R. China's Transition to Markets: Market−Preserving Federalism, Chinese Style[J]. The Journal of Policy Reform1996,1 (2).

[219] ROSENTRAUB M S. Major league winners: Using sports and cultural centers as tools for economic development [M]. Boca Raton, FL: CRC Press,2010.

[220] ROSENTRAUB M S. Sports facilities and urban redevelopment: Private and public benefits and a prescription for a healthier future[J]. The business of sports,2008(3).

[221]　SCHERER J. Resisting the World–Class City:Community Opposition and the Politics of a Local Arena Development[J]. Sociology of Sport Journal, 2015,33(1).

[222]　SMITH A. Leveraging benefits from major events:maximising opportunities for peripheral urban areas[J]. Managing Leisure,2010,15(3).

[223]　SMITH A,FOX T. From 'event–led' to 'event–themed' regeneration:the 2002 Commonwealth Games Legacy Scheme [J]. Urban Studies, 2007, 44 (5/6).

[224]　STEIGER J H. Structure model evaluation and modification:An interval estimation approach[J]. Multivariate Behavioral Research,1990(25).

[225]　STOKER G,MOSSBERGER K. Urban regime theory in comparative perspective[J]. Environment and Planning. C, Government & Policy, 1994 (12).

[226]　STONE C N. Urban regimes and the capacity to govern[J]. Journal of Urban Affairs,1993(15).

[227]　TOOKEY K,VEAL A J. The Olympic Games:A social science perspective [M]. New York,NY:CABI Publishing,2000.

[228]　WARD K. Rigourising regimes[J]. Contemporary Policy Studies,1997.

[229]　WEICK K E,WESTLEY F. Organizational learning:Affirming an oxymoron[M]//Handbook of organizational design. London: Thousand Oaks, CA:Sage,1996.